“三三制教学”课例集萃

主　编　杨建钢　何光辉
副主编　程　胜　叶　慧

上海社会科学院出版社
SHANGHAI ACADEMY OF SOCIAL SCIENCES PRESS

图书在版编目(CIP)数据

“三三制教学”课例集萃 / 杨建钢，何光辉主编
.—上海 ：上海社会科学院出版社，2020
ISBN 978-7-5520-3167-6

Ⅰ. ①三… Ⅱ. ①杨… ②何… Ⅲ. ①课程—教案(教育)—小学 Ⅳ. ①G622.3

中国版本图书馆 CIP 数据核字(2020)第 074811 号

“三三制教学”课例集萃

主　　编：杨建钢　何光辉
副 主 编：程　胜　叶　慧
责任编辑：路　晓　何红燕
封面设计：徐　蓉
出版发行：上海社会科学院出版社
上海顺昌路 622 号　邮编 200025
电话总机 021 - 63315947　销售热线 021 - 53063735
http://www.sassp.cn　E-mail:sassp@ sassp.cn
照　　排：上海碧悦制版有限公司
印　　刷：上海龙腾印务有限公司
开　　本：710 毫米×1010 毫米　1/16
印　　张：16.5
字　　数：258 千字
版　　次：2020 年 7 月第 1 版　　2020 年 7 月第 1 次印刷

ISBN 978-7-5520-3167-6/G · 929　　定价:78.00 元

扎实开展课例研究，有效推进“三三制教学”实验（代序）

上海市宝山区教育学院　何光辉　樊冬梅

宝山位于美丽的长江之滨，是人民教育家陶行知的第二故乡，有着教育改革、探索的光荣传统。2012年为推动新课程改革，实施素质教育，宝山区提出了开展“三三制教学”实验的设想。“三三制教学”实验，是以助推中小学教师专业发展，提高课堂教学效益为根本目的的一种综合性课堂教学改革和创新。几年来，项目走过了一段“提出项目设想—开展实践研究—实践应用成果—反思分析问题—再次实践研究……”的道路，正是在这个过程中，“课例研究”这一形式走入了“三三制教学”实验项目组的视野，并很快被确立为开展与推动实验的主要方法和手段。

一、“三三制教学”与课例研究概述

要探讨以课例研究形式推进“三三制教学”实验项目的作用机制或者价值，就必须厘清“三三制教学”与课例研究的内涵和特点。

（一）“三三制教学”的内涵与特点

1 “三三制教学”的内涵

“三三制教学”是基于陶行知的“教学做合一”教育思想提出的一种课堂教学模式。“‘三三制教学’又称‘三卡’教学，是以先行学习卡、合作探究卡、练习反馈卡3张学习卡为载体，由先行自学、合作探究、练习反馈三大关节组成，通过师生之间的教、学、做合一，达到信息沟通、组织沟通和心灵沟通的教学范型。”①

可以看出，“三三制教学”作为教学，更尊重学生的主体地位，更注重激发学生的

① 何光辉等.“三三制教学”的思考与实践[M].上海文汇出版社，2018.

主体意识,培养学生的自主学习能力,更关注同伴间的合作与互助,在此基础上,重视发挥教师的主导作用。作为"教学范型","三三制教学"是一种以学习为中心,更加注重师生合作、更加注重培养学生核心素养的课堂教学形态。

2 "三三制教学"的特点

"'三三制教学'强调'以学生的学习为中心',以学定教,先学后教,少教多学,教学做合一,让学生在民主、合作、竞争、友善的气氛中发展。"①从"三三制教学"的特点可见,其进行教学实验的目的是通过课堂教学活动的"翻转"来提高课堂的教学效益,其最终目的是通过改变教与学的方式来培养学生的探究精神、学习能力,让学生真正成为课堂的主人、学习的主人。如,上海大学附属学校沈晓磊老师的《"三三制教学"引领下的教师导悟》指出了数学学科中"教师在进行公式的新课讲授时,一般都是按部就班的推导公式,讲出公式的特点,例题示范后,旋即进行各类习题训练。这样的教学,从表面上看,学生顺利记住了公式并用以应对考试。但从数学如何学习这一学科问题的角度思考后会发现,学生虽然能熟练应用公式,但他们不一定体会到公式背后的学科作用和其中蕴含的数学思想方法,产生真正的感悟,获取真正的'核心素养',究其背后缘由是教师在'灌输'知识而不是学生自主'学会'公式的应用",因此,他尝试了"利用'三三制教学'引导学生自主学习,在学习公式的基础上形成感悟,从而解决学科问题,丰富学习效果"。

(二)"课例研究"的内涵与特点

1 "课例研究"的内涵

"课例研究"一词来源于日文专业术语,由"授業研究"直译而来,意为"对课的研究"。据此,"课例研究,是指教师系统地合作研究课堂中的教与学行为,从而改善教师的教学经验和学生的学习经验的综合过程。通常意义上是关于一节课的研究,聚焦于促进学生的真实发展,重点解决课中存在的某些问题,把研究融入备课、说课、上课、观课、评课的全过程"。② 日本与美国学者都强调"课例研究"是教师对课堂行为与活动的合作研究,也就是需要多位教师共同设计、共同观察和共同讨论,且认为课例研究"不是着眼于改进某一节课的活动,而是一种以教师为导向的教学循环,是一

① 何光辉,等."三三制教学"的思考与实践[M].上海:文汇出版社,2018.
② 杨玉琴.教育中的案例研究与课例研究[J].教学与管理,2012(1).

种长期的教学实践，是发展教师教学专业水平的重要方式。”①

可以看出，研究者们开展“课例研究”的“主阵地”是在课堂，对象是具体的学科内容的课堂教学问题，初衷是改善教师的教与学生的学。课例研究服务于课堂的转型，即为课堂从“为教而教”转型到“为学而教”服务。

2 “课例研究”的特点

根据华东师范大学安桂清教授的阐述，课例研究在操作模式上“虽然不同国家和地区的具体步骤不同，但都体现出群体性合作、过程性反思和持续性改进的共同特征。”②即课例研究的路径是教研员、教师等群体合作进行过程性反思，最终的目的是解决课堂教学中存在的问题，实现课堂的持续性改进。

从“三三制教学”和“课例研究”的特质可以看出，它们之间有着密切的联系，即课例研究是“三三制教学”实验有效开展的必要手段，“三三制教学”是开展课例研究的有力支撑。它们有着共同的理念和价值观，这就说明以课例研究的形式推进“三三制教学”实验项目是可行的、必须的。借助于课例研究，“三三制教学”实验可以提高实验教师的专业素质、论证“三三制教学”的假设、修正“三三制教学”操作流程、发展“三三制教学”技术；同时也在“三三制教学”课例研究中丰富、发展课例研究这一教师教学的研究方式。

二、以课例研究形式推进“三三制教学”实验项目的思考

课例研究的价值或者说功能是什么？为什么要采用课例研究的形式推进“三三制教学”实验项目？也就是说以课例研究的形式推进“三三制教学”实验项目的思考是什么？

（一）基于对课例研究本身价值的思考

根据相关研究，目前国际范围内有影响力的课例研究主流模式包括日本的授业研究，中国香港、欧洲的基于变易理论的课堂学习研究和中国大陆基于教研活动的磨课研究。这些主流模式或强调课例研究对教师专业发展的重要作用，或着眼于课例研究过程中教与学行为的改进功能，“伊朗、德国、新加坡等都把课例研究视为教师专

① 杨玉琴.教育中的案例研究与课例研究[J].教学与管理，2012(1).

② 安桂清.国际比较视野下的课例研究：背景、现状与启示[J].教师教育研究，2014(2).

业发展的重要方式，并整合到自己的教师教育体系中”。① 除此之外，“在日本称之为‘授业研究’的教师研究课堂教学的活动，在英文世界里首次以‘课例研究’出现并引起各国研究者的广泛关注，并非仅仅是因为它能够帮助教师改进课堂教学，而是在教育政策层面被看作一种渐变式推进教学改革的方法”，如，“美国一开始就把课例研究视为变革教学的方式而整合到教育情境”。② 可见，课例研究具有改进、优化教师的教与学生的学的显性功能，从长远来看，课例研究具有促进教师的专业发展和推进区域教学改革的功能，这些，都与“三三制教学”实验的价值追求不谋而合。

（二）课例研究是“三三制教学”研究从理论架构到实践落实的必然选择

“三三制教学”作为一个区域推进的教学实验项目，其研究内容和成果体系既包括理念的创新、模式的架构，也包括课例和案例的积累。可以看出，“三三制教学”的推进必然要走“实践研究”的路径，而作为实践研究方式之一的课例研究，与“三三制教学”实验项目研究一样，其关注的重点都在课堂，在课堂中学生的学与教师的教，从这一点上来说，“三三制教学”实验与课例研究的“结合”可谓是“天造地设”。这是课例研究能成为“三三制教学”实验项目推进的有效抓手的原因之一。

“三三制教学”实验项目推进的方式是“演绎”与“归纳”并行的双轨制。一方面，在陶行知“教学做合一”教育思想和新课程改革理念的引领下，确立“三三制教学”改革实验的价值观和理念，架构基于理念的课堂实践模式和流程，完成“三三制教学”改革实验的“顶层设计”，在此基础上，开展课例与案例研究，验证“三三制教学”课堂实践模式和流程的科学性与有效性，并据此不断调整、完善模式和流程；另一方面，通过课例研究，积累大量的课例和课堂教学案例，从中归纳出“三三制教学”课堂实施的要点，如设计、运用三卡的要点和引导学生合作探究的要点等。

具体如：宝山区教育学院的教研员刘帅老师通过课例研究的方式归纳出“合作探究卡”的设计与使用要点“在实施‘三三制教学’过程中的合作学习环节中，探究问题设计要真实有实际探究价值，教师要有深厚的学科专业功底，还要具备很强的组织教学能力和与学生沟通的能力。这里的合作学习不是简单把学生分成若干小组进行小组讨论就可以，而是要通过小组合作促进学生认知和情感的变化，形成一种合作学习

---

① 杨玉东. 从国际比较看中式课例研究的特征与未来趋势[J].教育发展研究，2019(18).
② 杨玉东. 从国际比较看中式课例研究的特征与未来趋势[J].教育发展研究，2019(18).

的精神和意识”和“针对实践中出现的学生发展不均衡的问题，可以事先让学生知道要合作探究的问题，让学生课前去搜集资料，提前思考，让所有的学生都有足够的思考的时间和空间，从而使学生对问题有一定的独立见解”等（具体见《“三三制教学”中合作探究卡的设计与使用研究——以<再议氢氧化钠和碳酸钠>实践课为例》）；教研员钱岭老师通过课例研究指出在“三三制教学”实验的“合作与分享”和“体验与辩论”中提升审美实践能力应避免3个问题：小组的集体合作变成以个别艺术骨干为主、提炼所选子课题的结论可能出现偏差和不能很好地整理、利用收集到的资料（具体见《在“合作与分享”“体验与辩论”中提升审美实践能力——“三三制教学”在中学艺术学科中的课堂实践》）。

从这一点上来说，以课例研究的形式推进“三三制教学”实验项目是“三三制”教改从理论架构到实践落实的必然选择，也是推进“三三制教学”实验项目的必由之路。

（三）课例研究是基层教师参与教学改革实验的有效路径

如上所述，“三三制教学”实验项目要深度推进，要从理论架构走向实践落实，开展课例研究是必由之路，也就是说，“三三制教学”的深度推进必须开展以教师为主体的课例研究——一个教学实验，如果没有将教师作为主体、没有纳入教师的课堂改革实践，则必定流于形式、沦为空谈。那么，基层教师如何参与教学改革实验？或者说，如何拉近先进的教育理念与基层教师之间的距离，让“三三制”的教育理念转化为教师的课堂行为？对于基层教师来说，开展抽象的理论研究并非其所长，而专注于课堂、开展深入的课例研究，则能够在潜移默化中转变教师的教育理念，不断优化教师的课堂教学行为。从这一点上来说，“课例研究”是基层教师参与教学改革实验的有效路径。从另外一个角度讲，课例研究也是提高教师实施“三三制教学”能力和水平的一个有效手段，是促进“三三制教学”团队专业发展的一个有力举措。

三、以课例研究形式推进“三三制教学”实验项目的收获

“三三制”的内涵、特征与发展阶段等决定了以“课例研究”形式推进“三三制”项目研究的可行性与必然性，那么，经过几年的课例研究，是否达到了当初预期的成果？对于“三三制”项目本身的推进、对于教师的专业发展、对于区域课堂的改进有何功能与价值？

(一)为教师的专业发展提供了抓手

1 以课例研究形式推进"三三制教学"实验项目能促进教师的实践反思

教师的实践反思是促进教师专业发展的动力之一。美国心理学家波斯纳认为,教师的成长公式是"成长=经验+反思";我国著名心理学家林崇德认为,教师的成长模式是"优秀教师=教学过程+反思";叶澜教授也指出"一个教师写一辈子教案难以成为名师,但如果写3年反思则有可能成为名师"。可见,"反思"对于教师专业发展的作用被诸多中外学者所公认。

"三三制教学"实验项目中的课例研究始终引导、促进着教师们的实践反思。课例研究的操作流程一般包括"确立研究主题—设计教学活动—开展课堂教学/进行课堂观察—开展课后研讨—开展第二轮课堂教学/进行课堂观察—形成研究报告",流程中的每一个环节都有赖于教师的反思。

如:研究主题的确立这一环节,因为课例研究是问题解决的过程,所以,研究的主题应该来源于教师在教学中发现的与学生的学习相关的实践难题,而如何发现这些难题,则有赖于教师的观察与反思。具体如,上海师范大学附属经纬实验学校的黄艳老师基于对如何"在新旧知识之间构建'桥梁',引起学生有意义学习的心向,有效帮助学生突破重难点,加深对数学概念和定理的理解,提高分析问题和解决问题的能力"和"三三制教学"实验中教师们"重视先行学习卡基础部分的设计和使用,并获取了很多创新,但是在不同程度上忽略了先行组织者部分的设计和使用"等问题的思考,开展了课例研究,形成了研究报告《不能忽视的"组织者"——"三三制教学"中的先行组织者设计》,指出先行组织者是"先行学习卡"中不可忽视的部分,梳理了设计、使用"先行学习卡"的关注要点。又如,"三三制教学"项目推进中的课例研究注重以学定教、先学后教,就是要基于学情确立"教"的方式与重点,对学生学情的分析也要依靠教师的反思;再如,课堂教学与观察环节,执教者要根据学生的反应调整具体的教学流程,观察者要评价、分析教师的教是否有利于学生的学等,这些都离不开教师的反思。

可以说,"三三制教学"实验项目推进中的课例研究能引领教师通过持续的观察与反思来实现专业的发展。

2 以课例研究形式推进"三三制教学"实验项目能发展教师核心的专业素养

华东师范大学"以学习为中心的课例研究模式的构建与实践"项目组的研究表明"以学习为中心的课例研究模式通过促进教师从儿童行为的描述者转变为儿童学习

的解释者，使其专业知识结构中处于核心地位的学科教学知识（PCK）获得显著增长”，①肯定了以学习为中心的课例研究在促进教师专业发展中的价值。如上所述，“三三制教学”项目本身秉承的理念就是“以学生为本”，那么，项目推进过程中开展的课例研究，其本质上也是以学习为中心的课例研究。从这一点上来说，在开展课例研究的过程中，教师改进的不仅是自己的“课堂”，更通过观察学生、解读学生的行为，不断转变着自己的学生观与教育观，如相信学生是主动的学习者，能够在“先行学习卡”的引导下完成对基础学习内容的自学；又如给予学生充分的时间，引导学生以同伴合作的形式通过合作探究解决问题等。上海市行知中学附属宝山实验学校的贾雪梅老师的《在合作中探究　在探究中体验——以（上海）牛津英语 *Jobs people do* 为例》和陆乐老师的《在合作中乐学，在合作中增效——“三三制教学”模式在牛津英语 *Picnics are fun* 中的运用》，在剖析“合作探究卡”的设计与使用这一问题的过程中，也潜移默化地转变了自己的理念——相信学生可以通过合作探究解决英语学习中的难点问题并体验学习的乐趣，进而在课堂中能够“以培养学生辩证思维为重点，运用探究、辩论、展示为学习形式，保障每个学生主动参与教学过程的每个必要环节”。

可以说，以课例研究形式推进“三三制教学”实验项目能转变教师的教育理念，让教师学会“退后”，让教师从“知识的传输者”转变为“学习的引导者”，实现教师的专业发展。

3 以课例研究形式推进“三三制教学”实验项目能为教师的经验分享提供平台

课例研究的特点之一是“群体性合作”，也就是通过教师群体的合作探究确立研究的主题、共同设计教学活动，通过同课异构的课堂观察与研讨来发现课堂教学过程中的问题，群策群力，共同促进课堂的改进。从这一点上来说，依托课例研究形式推进“三三制教学”实验项目能为教师的经验分享提供平台，让项目组的教师能够在这个平台上充分发表自己的观点、借鉴他人的智慧，在与同伴的思维碰撞中实现教师个体与群体的专业发展。

（二）为区域课堂教学改进提供了抓手

1 为区域课堂的改进提供了“切片”

以课例研究的形式推进“三三制教学”实验项目，可以为区域课堂教学的改进提

① Guiqing, An. Teacher Learning in the Context of Learning-Centered Lesson Study: A Discourse Analysis of Teacher Discussions[R]. Beijing: 12th Conference of World Association of Lesson Study.2018.11.23.

供“切片”。一方面,通过对“三三制教学”课例的分析,可以起到“窥一斑而见全豹”的效果,如让区域教育研究者通过对某一学科“三三制教学”课例的分析窥见整个区域在这一学科的课堂教学方面的优势、不足和问题;又如教师的教育理念是否已从“为教而教”转变为“以学定教”,或某一学科教师的PCK知识能否满足区域课堂改进的需求等。

另一方面,在进行课例分析的基础上,形成以课例研究的形式推进“三三制教学”教学改进实验的案例,可以为后续区域开展其他的课堂改进实验积累经验、提供范例,这是区域课堂改进研究意义上的“切片”。

2 为区域课堂教学的改进提供了“资源库”

以课例研究为抓手推进“三三制教学”实验项目,可以积累大量的专题研究课例,这些课例可以为区域课堂的改进提供范例。在此基础上,可以形成“三三制教学”实验项目的资源库,而资源库中的课例,以及通过课例分析所形成的课堂改进的实施要点与策略等,必定会对区域课堂的改进起到辐射作用,即为区域课堂的改进提供“资源库”。

3 为区域课堂教学的改进提供“火种”

在以课例研究形式推进“三三制教学”实验项目的过程中,通过团队引领和不断的实践磨砺,培养了一批致力于“三三制教学”的骨干教师,这些骨干教师必定会成为区域课堂改进的“火种”,将“三三制教学”理念传递给更多的教师,所谓“星星之火,可以燎原”,为区域课堂的改进积蓄“人力资源”。

5年来,“三三制教学”实验项目核心团队引领着多个课例研究小组,在全区中小学的多个学科的课堂里开展着深耕细作。在这个过程中,不但积累了大量的“三三制教学”成功课例,培养了一批擅长开展“三三制教学”的骨干教师,同时,也推进着“三三制教学”实验项目从理论架构走向更深度的实践应用,提升了“三三制教学”实验项目的价值。以持续的、循环往复的课例剖析的形式开展研究已成为推进“三三制教学”实验的有效措施,更为重要的是,这种课例研究赋予了“三三制教学”实验以鲜明的“行动研究”和“实践”特色。这些都有利于“三三制教学”在下一个阶段的深度推进——为更多教师接受“三三制教学”的理念,并尝试开展“三三制教学”教学打下基础,也为“三三制教学”在全区推广、应用,为最终实现区域课堂教学效能的可持续发展创造机会和条件。

目　　录

第二章 英语学科

第三章 化学学科

第四章 综合学科

附录

第一章
数学学科

不能忽视的"组织者"

——"三三制教学"中"先行组织者"的设计

上海师范大学附属经纬实验学校　黄　艳

一、问题的提出

"三三制教学"是注重培养学生学习能力、创新精神和实践能力的新型教学模式,是为了有效实施新课程而建构、运用的一种教学模式。先行学习卡是"三卡"中的首张卡,主要由学习目标、教学重点与难点、学习方法建议、先行组织者、基础学习内容、达标检测和我的疑问等组成。先行组织者是其中的一个组成部分。

先行组织者不是"三三制教学"中特有的概念,它是认知心理学的代表人物——美国教育心理学家大卫·奥苏伯尔(David Ausubel)——于1960年提出的一个教育心理学的重要概念。先行组织者是从"组织者"一词演化而来的,是向学生介绍与其原有的认知结构中适当的知识相联系的概括和包摄性引导材料,它在抽象、概括和包摄水平上应高于正式的学习材料,并采用学生所熟悉的术语呈现。由于这些组织者通常是在呈现教学内容本身之前介绍的,因此又被称为先行组织者。目的在于激活新旧知识之间的实质性联系,提高已有知识对接受知识的有效影响。

《"三三制教学"的理论和实践》中是这样解释,先行组织者是学生已学过的,与即将学习的内容关联紧密,且具有统帅作用的上位概念、原理等关键知识。先行组织者是新旧知识的桥梁,也是学生温故知新的手段。

从2015年开始到现在,通过3年时间的努力,实验团队的教师都清楚地认识到先行学习卡基础部分的设计和使用,并获取了很多创新,但是在不同程度上忽略了先行组织者部分的设计和使用。本人统计《"三三制教学"实践成果》中共33个教学设计,发现其中32个先行组织者的设计只是提纲式的罗列概念或定理的名称,其中有1个先行组织者是空白。究其原因,首先可能是大多数教师认为学生不会主动去查看"先行组织者",因为平时教学时我们的学生从来没有受教过"什么是先行组织者"

“如何使用先行组织者”,学生们也确实不会主动使用先行组织者;其次在教学过程中教师也没有具体使用先行组织者的操作,综上所述那就真没有必要认真研究设计“先行组织者”的具体内容了。通过对“三三制”教学理论的再研读,本人发现如果教师自身没有深刻理解先行组织者的作用,没有精心设计有“血肉”有“灵魂”的先行组织者,没有教学生如何使用,是没有办法发挥其应有的作用的。

那么如何有效设计和使用“先行学习卡”中的“先行组织者”呢?笔者选择课题《两圆的位置关系专题复习》进行了实践研究。

二、先行组织者的设计

《两圆的位置关系专题复习》是初三中考前第二轮复习中的一节专题复习课。两圆位置关系的知识点是中考考点中的热点,此考点和其他几何知识的黏合性强,对学生的几何综合能力要求高,是中考的压轴。授课班级学生对几何中独立的知识概念和定理掌握得不错,但在定理综合应用方面尚有欠缺,在两圆的位置关系题目上,解题套路还不够清晰,还没有能够自主的形成数学思维。在这种主客观情况下,笔者设计了专题复习课。

笔者认为专题复习课不仅要关注“专”题的解题方法,还应该关注“专”题中折射出的复习方法,引导学生发现题中的不变因素,以不变应万变,回归课本,在课本中找到原因。学会从教材中寻找解决问题的知识和方法,从而又从根本上理解教材知识,进而促进学生综合能力的提升,全面提升运用所学知识分析问题、解决问题的综合能力。

由于两圆位置关系知识点和其他几何知识的黏合度极高,本专题中知识涉及初中《数学》多册课本,这类综合题往往首先从两圆位置关系切入,得到数量关系之后,其次重点使用相似和直角三角形的知识解决问题。笔者设计的先行组织者是打乱知识点本身在课本中出现的顺序,按照知识点重新罗列,还特意出现课本原文图片,降低阅读难度,加深对原文的理解。根据学情和本专题知识本体,笔者最终选用了3个知识点作为“先行组织者”:(一)初中数学课本中“两圆位置关系及相应数量关系”的概念和5种位置关系图片;(二)“平行线的性质定理”;(三)直三角形的性质:勾股定理。对这3个知识点分别进行几何语言和图像语言表示。3个知识点呈现的形式亦有所不同,“图形+文字概念”借助于图形语言帮助学生更好的理解文字语言,抓住文字叙述中的关键词;“图形+几何语言”帮助学生采用更便捷的方式悟透定理,重视几何语言表达。班级学生对勾股定理“是什么”很熟悉，主要困难是当几何环境复杂时“怎么用”，所以对定理本身没有展开描述。

|先行组织者|

（1）“两圆位置关系及相应数量关系”的概念和 5 种位置关系图片（来自初中数学九下课本）。

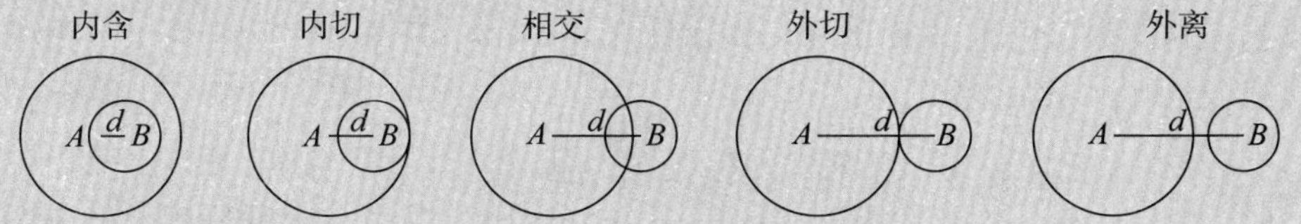

（2）“平行线的性质定理”。

如果两圆的半径长分别为 R_1 和 R_2，圆心距为 d，那么两圆的位置关系可用 R_1、R_2 和 d 之间的数量关系表达，具体表达如下：

两圆外离$\Leftrightarrow d>R_1+R_2$；

Δ 两圆外切$\Leftrightarrow d=R_1+R_2$；

两圆相交$\Leftrightarrow |R_1-R_2|<d<R_1+R_2$；

Δ 两圆内切$\Leftrightarrow 0<d=|R_1-R_2|$；

两圆内含$\Leftrightarrow 0\leqslant d<|R_1-R_2|$.

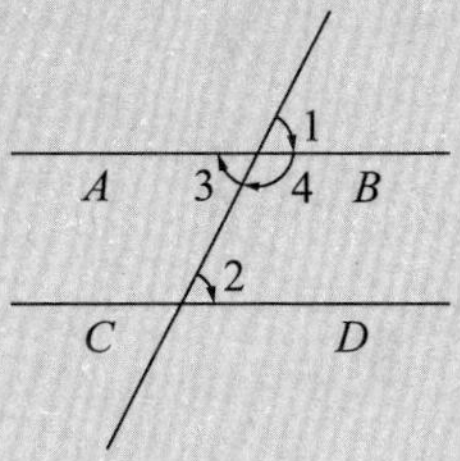

$\because AB /\!/ CD$

$\therefore \angle 1=\angle 2$（两直线平行，同位角相等）

$\angle 3=\angle 2$（两直线平行，内错角相等）

$\angle 4+\angle 2=180°$（两直线平行，同旁内角互补）

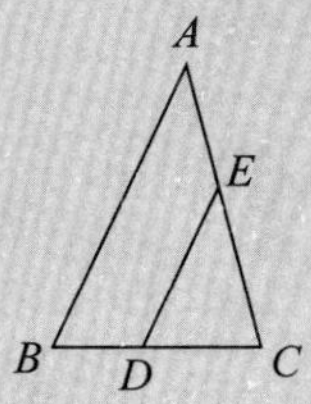

$\because AB /\!/ CD$

$\therefore \dfrac{CD}{CB}=\dfrac{CE}{CA}=\dfrac{DE}{AB}$（三角形一边的平行线性质定理）

$\dfrac{CD}{DB}=\dfrac{CE}{AE}$

（3）直三角形的性质：勾股定理。

三、先行组织者的初次使用

为了更好地发挥"先行组织者"的重要性,有必要让学生了解"先行组织者"这个名词。

所以在课前本人对此做了一次讲解,帮助学生理解和拉近距离。首先给同学们介绍了美国的教育心理学家大卫·奥苏伯尔,科普专有名词"先行组织者",帮助学生了解其意思并知道其作用。

其次,本人在原来先行组织者的标题旁边又配上学习方法提示,"请同学们仔细阅读后,再拿笔完成基础学习内容问题 1~6",引起学生们对"先行组织者"的重视。

再次,对"先行组织者"材料的理解,设置了问题串,放置在基础学习内容中。学生完成后投影展示结果,同学之间可以相互补充,深化学生对"先行组织者"的理解。

|问题串|

问 1 和 2:两圆的位置关系?相应的数量关系?

位置关系					
	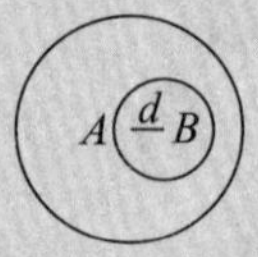	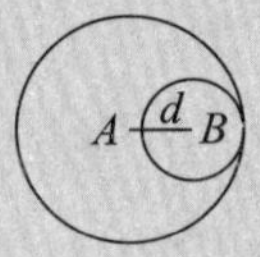	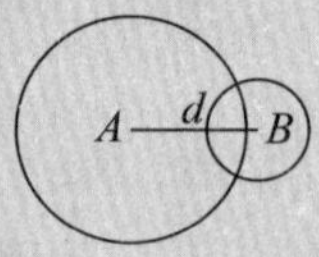	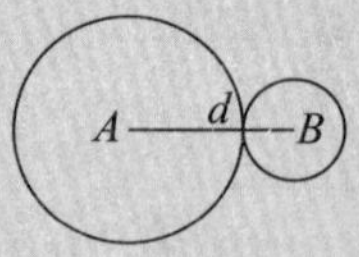	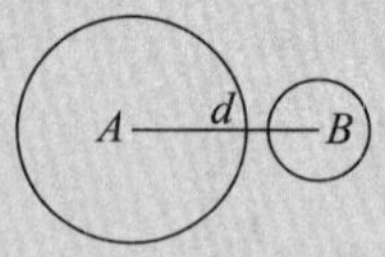
数量关系					

问 3:[思考 1]你能借用数轴的形式,解读如上的两圆的位置关系和数量关系吗?请画出来。

问 4:[思考 2]两圆的圆心距 d 的有意义范围是什么?(口述)

问 5:[思考 3]解释概念两圆内切时,为什么要求 $d>0$?(口述)

问 6:[思考 4]你能说说看通过已知"平行"条件,我们可以挖掘到哪些结论,依据是什么?(除了先行组者 2 中的两种,还有其他的吗?)(口述)

|课堂实录片段|

师：同学们请认真填写表格，并思考问3～问6。当遇到不解时也可以翻看前面的先行组织者，它可以帮助你理解。

（学生们开始填表格）

师：邀请一位同学汇报一下表格填写和思考1

（生1投影展示了表格填写，并借用数轴解读了两圆的位置关系和数量关系。）

师：（用投影展示先行学习者中的书本截图部分，并圈出"圆心距 d"）谁来回答思考题2，两圆的圆心距 d 的有意义范围是什么？

生2：d 大于等于0，因为是距离，所以不可能是小于0。

师：（用投影展示先行学习者中的书本截图部分，并圈出两圆内切时得数量关系式）谁能解释一下思考3，两圆内切时，为什么要求 $d>0$？

生3：如果 $d=0$ 时，两圆的圆心在一起，同心圆是不能内切的。

师：最后一个思考题，平行条件可以得到哪些结论？

生4："平行"得相似比例式，还可以得"角相等"等，说不定结合其他条件还可以得"平行四边形"。

基础学习内容中问题串的设置是与"先行组织者"呼应的，笔者在概念理解的深度和广度上做文章，抓概念中的关键词理解，促进学生对原有知识的复苏。概念扎实是会分析会审题的前提。

第一次的实践结果，在使用先行学习者方面有明显的进步，同学们都在老师的引导下、学习方法的指引下阅读并回答了各个问题。两圆位置关系的教材图片和问题串帮助同学们复苏相关记忆，再次深度理解圆与圆位置和相应的数量关系。课堂实践反映出在本节课中学生基本上都能理解并运用"两个圆的相外切"等条件，能巧妙地把条件转化为数量关系，得出某些线段长。课堂教学实践反馈，解决这类综合题的难点还没有得到突破，前面使用两圆位置关系得到的数量关系是解决这类综合问题的第一步，"平行条件使用"和"直角三角形勾股定理的使用"是第二步，几何环境错综复杂，学生对同时涉及相似、平行线性质定理还有直角三角形的性质综合题理解有困难，合理有顺序地开展第二步太难。学生在课堂中，没有理清头绪的情况下采用非常复杂的方法解决下文例题1问题1中第2个问题"求CP线段长"。笔者设计"先行组织者"时,也预设了"平行"和"直角三角形勾股定理"两部分内容,但是没有充分使用,怎么样才能真正帮助到学生突破难点呢?

四、先行组织者的第二次使用

现代心理学家对先行组织者的理解是广义的,先行组织者是组织者,但是教学中出现的位置不一定局限于开始(先行),本人尝试在合作学习卡中再次涉及先行组织者,在原例题1加入小组合作要求。目的是让小组合作有方向性,同时降低第2小题的难度,两圆位置关系的条件的使用本身不难,难在解决两圆位置关系后直角三角形和相似综合求线段 CP 长,需要我们找准线段 CP(元素)存在的图形(直角三角形、相似的基本图形),问题的解决就只剩下运用先行组织者中提及的定理了。

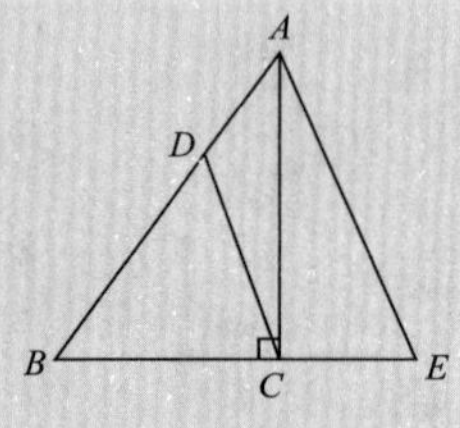

例题1:把练习2中"点 D 是 AB 上的一点,且 $DC=BC=2$"→"以 C 为圆心,CB 为半径的圆交 AB 于点 D",点 P 是 CE 延长线上的一点;直线 AP、CD 交于点 Q,以 A 为圆心,AQ 为半径画⊙A。

(练习2、已知 Rt△ABC,$\angle ACB=90°$,$BC=2$,$AC=3$,点 D 是 AB 上的一点,且 $DC=BC=2$,过点 A 作 $AE /\!/ CD$,交 BC 的延长线与点 E,则 $CE=$________,$AE=$________。)

问题1:若⊙A 与⊙C 相外切,则(1)⊙A 的半径 $AQ=$________,(2)* $CP=$________?

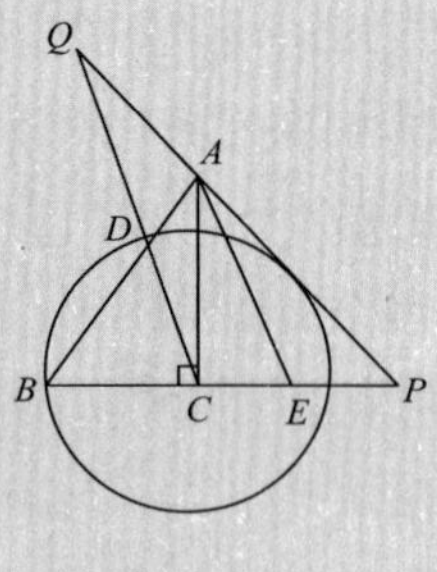

小组合作要求:

1. 简单记录解题思路过程(画流程图也行)。

2. 提供几个考虑项。

(1)练习2和例题1,变化前后,有什么异同吗?

(2)需要补全⊙A 吗?条件"若⊙A 与⊙C 相外切"该怎么用?

(3)怎么求 CP?线段 CP 在图形中和条件"平行""直角"有联系吗?

|课堂实录片段|

师：请小组合作，议一议。老师提供了 3 个考虑项，帮助大家商量问题。

（学生们 4 人为组合作商议。）

师：（一段时间后）大家停一下，再给大家提醒一下，条件“平行”使用时，可以用到线段 *CP* 吗？能写一写涉及的比例式吗？条件“直角”使用时，可以把线段 *CP* 归属于某个直角三角形的边吗？大家可以再翻看一下前面的先行组织者，体会一下。

学生们继续开展合作，有些组开始尝试写一写了，但是某些组对于解决第二个问题仍有困难。

后面小组展示的时候，课堂表现略比上次实践好一些，但是教师仍旧参与了很多。

第二次实践后，课后笔者尝试和几位学生进行交流。交流过程中学生们表示，掌握了两圆位置关系的理解，要注意相切与外切、内切条件的区别，明白了求解两圆位置关系题型的套路，“先行组织者”中的 3 个知识都是本节课的基础知识。学生们均表示直角三角形和相似基本图形的综合太难想到。笔者获悉后，喜忧参半。“喜”是我的预判；“忧”表明本节课的难点没有能突破。等到第二天回家作业的反馈，绝大部分的学生都顺利地完成了作业，学生群体作业质量都很高，笔者很激动。静下心来反思，其实学生课上和课后的反应都应是正常的，中考的最后一题，哪能这么容易在 40 分钟内被突破，学生的理解都是需要消化时间的。可以确定这样形式的专题课以后可以多上，能有效帮助到学生。

五、“先行组织者”是“先行学习卡”不可忽视的部分

从本次的教学实践看来，“先行组织者”是重要的，不可以忽略。因为“组织者”的运用，明确了教学重点和难点，在新旧知识之间构建“桥梁”，引起学生有意义学习的心向，能有效帮助学生突破重难点，加深对数学概念和定理的理解，提高分析问题和解决问题的能力，还可以通过先行组织者向学生传递复习方法。

（一）如何设计好“先行组织者”

笔者认为选择“先行组织者”内容的主要依据有两个：课堂教学的具体内容是什么？班级学生的学情是什么？课堂数学教学的具体内容确定了“组织者”的大致内容，选定“组织者”内容后，教师还需要根据学生的学情，考虑“组织者”呈现的方式，可以是文字的形式，也可以是数学符号语言的形式，还可以是图形语言的形式，更可以直接是课本上截图。确定内容和形式的唯一衡量标准是，是能否真正帮助到学生在新旧知识之间构建桥梁。

（二）如何使用好先行组织者

选定了丰富的“先行组织者”后，需要认真使用，用好“先行组织者”更是关键。首先帮助学生理解“先行组织者”名词，增加认同感。并同时坚持多多使用，让更多的学生消除对它的陌生感。“三三制教学”模式下初中数学专题复习课中先行学习卡的基础知识部分就可以多设计一些问题串，帮助学生复习先行组织者内容，并深化理解其知识点，可以做到一举两得，帮助学生突破专题中的难点。此外先行组织者的使用不局限于只出现在“三三制”的第一张卡中，本人实践的前呼后应式的使用法效果不错。同时授课教师要在课堂教学过程中引导学生采用合适方法使用先行学习卡，提醒学生关注先行组织者，重视发挥先行组织者的重要作用。

最后由于本人实践的仅是初三第二学期一堂专题复习课，还不够具有代表性，实践的次数还不够多，实践的过程中也不够完善，仍有一些问题有待解决。如何设计先行组织者？如何更好地使用先行学习卡？还需要用实践来检验理论。

点评：作者发现普遍存在的问题：重视“先行学习卡”基础部分的设计和使用，并获取了很多创新，但是在不同程度上忽略了“先行组织者”部分的设计和使用。作者选择课题《两圆的位置关系专题复习》进行了实践研究，探索如何有效设计和使用“先行学习卡”中的“先行组织者”。在问题的指引下，作者共进行了“先行组织者”的设计、“先行组织者”的初次使用和“先行组织者”的第二次使用，共3次实践。基础学习内容中问题串的设置是与“先行组织者”呼应的，在概念理解的深度和广度上做文章，抓概念中的关键词理解，促进学生原有知识的复苏。概念扎实是会分析会审题的前提。此外“先行组织者”的使用不局限于只出现在“三三制”的第一张卡中，学生遇到解题困难时教师提醒学生关注先行组织者,引导学生采用合适方法使用“先行组织者”,重视发挥“先行学习卡”的重要作用。建议作者在如何使用“先行组织者”方面,继续深入探索研究。

“三三制教学”引领下的教师导悟

上海大学附属学校　沈晓磊

我们每一位数学教师都应跟上时代的步伐，懂得教研与教学的齐头并进和与时俱进。传统课堂固然很好，但只有站在前人的肩膀上进行不断创新和突破，方可让课堂变得更好。所以希望每一位数学老师都乐于教研，也希望有尽可能多的教师的教学研究能有成果，最后，希望有越来越多的教师去热爱教研。

一、研究背景

教师在进行公式的新课讲授时，一般都是按部就班的推导公式，讲出公式的特点，例题示范后，旋即进行各类习题训练。这样的教学，从表面上看，学生顺利记住了公式并用以应对考试。但从数学如何学习这一学科问题的角度思考后会发现，学生虽然能熟练应用公式，但他们不一定能体会到公式背后的学科作用和其中蕴含的数学思想方法，产生真正的感悟，获取真正的“核心素养”，究其背后缘由是教师在“灌输”知识而不是学生自主“学会”公式的应用。本课例以七年级第一学期的因式分解章节中的《平方差公式》一课为例，尝试如何利用“三三制”引导学生自主学习，在学习公式的基础上形成感悟，从而解决学科问题，丰富学习效果。

二、“三三制教学”理论探讨

“三三制教学”的教学模式重视教师创设教学情境及引导，让学生通过自主学习去发现问题，生成“我的问题”，通过小组合作学习去猜想和证明，得到数学规律，拓展知识和应用，培养数学核心素养，最终搭建起学生的自我认知结构。体现出“三三制”教学具有主体性、引导性、情境性、探究性、建构性这几个特点。

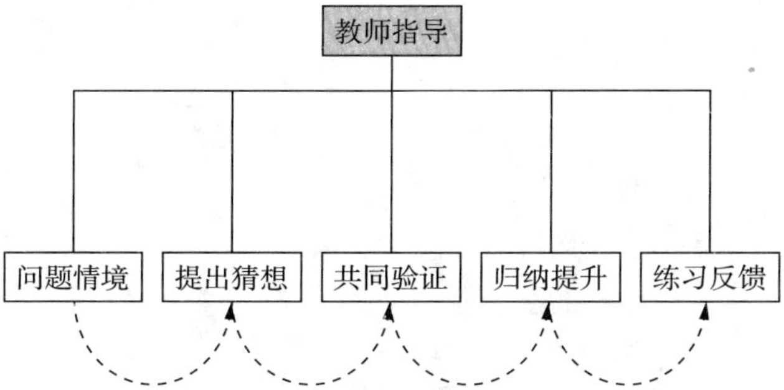

图 1　教师在“三三制教学”中的角色

教师在“三三制教学”中的主要角色是“导演”，角色任务贯穿整个课堂的问题情境、提出猜想、共同验证、归纳提升、练习反馈共 5 个阶段(图 1)，穿插于 3 张学习卡中。

第一阶段，问题情境。教师创设问题情境，学生产生疑惑，激发探究的欲望。

第二阶段，提出猜想。提出猜想是引导学生探究的重要环节，也是教学模式的重要阶段。在此阶段，引导学生的探究方向，引导学生寻求探究的方法，集中所有的疑惑，针对疑惑引导学生寻找产生的原因，提出猜想，讨论方案。针对第一阶段的种种疑惑，提出各种假设，交流个人猜想，引起思想碰撞，启迪数学思维，需求解决方法。

第三阶段，共同验证。调控学生的探究活动，特别是将学生提出的所有方法集中起来，引导学生进行比较，筛选，甄别，探索答案，去伪存真，由表及里，将探究活动引向深入。

第四阶段，归纳提升。教师引导学生主动、积极、全面地进行总结，既总结数学方法，又总结学习方法；既对数学知识进行总结，又对策略知识进行总结；既对探究过程进行总结，又对数学探究的方法进行总结。

第五阶段，拓展练习。通过练习得到反馈，综合运用所学知识解题，或进行下一阶段的探究。

为了方便对教师在课堂中的表现进行各方面的评价，同时为了对刚接触“三三制教学”的老师有一个参考标准，特拟一份课堂观察量表，见表 1。

表 1　数学组教师的提问与理答观察量表

课题：　　　　　　　　　　观察时间：　年　　月　　日

	观察内容	频次	百分比	数据分析
教师提问类型	管理型问题			
	机械型问题			
	记忆型问题			
	思考型问题			
	创造型问题			
教师理答方式	打断或代替			
	不理睬或批评			
	重复答案			
	肯定鼓励称赞			
	追问			
建议				

三、课堂实录与教学探讨

与传统课堂相似，本课我们通过"公式的得出、辨析、应用"等 3 个主要环节进行描述。

环节(一)：公式的得出

|课堂实录片段|

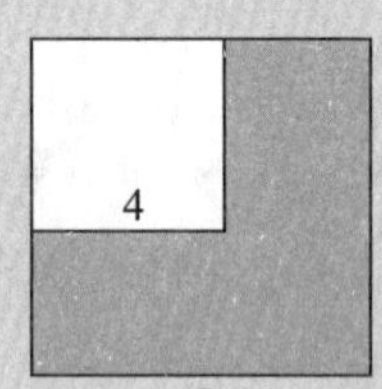

引入：有一个边长为 5 的大正方形和一个边长为 4 的小正方形，叠合在了一起(图 2)，那么阴影部分的面积是多少？

学生回答(后简称为生)：阴影部分的面积是 9。

教师(后简称为师)：反应很快，也很准确！那如果大正方形的边长为 10，小正方形的边长为 6，阴影部分面积又是多少？

生：64。

师：正确，如果大正方形的边长为7.3，小正方形的边长为2.7呢？阴影部分面积又是多少？

（学生思考，口算有些困难。部分学生开始在纸上用笔计算。）

师：看样子用之前的方法快速算出结果有些困难，有没有简便的方法呢？让我们继续研究。（此时，学生学习新知的基本需求初步达成。）

师：如果大正方形的边长为 a，小正方形的边长为 b，阴影部分面积是多少？

生：a^2-b^2。

师：正确，在知道这个正确答案之后，你还能用其他形式表示阴影部分的面积吗？（小组之间利用学具与操作单合作完成，由组长统计并汇报。教师提供方便快捷的图形学具，各小组积极思考，相互合作，研究出集中不同的形式，教师深入其中，适时指导。）

组1：将阴影部分分割成两个长方形，然后拼成一个大长方形，从而得到阴影部分的面积 $(a+b)(a-b)$。

组2：将阴影部分分割成两个长方形和一个小正方形，得到阴影部分的面积 $(a-b)^2+2b(a-b)$，整理后得 $(a+b)(a-b)$。

组3：将阴影部分分割成两个直角梯形的方式，可得到阴影部分的面积 $2\times\frac{1}{2}(a+b)(a-b)$。整理后得 $(a+b)(a-b)$。

师：都分割得很好，真是不错的想法！

师：我们来观察一下，不管哪个式子表示的都是阴影部分的面积，那么它们在数量上有什么关系？

生：相等。

师：这样就有 $a^2-b^2=(a+b)(a-b)$，我们在哪儿见过类似的式子？

生：在学习整式乘法时学习了 $(a+b)(a-b)=a^2-b^2$ 平方差公式。

师：实质上我们把整式乘法的平方差公式等号两边互换位置就得到了 $a^2-b^2=(a+b)(a-b)$。观察这个等式，从右到左是乘法公式，从左到右是什么呢？

生：因式分解。

师：这就是我们这节课所研究的因式分解的平方差公式，用这一公式将一个多项式因式分解的方法就是我们今天将要学习的公式法。

板书：因式分解的平方差公式 $a^2-b^2=(a+b)(a-b)$。

本环节磨课生成的问题与讨论:在"公式的得出"环节,磨课时大家争论的焦点如下。

方案1,一部分教师认为,因式分解平方差公式 $a^2-b^2=(a+b)(a-b)$,实际上可以直接由整式乘法的平方差公式 $(a+b)(a-b)=a^2-b^2$,等号左右两边交换位置,即等式的意义来得到,我们教学时,可以直接得到,这样简洁直观、一目了然。

方案2,另一部分教师则坚持,以学生感兴趣的两个正方形叠合在一起,快速回答剩余部分的面积开始,从特殊情况常是具体数值开始,再过渡到一半,从图形的角度来验证公式。这样操作虽然需要占用一定的自主学习的时间,但是这样能很好地渗透数形结合的思想,引导学生用几何的方式解决代数的问题。

究竟怎样做才是有利于学生的思维发展呢?经过深入的讨论之后,一位教师的发言引起了大家的深思:方案2不仅仅是从图形的角度验证公式,它还有一个重要功能,就是让学生体会学习因式分解平方差公式的重要性和便利性,也就是我们学习新知识的一般动机,这样学生会对本节课产生浓厚的兴趣,方案2更可取。也有教师描述方案2的作用与效果是明显的,但它不能让学生更好的感悟整式乘法与因式分解之间的关系。

真理越辩越明,最后达成了共识。首先通过机组正方形纸片叠合,求剩余部分的面积作为热身,在数据上由简单到复杂的过程中,产生认知冲突,然后设置大问题:利用学具探究正方形边长为 a、b 时,叠合后剩余部分的面积,从而从图形的角度得到 $a^2-b^2=(a+b)(a-b)$,然后应用它解决刚才产生认知冲突的问题,即 $7.3^2-2.7^2$ 如何简便计算的问题,让学生充分感受到学习新知识的重要性与必要性,再自然联想到前面学习过的整式乘法的平方差公式,将它左右两边互换位置,就可以得到因式分解的平方差公式。

这样的设计既让学生产生浓厚的兴趣,还使数形结合得更紧密,同时又自然的体现了整式乘法与因式分解的互逆与变形的关系。

为此还采用了一张课堂观察量表(表2),换个维度观察和比较两种方案的长短。

表2 课堂观察量表

现象描述 / 项目	目标一	目标二
学习目标	平方差公式的获得	平方差公式的获得

（续表）

项目 \ 现象描述		目标一	目标二
目标达成情况分析	提出的时间和方式	直接出示公式	用图形推导
	落实方法	利用等式的意义直接给出	数形结合
	评价方法	学生的课堂直观反应； 生成的问题； 面对难题的解题方法	学生的课堂直观反应； 生成的问题； 面对难题的解题方法
	目标达成情况		
综合分析			
教学建议			

环节(二):公式的辨析

在“合作学习卡”环节,课堂展开如下。

|课堂实录片段|

师:请同学们观察公式的特点,谁能尝试用语言描述一下这个公式?

(几位同学描述,教师板书。)

师:我们再来看前面的问题,大正方形的边长是7.3,小正方形的边长2.7,那么阴影部分的面积如何求呢?

学生快速回答:$7.3^2-2.7^2=(7.3+2.7)\times(7.3-2.7)=46$。

师:同学们的反应非常好,用我们今天学习的因式分解的平方差公式就能快速计算出结果了!

师:接下来在材料纸上写两个能用平方差公式因式分解的多项式,并且同桌交流一下,说说你写的多项式为什么能用平方差公式因式分解?

(片刻之后,学生纷纷回答。)

组1:x^2-9

组2:$4x^2-9y^2$

组3:$(a+2b)^2-(a-2b)^2$

组4:$6a^2-24$

(学生充分交流后,教师引导学生找出典型例子,并请学生到黑板上讲解,之后老师又出示几个多项式:$-x^2+y^2$、$-x^2+y^2$、$-x^2-y^2$。)

提问:这些多项式能不能用平方差公式因式分解呢?为什么?在因式分解的过程中我们该注意什么?

在同学们的热烈研讨下,大家基本达成共识:应用平方差公式因式分解的是多项式,主要应该有两项,有平方,还有差的形式,两项异号。其中的亮点回答有:一名学生在发言中强调,为了不出错,首先把前后两项写成整体平方的形式,确定谁相当于公式中的 a 谁相当于公式中的 b,然后再进行因式分解。这些都是由学生探究发现的,是非常难得的。

环节(三):公式的应用

在练习反馈卡中设计一个有思维含量的问题,如下。

从 y^4, $-ab$, x^4, $16x^2$, a^3b 中选取两个式子组成一个多项式,并因式分解,教师先举几个典型的例子,如$-x^4+y^4$, x^4-16x^2, a^3b-ab,再请学生上黑板板书讲解。在此过程中,师生发现并纠正了一些典型错误,如没有分解到不能分解为止。学生之间大胆纠错,相互质疑。最后归纳由学生进行和补充,总结出多项式因式分解时的易错点和注意事项。

本环节磨课生成的问题与讨论:关于"公式的辨析"及"公式的应用"环节,第一次上课的设计是引导学生观察公式的特点,再尝试用语言叙述出来。为了进一步体会具体问题中的式子与公式中的 a、b 对应,并讲解规范的书写格式,然后给出复杂多项式的因式分解(需两次以上的因式分解),引导学生总结易错点。课后,听课教师在讨论中一致认为，观察公式的特点、用语言描述公式是非常必要的，可以加深对公式的理解。关于具体问题中的多项式与公式中的 a、b 的对应性的理解，是学生熟练准确应用公式的关键所在，课上老师这样示范，学生会模仿照做，从应试的角度来看，解决简单多项式的因式分解不存在问题，但是突出表现教师牵制学生来思考他们的对应性，那么如何引导学生自己感悟从不同角度辨析公式呢？还有对公式的应用大家也有不同的看法：问题不应该由教师直接给出，易错点也不应该改以教师为主来强调，应让学生悟出。问题出在课堂设置的问题太小，太碎，缺少思维空间。经过大家的研究，对第一次上课的问题设置修改为最后一次上课的方案。改由"合作探究卡"中的共同学习目标。

四、课例诠释与反思

按照研究的方案进行教学之后，整个教师团队再一次进行了反思。在课堂关键环节的问题设置，如在"先行学习卡"中学生生成的"我的问题"：

"还能用其他形式表示阴影部分的面积吗？"

在"合作探究卡"上写两个能用平方差公式因式分解的多项式，并且同组交流一下，发挥出小组学习的时效性。

"说说你写的多项式为什么能用平方差公式因式分解？"

这些问题具有以下特点：（一）直接指向本节课的本质；（二）都需要学生动脑思考、动手操作及相互合作才能完成，思维含量较大，（三）由教师这个角色来引导会使得课堂更有序，整堂课节奏鲜明，教师在课堂上组织学生解决问题策略恰当，给学生自主感悟公式与熟练掌握公式提供了足够的时间与空间。在思维发展的关键点上，恰当地采取合作学习，学生在倾听、思考合作质疑中感悟新知，收获新知。

同时也发现了在设置"大问题"，即合作学习的共同学习目标时、放手让学生解决问题，教师的引导作用和在关键环节的掌控至关重要。如在学生用图形探究公式时，学生利用学具操作遇到困难时，教师不应袖手旁观，应及时指导学生使用学具，把握课堂节奏，减少不必要的浪费时间；在公式的应用环节中，学生自主发现易错点，同时也需要教师及时归纳总结。课堂设置问题越大，越开放，课堂生成对教师来说要求越高，越需要教师反应机敏，处事灵活，及时调控，这也是对教师能力的一大历练。

对于这样公式类的课堂教学，让学生熟练掌握公式的同时，也应引导学生经历公式的生成过程。"三三制"课堂作为最合适的载体,创造了能将典型性,研究性和启发性糅合到一整节课堂中这样一个平台,真正让学生体会到数学问题解决的过程,让教师感受到学生的成长,体会到教学设计的是否合理对课堂产生的巨大影响,更注意渗透数学思想方法,并引导学生自主感悟公式,学会熟练应用公式,提出问题,分析问题和解决问题的能力。同时,整个教研组通过这样一次次的历练,每个人在发言中都是思维的碰撞和洗礼,也学习到了课堂中问题的出现时,可以通过这样的方式来积累必要的数学活动经验。这样的活动,落于实处,本着解决教学难点为目标,切实做到了对教师和学生的成长有着积极的促进作用。

点评:本节课的教学设计与教学实践非常好的应用了"三三制教学"强调的设置问题情境、设置认知冲突,很好地激发了学生的求知欲望。本节课设置的利用已知知识求解剩余面积的问题情境,将平方差公式的作用凸现出来,教师设置的主问题"如何求解剩余面积?"抓住了问题的关键,很好地引导着学生感悟平方差公式的作用。本节课体现了"三三制教学"引导教师转变教学观念和教学行为的价值。

“三三制教学”设计的实践研究

上海市淞谊中学　张洲宏

一、研究背景

“三三制教学”是一种以先行学习卡、合作探究卡、练习反馈卡等3张卡为载体，由自主学习、合作交流、练习反馈等三大关节组成，“教学做合一”的教学范型“三三制教学”强调“以学生的学习为中心”，以学定教，先学后教，少教多学，教学做合一，让学生在民主、合作、竞争、友善的气氛中发展。

带着对于“三三制教学”的新奇之感，我开始了“三三制教学”关于《直角三角形全等的判定》的探究。

二、初稿设计与反思

对于这节课，结合“三三制”教学的课堂特征，我制定了如下的教学目标：

(一)经历探索直角三角形全等的特殊判定方法过程，体会演绎思想与化归思想。

(二)掌握直角三角形全等的判定方法，会利用“H.L”判定直角三角形全等。

其中，教学的重点为探索判定两个直角三角形全等的特殊的方法；教学难点设定为“H.L”判定方法判定两个直角三角形全等的灵活应用。

在《直角三角形全等的判定》的第一节课中，我的教学设计如下。

（一）复习引入

1. 回顾三角形全等的判定方法：S.A.S、A.S.A、A.A.S、S.S.S。

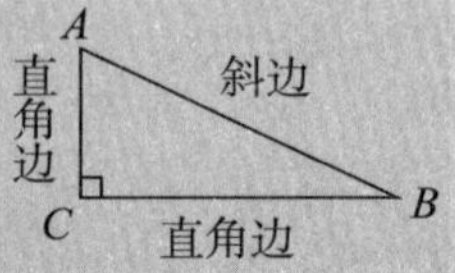

2. 回顾直角三角形的元素、表示方法。

3. 判断：如图，具有下列条件的 Rt△ABC 与 Rt△$A'B'C'$（其中 $\angle C=\angle C'=90°$）是否全等，在（　　）里填写理由；如果不全等，在（　　）里打"×"：

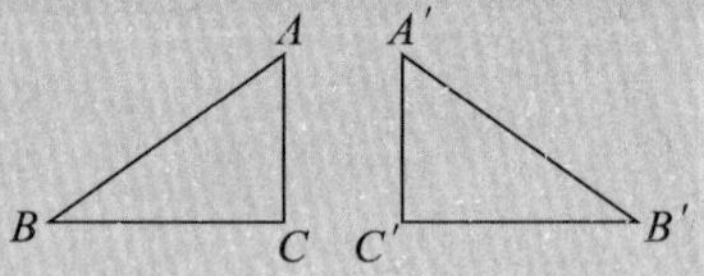

（1）$AC=A'C'$，$\angle A=A'$（　　）；

（2）$AC=A'C'$，$BC=B'C$（　　）；

（3）$AB=A'B'$，$\angle B=\angle B'$（　　）；

（4）$\angle A=\angle A'$，$\angle B=\angle B'$（　　）；

（5）$AC=A'C'$，$AB=A'B'$（　　）。

（二）新课学习

1. 认识直角三角形中"边、边、角"对应相等的具体情况，明确研究方向。

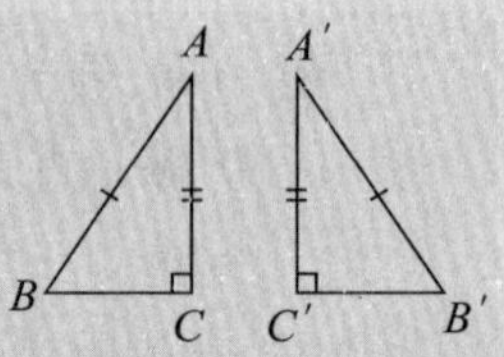

2. 证明"如果两个直角三角形的斜边和一条直角边对应相等，那么这两个直角三角形全等"是真命题。

3. 直角三角形全等的判定定理：如果两个________的________和________对应相等，那么这两个________________。（简记为________）。

符号表达式（$\angle C=\angle C'=90°$）：在________和________中，有

$$\begin{cases} \_\_\_\_\_\_=\_\_\_\_\_\_, \\ \_\_\_\_\_\_=\_\_\_\_\_\_, \end{cases}$$

∴ ________ ≌ ________（________）

(三)合作探究

1. 已知:如图,在$\triangle ABC$中,$BD\perp AC$,$CE\perp AB$,点D、E为垂足,BD和CE相交于点F,$BD=CE$。

求证:(1) $AB=AC$;

(2) F为EC与BD的交点,连接AF,问AF平分$\angle BAC$吗？为什么？

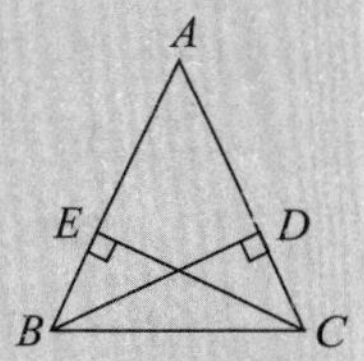

2. 求证:在一个角的内部(包括顶点)且到角的两边的距离相等的点,在这个角的平分线上。

(四)练习反馈

1. 对于两个直角三角形,下列一组条件中能判定它们全等的是(　　)。

① 一个锐角和这个锐角所对的直角边对应相等;② 斜边和一锐角对应相等;③ 两个锐角对应相等;④ 两条直角边对应相等;⑤ 一条直角边和斜边对应相等

A. ①②　　B. ①②④　　C. ①②③④⑤　　D. ①②④⑤

2. 已知:如图,CD、$C'D'$分别是$Rt\triangle ABC$,$Rt\triangle A'B'C'$斜边上的高,且$CB=C'B'$,$CD=C'D'$。

求证:$Rt\triangle ABC$全等于$Rt\triangle A'B'C'$。

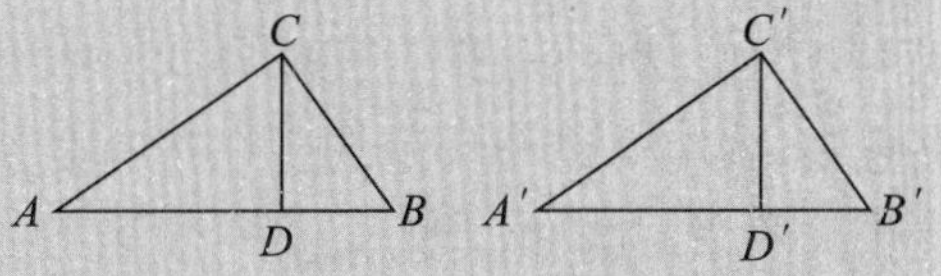

在这节课中教学设计还有很多不足之处,只是在形式上能够将自主学习卡、合作探究卡、练习反馈卡完成,在内容上仍存在诸多的不足,没有体现出“三三制教学”的

教学思想,具体如下。

(一)缺少对于问题的思辨,没有带给学生强烈的思想冲突

比如,“自主学习卡”的第三题:

判断:如图,具有下列条件的 $Rt\triangle ABC$ 与 $Rt\triangle A'B'C'$(其中 $\angle C=\angle C'=90°$)是否全等,如果全等,在(　　)里填写理由;如果不全等,在(　　)里打“×”:

(1) $AC=A'C'$, $\angle A=A'$　　(　　)

(2) $AC=A'C'$, $BC=B'C$　　(　　)

(3) $AB=A'B'$, $\angle B=\angle B'$　　(　　)

(4) $\angle A=\angle A'$, $\angle B=\angle B'$　　(　　)

(5) $AC=A'C'$, $AB=A'B'$　　(　　)

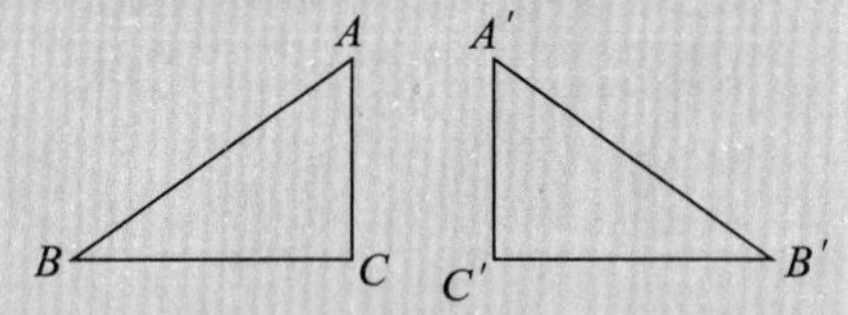

在课后的反思中,我感觉到这个环节我没有完全利用好,应该让学生去“举反例”,让学生在疑问“胶着”一会儿,争论一会儿。这样才会真正意义上帮助学生,使其产生与旧知识的冲突,才能顺利地让学生带着问题进入新课的学习。

(二)学生学习的自主性没有被完全激发

学生的自主性在整节课中没有体现出来,还是停留在传统的课型上,老师讲,学生听,老师布置任务,学生完成任务。尤其是在新概念的习得上,可以放开让学生自主学习,进一步体现自主学习卡的“自主”。老师的讲,要起到引领作用,少讲,精讲,学生可以自己获得的就让学生自己动手。

(三)缺乏阶段提升,没有体现“三卡”的关联

在整堂课中,每张卡完成后我并没有适时带领学生进行小结,提升。而在课后的反思中,我觉得这一环节的存在是有必要的,每张卡后及时的感悟与提升不仅能巩固该张卡的学习的知识要点,更对学生下一张卡的学习有指导、引领的作用。

(四)课堂的互动不足,没有充分发挥学生积极性

在课堂中,学生之间没有体现出足够的积极性,小组与小组间的竞争意识还没有被完全调动起来,整个课堂的气氛并没有充满着思考和探索。在这点上三卡教学强

调的是组与组相互间的竞争，老师要在上课前充分调动学生的积极性，让学生通过相互的竞争，更积极地加入问题的探索，培养学生的合作意识、集体意识。老师需要对合作学习进行及时的评价，否则不利于学生合作学习能力的发展。

三、教学环节改进

在《直角三角形全等的判定》的第二节课中，我改进后的教学设计如下。

（一）授课前设置比赛规则，增强小组竞争环节

设置小组比赛的目的是为了调动学习的积极性，通过为小组争得荣誉，让学生全神贯注于课堂。在这个过程中不仅可以提高学生的上课积极性，更能够提高学生的小组合作意识，增强集体荣誉感。

首先，我设置了举手提问环节，第一轮只能由每个小组 C、D、E 档的同学回答（提前已经给班级分好的小组，以及各档学生的分类），如果答对加 2 分，答错不扣分。如果每个组 C、D、E 档的同学无人能够回答，此时组长，A、B 档的同学可以参与到第二轮的回答，答对加 1 分，答错不扣分。

其次，我们设置了小组展示的环节，对于探究性的问题，由小组“发言人”上台展示方法及过程，参与展示即为小组得到 1 分，若方法得当无异议再得 2 分，若答错不加分，不扣分。若答错，或方式方法不佳，其他小组的“发言人”可上台纠正及补充，同样，参与展示即为小组得到 1 分，纠正及补充正确再得 2 分。

另外，对于“练习反馈卡”，作为课堂的一种评价，我们也会有小组提问环节以及小组展示的环节。在这个环节中，老师指定同学回答，答对加 1 分，答错可由小组其他成员帮助回答，帮助成功不扣分，帮助失败扣 1 分，帮助失败时其他小组可举手回答，答对加 1 分。

课后，根据最后积分的高低，对于获胜的小组进行适当的奖励。

（二）提供阅读材料引领学生自主学习

在学生证明新命题为真命题之前，我给学生准备了阅读材料，为学生搭设台阶。

阅读材料：

证明“三边对应相等的两个三角形全等”是一个真命题.

已知：如图，在$\triangle ABC$与$\triangle A'B'C'$中，$AB=A'B'$，$BC=B'C'$，$CA=C'A'$

求证：$\triangle ABC\cong\triangle A'B'C'$。

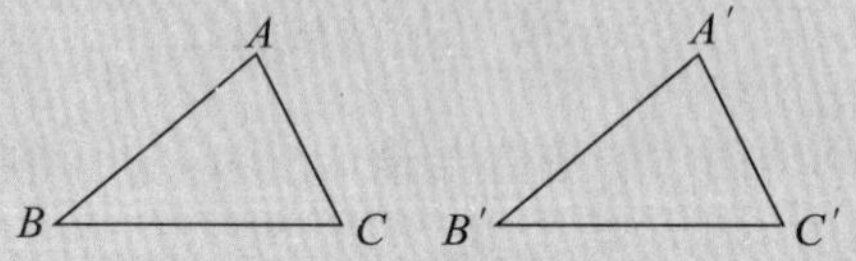

证明：把$\triangle ABC$与$\triangle A'B'C'$拼在一起，使边长BC与$B'C'$重合，并使点A、A'在$B'C'$的两侧；再连接AA'。

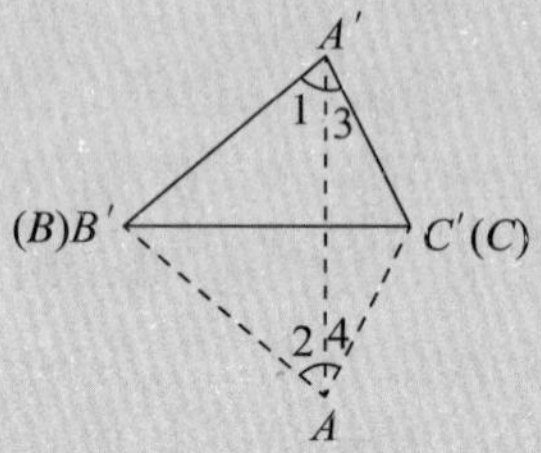

$\because AB=A'B'$，$AC=A'C'$（已知）

$\therefore \angle 1=\angle 2$，$\angle 3=\angle 4$（等边对等角）

$\therefore \angle 1+\angle 3=\angle 2+\angle 4$（等式性质）

即$\angle BAC=\angle B'A'C'$

在$\triangle ABC$与$A'B'C'$中，

$\begin{cases}AB=A'B'\text{（已知）}\\ \angle BAC=\angle B'A'C'\text{（已证）}\\ AC=A'C'\text{（已知）}\end{cases}$

$\triangle ABC\cong\triangle A'B'C'$（S.A.S）

根据第一节课的反馈，学生要独立证明出新命题，很困难，几乎没有学生能够证明。我给出一个相关的证明过程，在阅读中引导学生可以通过三角形的运动帮助证明，从而让学生在证明新命题时可以进行类比。这也能体现“三三制教学”，学生主动学习的精神。

（三）阶段提升，体现“三卡”的关联

在自主学习之后，我设计了一个环节：让学生考虑一下我们需要解决的问题是什么？这样的处理是为了让学生带着更强的目的性进入合作学习中，增强学生探索的劲头。在“合作学习卡”后我增设了一个环节：让学生谈谈自己的心得，简单地理一理所获知识之余还能从细节处强调一些应用知识的注意点，这样在练习反馈中学生的思路就会很清晰，毕竟确实有这样小部分的学生会对所学的新知识产生困惑，同学的

心得会一定程度上帮助他们。练习反馈后增设环节：组织学生进行归纳，讲讲自己的收获，讲讲独到的见解，讲讲还不甚理解的地方都可以，作为一个交流的平台，让学生们共享所获，共同解决疑难。

（四）增加学生展示环节，优化一题多解

已知：如图，在△ABC 中，$BD\perp AC$，$CE\perp AB$，点 D、E 为垂足，BD 和 CE 相交于点 F，$BD=CE$.

求证：(1) $AB=AC$

(2) 请连接 AF，AF 平分∠BAC 吗？为什么？

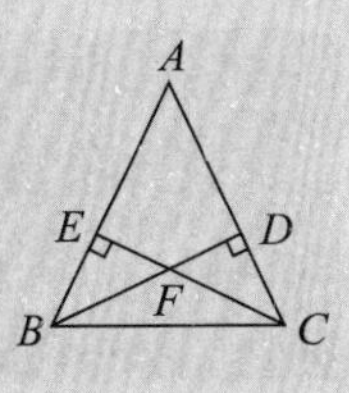

这是“合作探究卡”中的第二个探究活动，我改进后的教学设计为学生自我展示的环节。我的目的在于让学生讲解此题的多种解法，活跃学生的思维，开拓学生的思路。同时引导学生继续比较，找到其中最快捷，最好的那种解法，粗中取精，做到解法上的更优化，这样既可以锻炼展示学生的表述能力，同时又能让学生们有优化的思想。如果学生在展示过程中发生错误，也可以有同学们帮助其纠正错误。

四、教学反思及建议

在改进了教学环节设计之后，我觉得效果比第一节课好了许多，在此，我做了对比，具体见表1。

表1　改进教学环节设计之后的对比

第一节课	改进后的第二节课	教学环节改进方法
学生处于被动学习，没有摆脱传统课堂束缚	学生积极参与，课堂活跃，学生会主动去探索问题	设置小组间的互相竞争的激励机制
老师讲，学生听，学生被动学习，老师一言堂	学生主动探究，深入挖掘，积极寻找解决问题办法	增加阅读自主学习环节，引领学生学习
三卡割裂，学生以为三卡与练习卷无异	学生明确三卡之间的关系，能很好地利用三卡	设置阶段提升，承上启下，体现关联
缺少对问题的深层挖掘，老师说到哪里就是哪里	更深入地去关注问题，知其然、知其所以然	设置阶段提升，体现三卡的关联，折射知识的关系

（续表）

第一节课	改进后的第二节课	教学环节改进方法
抒发观点的机会比较少，学生不善于表达	学生乐于展现自己的观点，乐于上台展示，信心得以增强	设置学生展示环节，鼓励学生张开嘴巴
思考问题以独立思考为主，合作性不强	合作意识得以增强，共同研究	设置组内讨论机制

通过前后两节课的教学设计的改进，我认为“三卡”应该是一个发现问题，提出问题，探究问题，解决问题的过程。我们首先在备课时，去精读教材，仔细备课，这样才能设置合适的问题去引导学生发现问题。在探究问题时有效的设置台阶，给探究问题适当的减小坡度，再设置合适的问题去检验学生是否真正的解决了问题。所以“三卡”的设置的是否合适取决于我们的备课是否精细，考虑是否周全。

在“三三制教学”中，我也更多地给予学生自我小结归纳的空间，提出问题的空间。我们不能把“三卡”的教学简单的演变成学生的试卷，而是要让学生真正的有所收获。这是可以由语言表述出来的，学生的有语言就是他们的思维过程，通过这种自我提炼的过程，可以引导学生把握关键，进行最优化的学习，这也是“三三制教学”的本质。

随着“三三制教学”设计的改进，教学课堂已经有了明显的进步。同学们普遍地认可了这种不同于以往的教学模式，并且乐于与其他同学一同交流和分享。对比起初的不敢回答问题，现在的课堂上，大家都积极回答问题，在竞争与对比中，同学们的数学表达能力得到了显著的提高。在课堂上经过一段时间的磨合，小组间的互动显得很自然和谐，学生已经将合作学习转变为自然的习惯，有的时候课间也可以看到某个小组在为一道题目的求解而相互讨论。“三三制教学”带给学生的不仅仅是知识的收获，更是学习兴趣，探究精神，团队意识的全方位提高。

点评：本案例关注了“三三制教学”中 3 张卡的关联性设计，是一个比较创新的设计。在多次实践探索的过程中，“三卡”关联使得课堂的主线更加清晰，更凸显了学生自主学习和合作探究的必要性。

“三三制”复习课教学实践

华东师范大学附属杨行中学　徐　芳

“三三制教学”模式强调学生的自主学习、合作学习和探究学习，做到先学后教，充分利用合作教学模式，当堂训练，变教为学，变课堂为学堂，确保了课堂教学以学生为中心，以学生的学会为目标，很好地体现了新课程的教学理念。执教“整体思想在代数问题中的应用”是我第一次尝试“三三制教学”模式，这是一种全新的体验。在上这节课之前，我对“三三制教学”模式的初步感受是完成先行学习卡、合作探究卡、练习反馈卡这“三卡”，就完成了本节课的教学目标。但在教学的过程中，我发现我原本对“三三制教学”的认知只是表面的，三卡只是一种手段，它真正的目的是为学生提供一个生动的学习环境和丰富的发展机会。

一、课前准备

（一）学情分析

本班共 28 人，全部是随迁子女，从小学习基础以及学习习惯较差。但进入八年级以来，大部分学生已经初步形成了比较良好的学习习惯，有一部分学生学习习惯还不够好，缺乏学习的主动性、积极性和持久性，作业上比较拖拉，这些学生上课注意力容易分散，不能做到认真听讲。班中部分好的学生只管自己学习，较落后的学生懒惰成性，不愿意多动脑、动手、动口，没有持之以恒、锲而不舍的学习精神。还有少数学生性格太胆小、内向，整天闷坐着，不愿参加各种活动，有的甚至可以一节课不说不动。

（二）教材分析

本节课是八年级第二学期第十六章二次根式学完后的一节复习课。代数式是由字母表示数发展而来的，是数的进一步发展和数量关系的简明表达。在七年级第一学期建立代数式的概念时，其中涉及的基本运算局限于加、减、乘、除以及乘方，这时出现的代数式类型只有整式和分式。第十二章“实数”中引进了数的开方运算，而且在方根的讨论中实际上已经出现了根式，因此本节课着重研究二次根式，在内容的安排上，与前面学的整式和分式相结合，在明确二次根式的概念，基本运算以及运算法则的基础上，对二次根式的运算、变形、化简进行研究。

（三）教学设计

本节课主要学习代数中的整体思想，将题目中的某些代数看成一个整体，从而达到化繁为简，化难为易的目的。并且让学生通过对问题整体形式、整体结构、整体特征的学习，感受和理解整体思想的解题技巧。

在课堂之初，为了让学生初步感受到整体思想的精妙之处，设计了一些比较简单的利用整体思想解决问题的题目让学生自主完成。

（1）若 $a-2b=3$，则 $2a-4b+5$ 的值为________。

（2）若 $x+\frac{1}{x}=2$，则经 $x^2+\frac{1}{x^2}$的值为________。

（3）因式分解$(a^2+b^2)^2-4a^2b^2=$________。

（4）已知$(x+y)(x+y-2)-24=0$ 求 $x+y$ 的值。

学生通过这几个问题，激发了对本节课的学习兴趣，原来数学中的代数并不一定是埋头苦算，求值并不一定是要把未知数的值一一求出，在此基础上，我提出了新的问题。

1. 已知 $a=\frac{1}{3-2\sqrt{2}}$，$b=\frac{1}{3+2\sqrt{2}}$，求下列各式的值。

① a^2+b^2；　　② $\frac{1}{a^2}+\frac{1}{b^2}$

2. 已知$\frac{x-y}{xy}=3$，求代数式$\sqrt{\frac{2x+14xy-2y}{x-2xy-y}}$的值。

这两道题目存在一定的难度，希望学生能通过合作学习的方式解决问题。在解决了以上问题之后,学生进行练习反馈。

已知:$a-b=\sqrt{2}+1$,$b-c=\sqrt{2}-1$,能否使用这两个方程作为已知条件来设计一道具有整体思想的题目来考考全班同学?如求代数式 $a-c$ 的值,利用$(a-b)+(b-c)$便可求出。

整节课希望学生能在数学学习活动中培养思考能力,善于表达、善于交流、良性竞争、积极合作的学习习惯。

(四)分组情况

在传统教学模式下,只有一部分学习成绩优异的同学才能在课堂上得到充分的个人展示,而一些胆小,成绩较落后的同学往往就没有这样的机会来展示自己。但是在“三三制教学”的课堂学习中,每一位同学都有自己的岗位,放大他们的长处,建立自信,从而能主动参与,积极发言,毫不胆怯地提出自己的想法和疑问。让每一位同学都有机会展示自己,提高自身能力。

课堂小组一般由4~5位同学组成。其中有一位核心人物组长,这是一名综合能力较强的学生,他的任务是在“先行学习卡”中完成基础题后,负责批改小组成员的学案,并给予指导;在“合作探究卡”中负责组内讨论的平衡,调动起组员的讨论热情。

另一位是记录员,这是一名成绩尚可但是在平时上课时比较胆小内向不太敢说话的同学,那么他就负责“先行学习卡”中问题的回答工作,并且在合作学习卡中对组内成员的讨论结果进行记录,并且在最后展示环节进行展示 。

还有剩2~3名同学则是组内相对较落后的同学,他们由于基础知识较差,想说但不会说,在以往的课堂学习中往往是非常沉默的,由刚开始的不会回答,到最后习惯性于做一名课堂的旁听者,参与感较弱。但是在“三卡”教学模式下,他们也有了自己的任务,他们负责小组表述工作,在“合作探究卡”环节中的展示环节,由他们来进行解题思路的说明,回答得好的同学可以得到2分的小组奖励,而组长和记录员只能拿到1分。小组往往为了竞争胜利,会更诚恳的与这几位以往的落后生交流自己的解题思想,鼓励他们大胆说。

在这样的分工下,小组讨论的积极性非常高,每一位同学都能做到说起来,动起来,写起来。学生们更具有分享精神,并在分享中体验自身的价值。

二、第一次课堂实践

在做了如上准备工作后，我进行了第一次课堂教学实践，在这次对我和同学们而言都新颖的授课过程中，我明显感受到了课堂和学生的变化，具体如下。

（一）课堂效率得到提高

初中年龄段的学生非常喜欢小组合作教学模式，对于这样一节“整体思想”的复习课，整节课中题量较大，但在这样新颖的教学模式中，教师利用组内讲解，组间互评，组长批改，全班核对等评价机制，有效提高了课堂效率。

（二）学生课堂注意力得到提升

在原来的课堂教学中，往往学生都各管各地听课，观察同学们是否都在集中注意力听课是老师的任务。但在这样的教学模式下，每组中的小组长会监督好组内成员的听课情况，能够在第一时间提醒一些开小差的同学集中注意力听课。而大部分的同学为了整个小组能拿到更高的分数，争取小组荣誉，都听得非常认真。

虽然整体课堂教学过程流畅，但是本节课中也存在一些不足之处。

（三）合作探究环节并没有突破这节课的难点

本节课的难点是选择恰当的代数式，将其看成一个整体，但是在上课时，由于铺垫得非常详细，“先行学习卡”中第一问呈现的问题非常少，学生都被老师引领到同一个思考方向，从而导致学生对“合作探究卡”的第二问解决情况不佳。

如在进行简单的课堂引入之后，教师提出了“三卡”中“合作探究卡”的第一个问题：

已知 $a=\dfrac{1}{3-2\sqrt{2}}$，$b=\dfrac{1}{3+2\sqrt{2}}$，求下列各式的值。

① a^2+b^2　　② $\dfrac{1}{a^2}+\dfrac{1}{b^2}$

|课堂实录片段|

师：请同学们观察题目，对于题目中的 a 和 b 的值，我们应当先做怎样的处理？

生：应该先进行分母有理化，这样 a 和 b 的值就更简便了。

师：你回答得很好，同学们有不同意见吗？

生：第一小问需要对 a 和 b 的值先进行分母有理化，第二小问并不需要，直接带入更简便。

师：非常好，你观察得很仔细。请同学再次观察题目，在将 a 和 b 进行分母有理化后，再求出哪些代数式的值对解题更有帮助？

生：先求出 $a+b$ 和 ab 的值，这样可以把 $(a+b)^2-2ab$，再进行整体带入。

师：这位同学的回答非常详细，现在请同学们按照这样的思路来解决这道题吧。

在解决了合作学习卡的第一小问后，教师提出了第二个问题

已知 $\frac{x-y}{xy}=3$，求代数式 $\sqrt{\frac{2x+14xy-2y}{x-2xy-y}}$ 的值。

（四）“三卡”时间安排不合理

在“先行学习卡”环节，由于时间原因，学生讨论得并不是特别热烈，大部分小组并没有解决问题，只有一个小组完成了，只能请这一组的同学分享交流后，教师进行点评再统一讲解。在“先行学习卡”这一环节中培养学生思维能力上明显不够。

听课教师也普遍认为“先行学习卡”这一环节的设计存在问题，教师并没有放手让学生自主讨论探究，仍是进行了详细的引导，这样导致再解决第二问时，学生无从下手。这样的做法并没有真正激发学生学习的热情，这并不符合自主学习的目标。

三、第二次课堂实践

在第一次课堂实践中，“先行学习卡”这一环节，教师作了过多的引导，局限了学

生的思维模式。由于班级学生基础较差,可以适当降低起点,但是不能降低对思维力的要求。第一问就算有同学直接代入也可以解决这道题,只是解决的过程比较复杂,教师可以进行对比教学,让学生自己感受到整体代入的简便,理解整体思想的解题技巧。

通过第一次实践中发现的问题激发了我对课堂设计更多的想法。任何的学习都离不开问题,学生也是在问题的驱动下才能积极思维,从而产生探究的欲望。而我的教学设计引导学生避开了这些问题,同样也避开了求知的欲望。波利亚认为:“学习任何知识的最佳途径都是由自己去发现,因为这种发现,理解最深刻,也最容易掌握其中的内在规律、性质和联系。”教师要不断地激发学生的求知欲和自我主体思想,给学生更多的思考时间和表现机会,真正让学生拥有主动权和自主权,使学生再探索过程中掌握了“渔”的方法,培养学生解决问题的能力。在第二次实践后,又有以下几点反思。

(一)重新分组,加强组间讨论效率

在第二次授课前我对上课班级的学生进行重新分组,教师只负责指定 5 个组长,剩下的组员课后由学生自由商定组合。第一次是由教师分组的,虽然每一组中各个层次的学生都有,但是有些同学之间并不熟悉,在合作讨论环节明显交流不多。而第二次上课是由学生自由分组,并且由组长安排了每一位组员的任务,因此在合作环节学生们各抒己见,热烈讨论。这样分组后明显小组内的同学讨论的更加激烈了。

(二)促进每个学生的学习

“三三制教学”中的分组模式让小组内的每一位学生都能有展示自己的平台,在传统教学中,往往只有好同学才能有展示自我的机会,有些胆小或者成绩较落后的同学却不敢主动发言,但是在这样的课堂教学模式中,一些中等和较落后的同学也拥有自己展示的机会。

在合作探究环节,组内好的同学正在和大家分享自己的解题思路,某一组的同学小 A 正在和小 B 同学说:“听懂了吗,你跟我说一遍,一会让你回答问题,这样我们能拿到更高的分数。”在小 B 同学复述好之后,原本内向的小 C 同学认认真真地把大家所说的内容记录好,并且询问道:“你们还有什么别的想法吗?我们要不要再把这些方法整理一下。”这样的小组得分机制促进了每个同学的学习发展。

(三)学会放手让学生自主探究

在第一次引入后，由于教师作了过多的引导，导致在“合作探究卡”中学生思维力表现不够，合作探究时间较短，这一次在提问设计中进行了一些改变。如“三卡”中“先行学习卡”的第一个问题：

已知 $a=\frac{1}{3-2\sqrt{2}}$，$b=\frac{1}{3+2\sqrt{2}}$，求下列各式的值。

① a^2+b^2；　　② $\frac{1}{a^2}+\frac{1}{b^2}$

|课堂实录片段|

师：请同学们小组讨论，解决这个问题，看看哪个小组的方法最好。

生：我们小组决定直接代入，就是算得麻烦了一点。

师：直接代入确实是一种非常直接的方法，但是会产生较大的计算量，其他小组有更好的办法吗？

生：老师，我们小组决定先把 a 和 b 的值进行分母有理化化简，这样再代入计算就比较简单了。

师：非常好，这一小组通过观察题目对已知条件进行化简，大大减少了后期的计算工作。

生：老师，我们小组还想到一个方法，我们可以把 a^2+b^2 拆分为 $(a+b)^2-2ab$。

师：非常巧妙的变化，同学们一起来想一想，他们组为什么要对所求的代数式进行这样的变化呢？

生：$a+b$ 和 ab 的计算比 a^2+b^2 简单很多，可以直接口算了。

师：同学说得非常好，通过这样的变形之后，原来复杂的题目变得越来越简单了。通过这道题同学们能归纳一下整体思想解决代数问题时的一些关键点吗？

生：我们要注意观察题目，对已知条件或者所求的代数式进行化简和变形。

师：这位同学回答得非常好，接下来继续合作探究第二小问。

已知$\frac{x-y}{xy}=3$，求代数式$\sqrt{\frac{2x+14xy-2y}{x-2xy-y}}$的值。

（同学们围绕“化简”、“变形”、“整体代入”这几个关键思想对本题展开了热烈的讨论。）

（四）小组间竞争激发学生的学习活力

在同学们对于问题做了充分的讨论之后，教师引导各个小组分享并总结了本组以及其他组的观点。

|课堂实录片段|

师：现在有小组可以和大家一起交流一下吗？

组一：我们小组的方法是对已知条件进行变形，把$\frac{x-y}{xy}=3$ 变形为 $x=3xy+y$ 后再代入所求的代数式。

组二：我们和刚刚那组的方法差不多，但是我们是把$\frac{x-y}{xy}=3$ 变形为 $y=x-3xy$ 后再代入所求的代数式。

组三：我们小组和之前两组不同，我们组将 $x-y$ 看作一个整体，把$\frac{x-y}{xy}=3$ 变形为 $x-y=3xy$ 后再代入，需要把所求的代数式也先进行变形 $\sqrt{\frac{2x+14xy-2y}{x-2xy-y}}=\sqrt{\frac{2(x-y)+14xy}{(x-y)-2xy}}$。

组四：我们小组和第一小组的方法是相同的，但是我们组想尝试把第三小组的方法改一改不知道行不行？

师：你们组想怎么改呢？

生：能不能把$\frac{x-y}{xy}=3$ 变形为 $xy=\frac{x-y}{3}$呢？

师：这一小组的想法非常好，同学们可以再课后尝试一下，看看能不能解决问题呢？

本节课中，学生们对“合作探究卡”的问题进行了热烈的讨论，对整体形式、整体结构、整体特征有了初步的感受。领悟到了整体思想在数学中的应用。并在小组活动中培养了善于表达，善于交流，良性竞争，积极合作的学习习惯。之后教师引导学生对整体思想在代数中的应用进行简单的适时小结，并展开了一系列的巩固练习。

学生在“合作探究卡”环节非常投入，不仅仅是组内学生合作，小组之间也有合作交流，激发了学生的学习兴趣，学生在组内讨论时非常激烈，想出了很多种方法，小组间交流也激发了学生更多的思考方向。

本人对两次授课结果也有很大的感触。首先，第一次授课看似课堂教学流畅，但事实上，这样传统式的引导压抑了学生的天性，局限了学生的思维模式，还是没有改变原有的传统教学模式——教师灌输知识，学生被动学习。设计合作学习活动环节，并没有让学生真正放开讨论，只是让学生按部就班的跟着教师的思路解题。

其次，在“合作探究卡”环节中，让学生自主探究整体思想在代数中的解题技巧，小组内小组间的交流激发了学生的积极性，让学生在探究中归纳方法，总结经验，获取新知。这样的合作教学模式不仅让学生在探究过程中获取新知，还培养了学生学习的能力。

四、“三三制教学”实践反思

在这次“三三制教学”模式实践过程中，课堂教学在“三三制教学”模式的引领下，以变“教我学”为“我会学”为核心目标，以激发学生学习的兴趣为起点，以调动学生学习积极性为引导，以创设学习空间为载体，以自主探究学习为核心，以培养自主创新能力为目标，让学生学会自主探究、合作学习、自我发现、共同成长。教师的角色从知识的传授者转变为学生学习的组织者、引导者、合作者与共同探讨者。学生的角色从“学会”变为“会学”。本节课学生不是停留在学会课本知识的层面上，而是站在研究者的角度深入其境。整节课以“流畅、开放、合作、引导”为基本特征。教师对学生的思维活动减少干预，教学过程呈现一种比较流畅的特征，整节课学生与学生、学生与教师之间以“对话”“讨论”为出发点，以互助、合作为手段，以解决问题为目的，让学生在一个较为宽松的环境中自主选择获得成功的方向，判断发现的价值。

学生一旦有了学习的积极性，就会成有一种强有力的动力，推动我们的教学工作，提高学生的学习力，从而取得好的教学效果，然而学生的学习积极性需要教师去调动,只是这个工作的确不容易,需要我们用心付出,并不断追求。

总之,自主、合作、探究的“三三制教学”模式一改原有的单一、被动的学习方式,充分调动,发挥学生的个性,不断地促进自主、合作、探究的学习方式的形成和完善,让这种全新的学习模式为实现新课标发挥更大的作用,更好地提高学生的学习积极性和学习效率,有效地提高学生的数学综合素养,打造高效课堂。

点评:本节课在“三三制教学”理念的引领下,找到了教学的关键点——问题的设置。在设置好主问题以后,教师敢于放手让学生探索不同的方法,引导学生自己发现问题解决的策略,并通过小组展示,交流不同的问题解决方法,调动了学生的参与性和深度思考。是一节成功的“三三制教学”实践。建议丰富问题设置的类型,本节课为问题解决策略的学习,增加一些方法的总结与归纳的方法类问题,引导学生总结策略效果会更好,如整体法与直接代入法有何异同,整体法有哪些解题策略?

“三三制教学”在《解直角三角形的应用》中的应用

上海市宝山实验学校　张　艳

“三三制教学”依托先行学习卡、合作探究卡、练习反馈卡，通过“教学做合一”，达到信息沟通、组织沟通和心灵沟通的教学范型，它立足学生自学、发挥同伴作用，并以教师主导，重点在于培养学生知识、能力、学习方法与态度的教学模式。“三三制教学”继承了“自主、合作、探究”的课改精神，强调方法的传授、技能的培养和学习兴趣的提升，核心是保证学生有更多的时间开展自主学习、合作探究。

尝试“三三制教学”，是一种全新的体验。在上这节课之前，我的感受是在一节课中能够将先行学习卡、合作探究卡、练习反馈卡完成便达到了教学目标。但在上完这节《解直角三角形的应用》后，我发现自己的认识是表面的，并深刻认识到“三卡”只是一种手段，我们要为学生提供开放、多元、民主、生动的学习环境和丰富的发展机会。“三三制教学”是一种注重培养学生学习能力、创新精神和实战能力的新教学方式。因此，在课堂中，真正地解放学生，提供开放的学习环境，帮助学生在能力上得到提高，才是教学目标。

一、研究背景

本节为九年级上册《锐角的三角比》的最后一节。在此之前，学生已经掌握了勾股定理，直角三角形中两锐角互余，锐角三角比的概念、定义，特殊锐角的三角比等有关知识，能利用直角三角形中的这些关系去解直角三角形。一直以来，初中学生的学习特征是拿到题目就动手演算，这实在不利于学生“核心素养”的培养。而本节知识，是从解直角三角形的演练到解决生活实际问题，新知识与原有知识的固着点的距离不大，给学生自主参与学习活动，进行探究与交流，提供了一个很好的机会与展示的平台。

实际上，初三学生学习压力较大，不喜欢单纯地听教师在黑板上讲解，觉得单调、枯燥；而喜欢通过“动手”活动，用先自主探索，后合作交流的方式进行学习。此外，带有一定挑战的教学活动才能吸引学生、取得较好的教学效果;同时能在课堂上组织一些轻松愉快的环节,更能提高学生学习数学的兴趣。

课标强调:“学生学习应当是一个生动活泼的、主动的和富有个性的过程。”所以我设想在“先行学习”环节通过2位同学对视这一互动环节,初步形成仰角俯角的意义。经历了同学仰视、俯视这一活动过程,初步形成仰角与俯角的概念。之后,又以我班小朱同学的真实情况为背景,提出合作学习环节——实际生活中的测高问题,调动学生积极性,引发学生的数学思考。通过观察、分析、讨论的过程体验用解直角三角形的知识解决有关测高的简单实际问题,学会用直角三角形的有关知识去解决某些简单的实际问题,体会不同情景中的不同测量方法;感受数学与实际生活的广泛联系,增强对于数学源于生活、服务于生活的意识,同时提高增强了分析和解决问题的能力以及数学应用能力。在学习活动中,在小组合作、交流探讨测教学楼高度的过程中,丰富了想象力和创造力,提高了团队合作能力,也顺利突破了教学重点和难点——运用解直角三角形的知识解决简单的测高问题,体会不同情景中的不同测量方法——把实际问题抽象为数学问题。

二、课堂实践

“先行学习卡”环节:教师挑选2位身高差距较大的同学,进行平视、仰视、俯视的动作。设置该环节的目的是调动课堂氛围,学生的学习积极性同时被调动起来,学生初步感知仰角、俯角。

在此基础上,教师向学生明确了仰角俯角的定义并强调是视线与水平线的夹角,之后给学生留有充足的时间自主学习,利用解直角三角形的知识解决测高、测距等较为简单的实际问题。在此环节中,教师对检测结果及时了解并作适当补充。

|课堂实录片段(一)|

师:说出图中的仰角和俯角。

(学生对课件及学案中展示的4个问题掌握较好,踊跃发言,准确率高。)

师:请同学们自主完成练习1,用时3分钟。

先行学习卡1：

在地面上离铁塔 AB 底部 100 米的 C 处，用测角仪 CD 测得旗杆顶端 A 的仰角为 $30°$，已知测角仪 CD 的高为 1.5 米，求铁塔的高度。

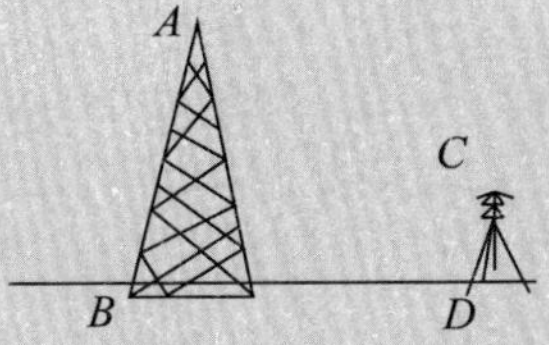

师：请同学展示此题的解题思路

生：我想先过点 C 做 AB 的垂线。

先行学习卡2：

如图，飞机 P 在目标 A 的正上方 1100 米处，飞行员测得目标 B 的俯角为 $30°$，则地面目标 A、B 之间的距离为________米。

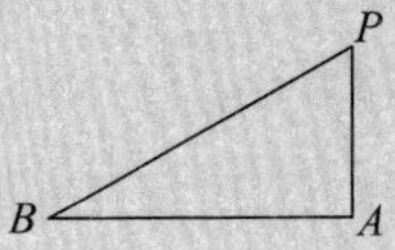

（本道题目学生反应很快，能够将题目中各数据与图中的线段与角相对应，本题完全由学生口述完成。）

在这个环节中，我努力把课堂变成学生自主学习的天地，在充分调动课堂学习气氛的基础上，追求高效课堂，完成先行学习卡提供的基础内容，学生完全能独立解决的内容，就应该放手让孩子自己去学，然后给教师留有充足的时间检测学生的自学情况，对检测结果应该及时了解并作适当补充。

小组合作学习是“三三制教学”基本的学习方式，在教师的引导下就合作学习卡提供的合作学习课题进行探究、研讨，然后完成合作学习卡的晋级训练，向全班同学展示、交流所在小组学习成果。过去是老师与学生的简单互补，而“三三制”课堂以“生生互补”为内涵。小组成员间要充分沟通，小组长要充分行使组长职责，做好组员间的沟通与合作环节，提高小组学习效率，并整合小组最终意见进行汇报交流。

本节为解直角三角形的应用，大部分以生活实际为背景，经历将解直角三角形知识用于解决实际问题的过程，亲身感受数学源于生活、服务于生活的理念。学生学会将实际问题抽象为数学问题，初步领略数学化思想，体会数学思想对解决问题的重要意义，关心生活实际中的解直角三角形的应用问题，运用所学的数学知识和方法进行探究、解决，增强数学应用的意识和能力。

于是我设计以下探究问题，并关注学生在整个活动过程中的体验。

1. 小朱站在学校操场上，若他想要测出教学楼的高度，请问他需要测量哪些数据？（画出示意图、给出计算方案）

2. 要求：4 人为一组进行探究，设计测量方案，用时 5 分钟。

在小组合作交流的过程中，我观察到：学生对这一探究问题产生了浓厚的兴趣，你一言我一语，纷纷迫不及待地开始发表自己的想法，每一组都跃跃欲试，动笔画图，写下方案。

大部分学生都能画出来图 1 所示这张几何示意图。

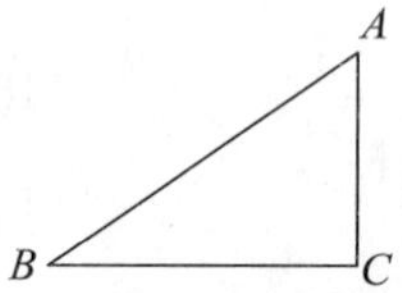

|课堂实录片段(二)|

师：请组 1 来交流你们的测量方案。

（生 1 先在黑板上画了图 1。）

生 1：我们小组认为，这是一个直角三角形，其中，B 点代表小朱，AC 代表教学楼。

师：那你们的测量方案是怎样的呢？

生 1：只要知道小朱看向教学楼顶楼的仰角度数，还有知道小朱离教学楼的水平距离就可以了。

师：为什么会这样考虑？

生 1：因为要求 AC 的长度，相当于是求一个直角三角形的一条直角边，而在前面的学习过程中，我们已经知道，若要求直角三角形中的一个元素，需要知道两个元素(且至少其中一个元素为边)

师：那为什么你们选择测量这两个元素呢？而不是其他的边和角？

生 1：因为 $\angle A$ 很难测量，AB 的长度也无法轻易得到。

师：很好，请继续交流你们的想法。

生 1：由于测量出仰角（也就是$\angle B$）和线段BC，就可以利用$\tan B = AC/BC$，得到教学楼的高度了。

（在此交流过程中，较多同学表示赞许，但组 1 交流结束后，组 4 的 4 位同学提出异议。）

师：组 4，你们有什么不一样的想法吗？

生 2：我们小组的图和组 1 画的有所不同。

（生 2 在黑板上画了图 2。）

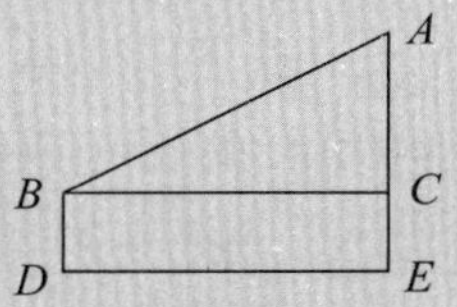

生 2：我们小组认为，这是一个直角梯形，其中，线段BD代表小朱，线段AE代表教学楼。如果按照组 1 的想法，忽视了小朱本人的身高，仰角也与实际不符。

生 2 说完，刚赞同组 1 方案的同学纷纷认识到自己方案的漏洞。

师：请你继续说说你们的方案。

生 2：要测量教学楼AE的长度，只要知道小朱的身高（线段BD）、小朱看向教学楼顶楼的仰角$\angle ABC$，还有知道小朱离教学楼的水平距离DE就可以了。

师：说说你测量这 3 个数据的原因。

生 2：本题要求的是AE线段，直接求解存在一定困难，于是过点B向AE做垂线，将AE看作$AC+CE$，CE就是小朱的身高，很容易得到，而AC的求解方式和刚刚的同学思路是一致的。

师：很好，同学们你们认为哪一种测量方案更为合理呢？

生：第二种！

三卡中“合作探究卡”是指教师与学生共同探究、研讨和展示交流的学习内容。以学生全面发展为目标，强调课堂知识不仅仅要传授知识、培养学生技能，更要培养学生态度、价值观。在这“合作探究卡”环节 1 中，给孩子们搭建了一个平台，充分发挥了学生的主体性、积极性，通过小组合作、成员间充分沟通，探究互动，让孩子们交流学习成果。尽管组 1 同学的方案最终并没有获得同学们的认可，但我认为这一过程是十分具有意义的。学生之间有"空杯"心态,多听取不同的想法,互相学习进步。再对照自己的不足与优点,学习或帮助同伴掌握知识精髓。通过合作学习,丰富了自身的想象力和创造力,并同时提高了团队合作能力;通过小组合作,学生们更能体验到学习的快乐。

三、反思感悟

在本节课中,重点是学生要经历将解直角三角形知识用于解决实际问题的过程,感受数学与实际生活的广泛联系,增强对于数学源于生活、服务于生活的意识,同时提高增强了分析和解决问题的能力以及数学应用能力。学生学数学的目的是为了应用它去解决实际问题。因此,增强数学应用意识,培养学生数学应用能力,是素质教育的重要内容,也是数学教学的任务之一,因此,培养学生的数学应用能力刻不容缓。

在本节课"合作探究卡"环节中,以学生为主体,设置小组合作,探究教学楼高度设计方案,努力将课堂变成学生自主学习的天地,培养学生数学应用能力。但要在实际教学过程中体现出来,追求高效课堂,课后,我认为重点要做好以下几点。

(一)要在课堂上想达到比较好的整体效果,起到关键作用的还是教师的操控和推动,这对教师的素养也提出了较高的要求,必须不断加强教学功底,提升教学能力,与时俱进。

(二)在小组合作探究过程中,教师也需要走下台,走进学生,了解小组合作进展,随时给予指导点拨,带有普遍性的问题需稍后花功夫解决,突出重难点。

(三)教师在平时的教学过程中,要创造性的运用教材、使用教材,精心编制一些与生活、科学有关的问题,可以使学生感到自己的周围处处有数学,从而使其萌发学好数学去解决实际问题的愿望,把学和用结合起来,达到提高学生应用能力的效果。培养学生用数学的眼光来观察周围的事物;使学生有更多的机会去体验、探究;留有更多的空间去交流;培养学生的实践应用数学的能力,达到应用中学、学中应用,让学生亲身感受到生活中处处有数学、处处离不开数学。

点评:本课例的亮点反映了"三三制教学"要设置了应用知识的问题情境,很好地激发了学生解决问题的兴趣。问题的解决需要应用本节课的知识。在问题解决的过程中,同学之间交流不同的问题解决方案,在问题的解决的过程中感悟知识的价值与本质。

基于"三三制教学"的反馈纠错策略研究

——以《直角坐标平面内点的运动》为例

上海市宝山区鹿鸣学校　张仲炎

一、研究背景

在初中数学教学中，传统的教学模式是教师一言堂形式，即教学过程完全由教师把控，学生服从于授课教师的指令。此类教学模式有其优点，即效率高，适合大面积授课，且教学进度快，容易把握；但也有其缺点，即课堂教学枯燥乏味、学生简单机械重复训练、学生的参与度低，长此以往，会抹杀学生独立思考、发现问题和探究问题的能力。而实际上学科教学承载着素质教育的重任。在课堂教学中，教师如果只是关注书本知识传授，甚至只是围绕考试转，就会不自觉地把学生视作接受知识的容器，就会把教学当成生产产品的过程，忽视学生的生活世界和心理世界，忽视学生个性特长的发展。

课堂是学生在学习中易产生错误的场所。可以说从学习的本质上看，学习就是一个不断发生错误纠正错误的过程，在我们的数学课堂中，学生总会出现这样或者那样的错误。可以这么说，随着课堂教学进程，学生的各种错误就随之产生。这就要求在课堂教学中，将当堂反馈纠错和常规的课堂教学整合，融为一体，提升课堂教学的有效性。而"三三制"课堂教学模式的教学三模块中着重强调了反馈，结合数学课的教学特点，针对反馈的问题实施纠错的策略整合就显得尤为重要。

在实际课堂教学探索中，对于《直角坐标平面内点的运动》一课，我进行了 3 次课堂教学实践，从后两次的教学实践中，得到了一些的收获和体会。

二、学情与教材分析

两次教学实践的班级学生情况各有不同，对于教学的影响也不尽相同。前一次的教学实践是在自己任教的班级，该班级学生共 28 人，其中女生 10 人，男生 18 人，这个班级是七年级时接班，接班时学生整体学习情况一般，学习的自律性上较差，对于学习大部分同学还是停留在传统的机械的跟从性学习，缺乏一定学习主动性，但班级中还是有六七个学生学习的意愿强烈，在数学学习上有一定的基础，且有一定的表现欲和语言表达能力，在学习的分组上，将这些个表现突出的学生分配到各组，担任组长或发言人角色，以期调动小组的学习氛围，从而提升课堂教学实效；此外针对班级中的几位学困生，也采取打散分组的方法，以提升这些学生在整个课堂的参与度，调动其个人的学习兴趣。因此，在分组中按小组合作学习的要求，分为 5 个学习小组，这 5 个学习小组每组为 5～6 人，其中女生 2 人，各组具有 1～2 名学困生，各小组按上学期各项测试成绩分组，各小组总均分差在 3 分左右，且按考虑学生的性格特点做相应调整，各组实力平均。且在之前的教学实验中，已经采取过“三三制教学”的小组合作学习方式，学生对于教学流程较为熟悉。

后一次的教学实践是在外校上课，在上课前简单了解了一下该班的学生情况和教学进度。从交流中，发现该班学生的学习基础较差，之前从未接触过“三三制”课堂教学模式，也极少接触学生为主体的课堂教学模式，学生对于数学的学习还停留在老师上课教授，自己重复模仿阶段，学生性格也比较内敛，在不熟悉的老师和环境中，不太能够放开大胆发言，实践难度较大。

本节课是七年级第十五章《平面直角坐标系》第三课时的内容，前两节课学习的是对平面直角坐标系内点的表示和根据点的坐标在直角坐标平面内找到点的坐标。

从教学内容来看，本章节在七年级出现是为了在后续八年级学习函数做准备，同时也是为今后函数和几何结合做准备。本章节主要分为两个部分，即平面直角坐标系和直角坐标平面内点的运动。平面直角坐标系的建立，使代数的基本元素（数对）与几何的基本元素（点）之间产生一一对应，数发展成式、方程与函数，点运动而成直线、曲线等几何图形，于是实现了认识上从一维空间到二维空间的发展，构成更广阔范围内的数形结合、互相转化的理论基础，因此虽然本章节仅仅 5 课时的教学内容，但对整个后续数学的学习起到至关重要的作用。而本节课所教授的内容相较之前的两节课来看，难度较大，主要在于学生要有一个点的运动微观的概念，需要一定的抽象思维能力，教授的内容应该更贴近学生，生活化的事例更能帮助学生理解教学内容。

三、第一次教学设计与实践

首次进行“三三制教学”模式的课堂实践是在 2015 年，当时刚接触“三三制教学”，对课堂教学还是初次试水阶段，设计中还是存在许多不合理之处，在之后几年的教学研讨、教学观摩后，自己逐渐有了一定的认识，在自己日常教学中不断实践的过程中，对于“三三制”课堂学习脉络日渐清晰，在对本节课的设计时，自己思考的层面就不同了。

在以往的传统教学中，学生在课堂反馈与课堂纠错层面上存在很大的问题，学生不愿意相互交流，往往都是老师去点名抽查学生，这样的缺点是兼顾的面比较小，不能及时了解学生真实的情况。而学生的纠错上也常常停留在表层，即知道自己做错了，然后改正解题过程及答案。

在本次教学设计上，本着将课堂交还给学生的主旨，在课堂反馈纠错层面，加大了侧重点，在教学设计中增加了学生的动手操作、互动交流的比重。

（一）采取不同积分策略

在课堂教学中，为了让学困生多发言，在小组积分环节，采取加分策略，不同学习程度的学生在学习交流过程中，所获取的分值不同，从本节课来看，许多以往在课堂仅是观众的一些学生，也都积极举手发言，参加小组的讨论中，真正做到了大部分同学都参与课堂学习的效果。

（二）增加纠错环节的学生得分

在以往学生的课堂交流中，对出现的问题，往往由教师完成纠错，这样的教学不利于学生自主思考的形成，在本节课的设计中，有意识地增加了学生纠错补充的环节，并记录得分。在本节课的实效来看，这一设计无疑增加了小组之间的交流互动，学生不仅关注自己所在小组的学习讨论，还关注其他小组的成果，并作出自己的思考和见解，将各小组串联起来了。

|课堂实录片段|

合作探究卡

三角形 ABC 各个顶点都在平面直角坐标内的格点上，请标出三点坐标，并计算 $\triangle ABC$ 的面积。

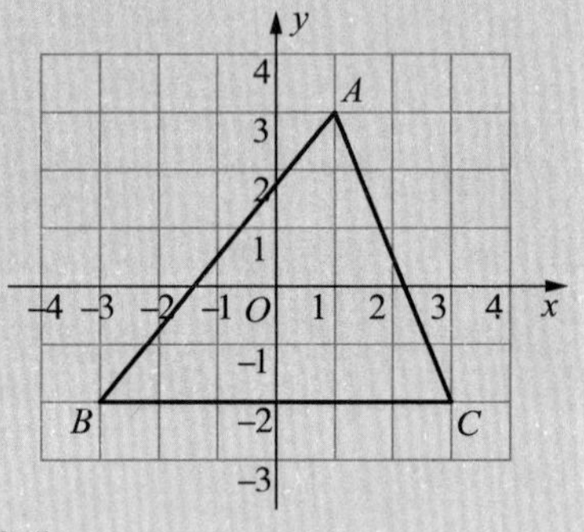

学生经历小组内讨论交流后，由第 2 小组的 Z 同学上台交流。

Z 同学：过点 A 做 $AD\perp BC$，点 A 坐标为(1，3)点 B 坐标为(−3，−2)点 C 坐标为(3，−2)，点 D 坐标为(1，−2)因此 $BC=5$，$AD=5$，$\triangle ABC$ 面积为 12.5。

（此时第 1 小组 H 同学举手示意，认为本题 Z 同学计算错误。）

H 同学：BC 的长度应该为 6，所以 $\triangle ABC$ 面积为 15。

第 4 小组的 L 同学补充：本题还可以采取将三角形向上平移 2 个单位，这样点 B 坐标变为(−3，0)点 C 坐标变为(3，0)，BC 的长度就更加直观，点 A 的坐标为(1，5)点 D 的坐标为(1，0)，$AD=5$，面积为 15。

同组的 M 同学补充：还可以采取补的方法，把三角形补成矩形，再减去两个三角形。

第 1 小组 B 同学：本题还是采取第一种方法比较合理，但要注意是过 A 点做 BC 的垂线，因为 $BC/\!/x$ 轴，BC 的长度好求，但如果过点 B 作 AC 垂线或者过点 C 作 AB 的垂线，都不利于求线段长度。

从这里可以看到，小组交流汇报中，学生开始关注其他小组的计算结果，本题中交流的几位同学不仅是对他人错误的一种发现改正，还有自己的思考，更难得的是，通过交流，有学生尝试从他人的方法中总结提炼，形成自己的解题思路，这样的课堂学习成效是喜人的。结合教学设计中的学生纠错得分的环节设计，其教学设计的目的达到了一个比较好的效果，学生充分融入课堂。

本节课的设计中，还是存在一些问题值得反思：

（一）加大了学困生的得分比重，虽然提升了这一部分学生的回答积极性，但有些时候，这些学生仅仅是将小组讨论的结果表达出来，并没有自己的思考，这就造成了为了得分而回答，这些学生仅仅是一个传声筒的角色。

（二）小组间的纠错交流固然增加，但课堂的秩序显得难以把控，有些纠错，学生仅仅停留在找茬的层面，没有发现他人思考的过程，哪些过程，哪些思维方式是值得自己学习并未做进一步思考。

（三）整体课堂的小组回答略显凌乱，特别是在先行学习阶段，因为涉及的问题的难度较低，各小组均想得分，虽然课堂气氛活跃，但纪律性差，学生容易忽视问题本身的价值。

（四）整节课是点的运动，但"运动"这一关键词的体现不够，学生的学习停留在学习单上，没有一个直观的操作认识，多媒体手段的使用上应该加强。

四、第二次教学设计与实践

针对第一次教学实践中产生的问题，这一次的教学设计，我首先改进小组积分的规则，将"先行学习卡"中部分的回答作为必答题，按小组平均分配，并指派小组中先对学习较为困难的学生回答。

同时针对学生在"点的运动"方面的直观认识不足的问题，引入"几何画板"工具，设计学生动手在屏幕上拖动点，观察点的坐标的变化情况的环节，增加了学生直观体验和互动感受。

学生纠错方面，要求学生对他人回答的整个过程进行点评，而不仅仅停留在指出他人错误的环节，对亮点作出表扬，对错误进行指出并提出改进意见，对答题陈述的规范性提出更高的要求。

同时在课堂实践中，针对此次上课的学生不熟悉"三三制教学"小组学习的模式，课前和学生提前交流沟通，在小组分组时，充分考虑学生的意愿，在上课前仔细讲解课堂规则，准备一定的小纪念品当场发放的鼓励措施，减少学生的陌生感和紧张感。

|课堂实录|

练习反馈卡

四边形 $ABCD$ 的 4 点在平面直角坐标的格点上，计算四边形 $ABCD$ 的面积

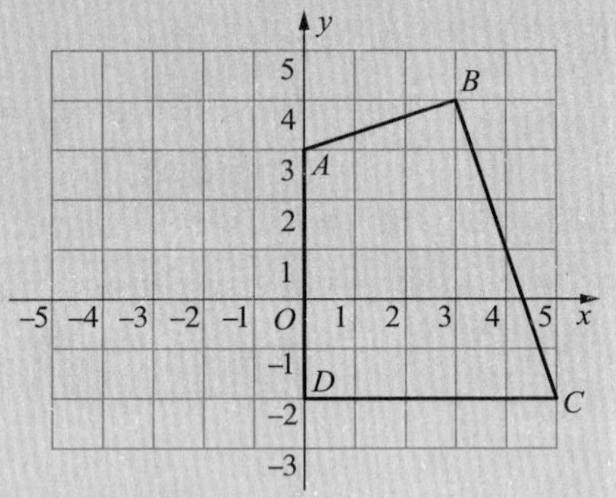

第 1 小组 A 同学：过点 B 做 $BE\perp DC$，从而得到一个梯形 $ADEB$ 和一个 $\triangle BEC$，$AD=5$，$BE=6$，$DE=3$，$CE=2$，在计算面积分别为 16.5 和 6，进而计算面积为 22.5。

第 2 小组 B 同学：过点 B 做 $BF\perp y$ 轴，把图形补成一个梯形，求出面积后再减去 $\triangle ABF$ 的面积。

第 4 小组 C 同学：连接 BD，把图形分给为 $\triangle ABD$ 和 $\triangle BCD$。

第 1 小组 D 同学：后两种方案都需要做两条高，即 $BE\perp DC$ 和 $BF\perp y$ 轴，因此，我觉得还是第一种方案比较好。

从这里可以看到，虽然本班是第一次进行"三三制教学"课堂学习，但学生在课堂交流上并不拘谨，在"先行学习卡"和"合作探究卡"两个环节的摸索中，逐渐熟悉了小组合作学习的模式，部分学生开始展现其学习的主动性和对待问题的思考性，相信在持续一段时间后，学生势必在学习的主动性上得到提升，进一步提升数学学科素养。

在整堂课中，还是存在一定的问题，比如对于初次推广课堂学习模式的学生，怎样迅速进入角色，感受小组学习的优势是一个值得思考的问题。此外，在教学中，在问题的设计上，目前大部分情况还是停留在教师的预设上，学生根据自身学习提出问题的量相对较少，学生问题的质量提升也需要进一步研究。

五、研究结论

(一)纠错反馈要对典型问题有预设

在先行学习卡、合作探究卡、练习反馈卡设计阶段，对于学生可能会出现的典型

性错误要有预设，对可能出错的类型要搜集整理。

比如，“先行学习卡”设计阶段，对于第一小题，可根据下列坐标值在直角坐标平面内描出12个点，并依次连接。$A(4,4)$，$B(4,2)$，$C(2,2)$，$D(2,0)$，$E(5,0)$，$F(5,-2)$，$G(-3,-2)$，$H(-3,0)$，$I(0,0)$，$J(0,7)$，$K(2,7)$，$L(2,4)$。

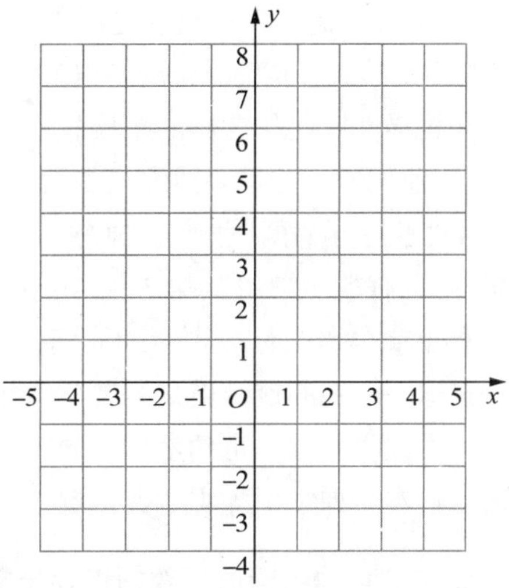

本题设计的过程中，有意识地将一些点的坐标做特殊处理，部分点之间的连线平行于 x 轴或 y 轴，给后续的导入做一定的准备，同时在后续教学中，也可以回顾本题，发现并总结规律。

（二）要关注教学预设外中的问题产生的原因

在课堂中，常常会产生一些预设意外的错误，这些错误相较预设的问题，解决难度更大，但这类错误往往带有鲜明的个人特点，对错误产生原因要分析辨析，要结合课堂教学环节进行思考，例题的讲解是否到位，对于知识点的理解是否产生误解，知识的迁移运用中有没有漏洞，反馈纠正的策略要思考。

比如在练习反馈卡阶段，第2小题在平面直角坐标内已知点 $A(1,1)$ 的位置，描出点 B，使直线 AB 平行于 x 轴，且 A、B 两点的距离为4单位。本题在学生讲解过程中出现了偏差，讲解的同学并没有考虑到点 B 的位置，仅仅得到一个点的坐标，此时有同学发现问题并进行纠错，这类情况就属于突发问题，并非教师在备课阶段所能预设的，此时教师应该引导学生结合之前数轴的知识点，进行深入分析，还可以结合相交线平行线相关知识进行深入探讨。

（三）练习反馈要及时进行

课后要有针对性的作业设计以巩固反馈。这里的课后不能仅仅停留在下课后，其实按三卡教学设计，学生的练习反馈卡也属于课后练习部分，而这时的课后反馈其实还是在课堂中，是整节课的一个重要环节，学生对于前面两个环节中出现的问题，已经得到纠错，这时的练习就是检测刚才的纠错效果的，同时也让学生暴露出新的问题,供大家一起思考研究。这时的教学设计出了要有针对性检测性外,还要注意一定的提升,要注意本节课新授知识与旧知识的之间的衔接串联,注意激发学生的学习兴趣和积极性。比如课后的拓展思维:最新一期的极限挑战中,极限男人帮来到一座小岛上,他们的任务是寻找海盗数百年前埋藏的宝藏,经过一系列的努力,队员们获得了4张提示卡,第1张卡上画有一棵大树,并且有数字"3,-2",第2张卡上有一个山洞,并且有数字"3,2",第3张卡上则标有"100 m",而第4张卡则画了一个宝箱,并且有数字"4,4",你能否帮助他们找到传说中的宝藏?

这一问题的设计就是需要学生根据本节课所学习的内容,在课后以应用题的形式来反馈学习过的直角坐标平面内的点的运动,教师可以根据学生练习的情况反馈,来分析本节课学生知识掌握情况。

(四)反馈纠错时要教师点评与学生自查整合

学生的课堂练习中,很多时候的错误往往是因为一些看似不经意的小问题,很多时候我们教师往往会马上给学生指出,其实这样做往往适得其反,甚至让学生丧失了一次自我反思,总结经验的机会,这样他的错误下一次还会继续延续,因为这个错误的纠正并不是发自内在的,而是教师给予的,或者说是教师告知的,其实自己并没有意识到。比如在课合作学习卡阶段,对于不在坐标轴上的两点的距离的总结,不少同学出现了问题,但经过教师巡视点评后,不少同学自己就意识到了自己的问题产生的原因,并自己作出了纠正,对后续两点之间的距离公式的产生充分转化为了一个内在总结过程,充分地得到了强化。

(五)课堂纠错可以借助于小组合作学习

小组合作学习能够很好的激发学生的学习积极性,不同程度的学生在小组合作中,被赋予不同的任务,每一个学生都能够充分地参与到学习中来,在当堂反馈纠错中,学生之间的互帮互助、相互指导,可以起到至关重要的作用。学生的错误,很多时候教师也不能够理解,但他们的错误在学生中有一定的普遍性,从学生的立场去看待同伴的错误,能够发现错误产生的原因,结合自己的经验可以更好的向其他同学传授避免错误的经验方法。比如,"合作探究卡"阶段,第2小组的一位同学在计算点的距离中产生了问题,学习小组的同学就耐心的帮助其找出了关键点,并结合自己的经验,传授给他计算的窍门,该学生在后面的练习中,计算的正确率和速率都得到的很明显的提升。

(六)课堂反馈纠错结合学生板演、多媒体手段

课堂中可以先多听听学生自己的分析,教师进行启发引导,直到成功纠错。这里就需要学生多上讲台板演,板演的过程是学生思维过程的展示,可以由其他同学对板演同学的步骤、方法做相应的点评,产生的错误也当堂纠正。在课堂中还可以多运用多媒体手段,帮助我们将学生的错误集中进行亮相展示,让学生集体讨论发表改错意见,真正调动学生的学习积极性,将课堂交还给学生,让学生做课堂的主人。比如,在计算直角坐标平面内三角形的面积时,将常规的学生板演部分改为用“几何画板”操作的形式,让做题的同学自己讲解其解题思路和找点的过程,由其他同学评判其正确与否,对错误之处当场指出并改正,这样的纠错才能达到预期效果。

从古至今,课堂永远是学生产生问题和错误的集中场所。作为数学学科来说,新授知识的掌握对于学生来说并不是马上就能够得到掌握的,错误的理解和认识在所难免,而数学课堂教学中,对于新授知识的迁移辨识及应用,更会造成很多错误的产生,这就是当堂反馈纠错环节的价值。

教师在课堂教学中要认真对学生的错误进行错因分析,学生到底是算错、抄错这一类因马虎大意而造成的错误,还是对于知识理解不够、相关知识混淆、思路遗漏偏差这一类认知上的错误呢?纠错时教师对于学生的错误原因要分析清楚,要切中要害,切忌用“太马虎,太粗心,学习不够专注认真”一类的模糊评价,这样的纠错没纠根,不彻底,纠错效果肯定欠佳。学生在知识的学习过程中有一个漫长的内化的过程,在这个过程中出错是正常的,而纠错得法会对知识的理解和掌握有一定的促进作用,当然这里的前提条件是学生能清晰的认识错误的原因,形成正确的再认知。课堂上的练习就是希望学生的错误能充分暴露出来,大家一起分析讨论错因,纠错纠根,纠错才能有效。

点评:本课例研究的是“三三制教学”理念指导下的课堂反馈纠错教学模式。研究稳稳抓住了学生的问题这一教学核心问题,总结了纠错反馈的系列策略,即纠错要及时,纠错时必须分析错误的成因等,丰富了“三三制教学”的实践范式。

合作探究卡对学生数学作图能力培养的探索

——以《画线段的和、差、倍》为例

上海市大华中学　郭晓青

一、研究背景

众所周知，数学学习离不开作图，作图是帮助人类思考的极好方式。数学作图，有助于培养学生的数学核心素养。从学生的年龄特点和认知规律来说，作图对提高数学学习能力也是十分必要的：一方面，它符合学生的认知发展水平，能够有效地促进学生对知识的建构；另一方面，它切合学生学习过程的需要，促使学生构建良好的认知表征。根据学生的认知规律，学习都会经历一个从“外化”到“内化”的过程。本文以《画线段的和、差、倍》为例，谈谈如何利用合作探究卡来培养学生的数学作图能力。

二、教材与学生现状分析

《画线段的和、差、倍》是《线段与角的画法》一章的重点内容之一。本节课涉及的一些概念（比如线段中点的概念），是研究比较复杂的图形，如三角形、四边形等的必要基础。本节课学习的几何语句，也与后面的几何知识密切相关，而且研究线段和差的方法，也为后面学习“角”的和差提供了方法、思想和思路。

新课的导入从学生原有的认知结构提出问题，类比有理数的加减法过渡到线段长度的加减法，渗透数形结合的数学思想。教学过程中鼓励学生大胆猜想，自己思考问题、总结方法，体现以学生为主体，教师为主导的教学思想，采用小组讨论的方法，培养学生互助、协作的精神，鼓励学生的自主探索和合作交流。让学生自己归纳本节课学习的内容，以培养学生用数学语言归纳问题的能力。

几何作图对于六年级的学生来说是充满吸引力的。这个年龄阶段的孩子喜欢动手多于听讲，已具备一定分析问题的能力，能够让他们有机会自己动手画画，学生是很感兴趣的。学习本节课时，学生已有如何作一条线段等于已知线段的基础，可以通过预学习、自主探究。故采用动手实践、相互讨论、互助交流的方式学习本节内容。

从学生当前掌握的知识看，学生刚接触几何，没有学习基础，但是知识的形成过程，是从学生很熟悉的问题开始的。因此，作线段的和差方法不是难点。但学生对几何语言还不十分习惯，所以用数学语言叙述画法，恐怕对于大多数学生来说，具有一定的难度。

三、合作探究卡的设计

|合作探究卡|

1. 如图，已知线段 a、b，

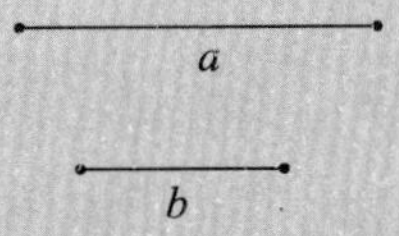

（1）画出一条线段，使它等于 $a+b$；

（2）画出一条线段，使它等于 $a-b$。

2. 如图，已知线段 a、b，画出一条线段，使它等于 $2a-b$。

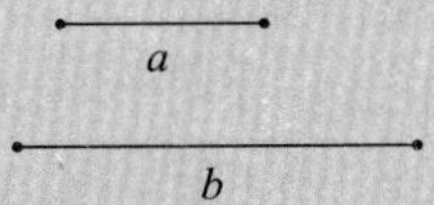

3. 如图，已知线段 AB，你能否在线段 AB 的上找一点 C，使点 C 把线段 AB 分成相等的两条线段？

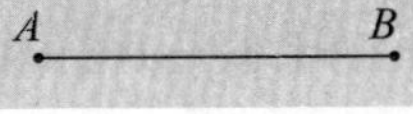

四、合作探究卡的第一次使用

|课堂实录片段(一)|

第 1 题:已知线段 a、b,如何作出 $a+b$。

(学生思考)

生 1:可以用刻度尺测量出两条线段的长度,再相加得出 $a+b$ 的长度,然后作出线段。

师:同学们自己作一作。

(投影展示生 1 的学习卡,教师分析注意要点,以及不足之处,规范作图格式。)

师:那么如何作出线段 $a-b$ 呢?

全体:一样的方法。

师:好的。我们把刚才的方法称为度量法,在上节课我们已经学习了尺规作相等的线段,能否用这一方法作出线段 $a+b$,$a-b$? 自己动手画一画。

(生 2 投影展示了线段 $a+b$ 与线段 $a-b$ 的作图结果,并与同学们分享了自己的作法。在这一过程中教师板书了作图语句,引入了“顺次截取”“倒回截取”等作图语句。)

第 2 题:已知线段 a、b,如何作出 $2a+b$。

师:前面我们已经作出了两条线段的和与差,现在我们再练一练。作出线段 $2a-b$。

(学生思考,个别学生动手作图。)

师:如何理解 $2a$?

生 3:a 的两倍,也就是 $a+a$,那么作线段 $2a-b$ 就是作 $a+a-b$。

师:很好,大家听明白了吗? 动手作一作。

展示生 3 的作图。

第 3 题:如何找中点。

师:线段的和、差、倍我们已经会作图了,接下来要学习的是如何把一条线段分成相等的两条线段。

生 4:用刻度尺。

师:这个方法可以,但不够精确。还有没有其他的方法?小组讨论一下。

(学生讨论。)

生 5:可以用折纸的方法吗?

师:非常好。其他同学想到了吗?再想想,能不能用尺规法?

(教师板书完成尺规法作线段的中点,引导学生归纳线段中点的意义及其几何语言的表达。)

本节课的主导思想是:锻炼学生的动手能力,在实践的过程中,归纳总结方法。在引入线段的和、差、倍时,能联想数的和、差、倍的含义。书中对线段和、差、倍、分的画法语句没有做要求,但对于学生来说,初次遇到画图问题,应该知道画图的规范和步骤,能读懂画法的语句。

五、合作探究卡的第二次设计与使用

合作探究卡在第一次使用中没有完全跳出传统课堂的模式,虽然有学生思考、师生互动、小组讨论等活动,但学生的思维还是处于教师给出的范围内,对学生的发散性思维没有起到很好的引导作用。学生的参与度也较为有限,在作线段的和差时,一部分学生的思维是放空的,等着其他学生和老师告诉他结果。另外,由于初次学习几何,学生们大都不知道如何将自己的作图方式表达出来,无形中打击了他们的积极性。比较作线段的和差的异同时,无法当场得到学生的反馈,所以教师不清楚学生是否真正掌握了作图方法,因此在做例 2 时一些学生无从下手。本节课还有一个难点就是线段的中点的几何表示方法,虽然你一言我一语地表达完善了,但从中能看出学生的总结归纳能力薄弱,在学习中缺乏系统性、完整性,考虑问题不够全面。反思本节课,除了学生思维广度不足、自主探究的意识不强以外,如何帮助学生突破作图、几何语言表达的难点,顺利地进入初中的几何学习中也是教师应该思考的方向。

|课堂实录片段(二)|

师:前面我们已经了解了线段可以相加减,接下来我们要开始作图了。请问作图我们需要用到哪些工具?

生(七嘴八舌):铅笔、橡皮、直尺、三角尺、圆规……

师:请同学们准备好作图工具,合作探究卡上的3道题,有哪些方法可以完成?

(学生思考。)

生1:先用刻度尺测量,计算出结果,再用刻度尺画出结果要求的线段。

师:我们一起来试一试。

以线段 $a+b$ 的作法为例,学生边说教师边板书,表达不清晰的地方,停下来提问学生,统一表达语言。

师:请同学们仿照黑板上的格式,完成剩余的作图。

(学生作图。)

师:请左右两名同学交换检查,错的地方用铅笔圈出并改正。

选择一组学生的合作探究卡展示,其余学生语言表达,最终统一意见。

师:通过测量作图的方法我们称之为度量法。(板书)第3题中我们作出的点 C 有一个特殊的名称,有没有同学提前预习过?

(从而得出线段的中点的意义。)

师:现在在这条线段中有3条线段,它们之间有着怎样的数量关系?大家商量一下,写下来。

(学生们4人一组开始讨论。)

师:(一段时间后)大家停一下,刚刚老师看了一下,有很多种写法,我们能不能把这些写法归纳起来?

(学生们继续合作讨论,开始归纳概括,但并不完全。接着请小组展示,有不同意见的小组进一步修改,教师适当引导得出规范写法。)

师:同学们,度量法是有误差的,我们有没有其他更为精确的作图方法?

生2(马上):尺规作图法。

师:前面一节课我们学习了用尺规法作相等的线段,线段 $a+b$、$a-b$ 怎么作?还有 $2a$,请同学们想一想、议一议。

……

第二次课后，明显地感觉到学生的参与度提高了，合作交流不再是浮于表面，部分学生在小组中起到了领导作用，特别是在归纳线段的中点的几何表示方法时，向组内的其他同学清晰表达了自己的想法，并努力让对方接受理解。然而自主探究并不能突破所有的难点，在作线段 $a+b$、$a-b$ 时，虽然自己能理解，也注意到要写结论并标注了所作线段的字母，但图中其他的点没有标注，其他同学也没有异议，这样做的话对一些本来就作图困难的学生，理解起来就更加困难。最终仍是教师展示了正确的作图方法，课后从学生的作业中发现，刚开始作图时，是有少部分学生存在遗漏字母的情况，线段一旦多了也容易混淆，但基本原理基本已经理清了。另外线段中点的尺规法，没有学生能作出，能照着老师的方法作图，还不清楚原理。

六、反思总结

“合作探究卡”是“三三制教学”中突破教学重、难点的有力工具，如何合理、高效实用是需要我们认真思考的方向。通过教学和研究发现，小组合作探究卡的学习在教学实践中还没有取得理想的效果，它仍存在一些有待进一步研究和改进的问题。如：合作探究卡第一次使用时，教师根据自己的原有思路完成教学任务，教学过程缺乏一点灵活性。学生在分享用尺规法作线段的和差时的时候，有一个优等生问我：“什么是截取？”。当时我只对她做了个别点拨。但是课后经过反思，六年级的孩子对于几何语言接触得还比较少，很难理解，需要一个比较长时间的渗透和强化，才能慢慢领悟。这个学生有困惑，那么其他学生是否存在这样的困惑？答案是肯定的。

针对上述现象，我认为要从以下几个方面去完善：

（一）处理好讨论、独立解答与教师的扶助作用之间的关系。以尝试解答为主，适当进行讨论，以便取人家所长，补自己所短。教师只在重点、难点处加以点拨。利于形成“自主、探索、尝试”式教学模式。

（二）小组合作探究卡的学习中学生不善于合作，是不知道怎样合作造成的，尤其是低年级学生，缺乏从事合作探究学习的能力，在教学中教师要帮助学生培养合作探究学习能力。重点培养学生以下几方面能力。

1. 学会表达自己的观点。合作探究卡的学习要求每个学生都能清楚地表达自己的想法，了解他人的观点，在此基础上才能合作探究问题。

2. 学会讨论问题，抓住问题的关键。讨论是合作解决问题的关键，每个学生表达了自己的想法后,可能有不一致之处,这就需要讨论,形成解决方案。

3. 认识到合作探究卡的重要性。由于学生的个性的差异,部分学生不愿意与人合作探究学习,认为自己有能力解决问题;也有一些学生不愿意与他人交往。

4. 增强成员的集体责任感。小组里的每个成员都要为小组的学习任务承担一部分责任,不要有依赖思想,而要对自己的学习负责,从而激励自己努力参与小组合作探究学习。

(三)数学语言具有确定性、简洁性及抽象性等特点,而数学几何语言更在其中独具特色,几何语言从文字语言、图形语言、符号语言等各方面具有无可比拟的万能性。对于给定的命题是用文字语言描述的,如何根据文字语言准确地画出图形,再转化为符号语言写出已知、求证,是学生最棘手的问题。因此要严格要求学生认真阅读课本,并进行必要的复述和背诵,从而熟悉常用的重要几何术语,理解规范化的几何语言。

(四)教学过程应该有灵活性,不要一味地追求教学计划的完成而忽略学生的需要。教学的"某一环节"若是挤占了一些时间,是可以通过后面的调剂来补充的。苏霍姆林斯基说:"教育的技巧并不在于能预见到课堂的所有细节,而是在于根据当时的具体情况,捕捉一些有价值的细节,巧妙地在学生不知不觉之中作出相应的调整和变动。"这就要求教师在课堂上关注学生,把握细节,善于发现学生的需要,并对自己预设的教学过程做出及时、恰当的调整。

当然,学生作图能力的培养不是一朝一夕的事,需要持之以恒、常抓不懈。如果学生掌握了数学作图技能,分析问题和解决问题的能力将会有大大的提高,能提高解题的正确率,习得一种解题技巧。学生具有这种能力,发展下去,对初中学习平面图形的证明题,也具有重要意义,对今后的学习生活将有很大的帮助。

点评:目前,初中生在几何图形学习中,普遍存在不能准确的画出图形,缺乏用图形表达数学的能力,甚至一看到几何图形就害怕。增强识图、作图能力,是提高几何教学质量的关键。空间观念的形成,只靠观察是不够的,教师必须引导学生进行操作实验活动,让学生自己去比一比,折一折,剪一剪,拼一拼,画一画。因此,教师在教学过程中应多创造一些学生动手作图的机会,不断增强学生正确的作图意识和作图能力,才能有效地促进学生几何学习潜能的发展。

通过"合作探究卡",学生可以获得丰富的感性知识,为学生创设一个活动、探索、思考的环境,促使学生主动参与知识的形成过程。课堂上创设能让学生参与操作的环境,给学生足够的时间让学生动手操作,学生就会在“动”中感知,在“动”中领悟,在“动”中探究。

“三三制教学”模式在主线教学中的应用
——以《一次函数的图像信息类问题》教学为例

上海市淞谊中学　沈惠东

一、问题的提出

主线教学是根据一节课数学教学的三维，即教学目标、教学内容、学生实际情况，将教学中诸多知识点通过一条主线将其“有效串联”起来，进行一系列的探索与思考，使这些相互有联系的知识点建立于数学本质意义上，让学生得到更透彻的理解和感悟。但凡一篇文章或是一部优秀的文学作品，都有一条贯穿全文的主线，一堂高效的数学课也必须设计一条鲜明的教学主线贯穿教学始终，使整节课的教学目标更明确，条理更清晰，重点更突出，结构更完整。

“三三制”教学以先行学习卡、合作探究卡、练习反馈卡等3张教学卡为载体，由自学、研讨、展示等三大关节组成，通过教、学、做合一，达到信息沟通、组织沟通和心灵沟通的新型教学模式。如何科学有效的设计“三卡”呢？多年的“三三制教学”实践让我深深感受到清晰明朗的教学主线是实现“三三制教学”目标，优化课堂教学效果的必要保障。只要教师精心设计好能让学生抓得住的“三卡”教学主线，就可以帮助学生提高学习兴趣，掌控学习的主动权，从而达到良好的教学效果。

“三三制教学”中如何设计有结构的、逻辑关联的、层层递进且能启迪学生思维的问题，引领整个课堂教学过程呢？为更好地解决此类问题，笔者开设探究课《一次函数的图像信息类问题》，以此进行“三三制教学”实践研究，希望能以图像为背景的有效问题链精心设计“三卡”的教学主线，进一步增强学生识图、画图、用图的能力。

二、“三卡”的初次设计

一次函数图像信息类问题是一类紧密联系学生生活、学习情境的图像信息题。

学生在解决这类问题的过程中，需要将文字、情境、图像进行综合分析，以获取信息，充分考查学生的阅读理解能力、信息转化能力；与此同时还需具备扎实的一次函数基础知识以及待定系数法求函数解析式的基本方法，还包括数形结合、转化化归、方程等基本数学思想。课前我在学生中作了有关一次函数学习情况的调查，学生主要反映有两点：(一)害怕函数应用题；(二)不会看图。

(一)"先行学习卡"设计

为了先充分暴露学生在一次函数图像信息问题中学习的现状，我在先行学习卡环节设计了一道开放性很强的问题，希望通过学生分组探索，阅读图中蕴含的信息，自主归纳这些信息，初步使学生懂得分析图像，培养学生从图像中获取信息的能力及有条理地进行语言表达的能力，进一步提高学生的归纳能力和数形结合能力。

|先行学习卡|

已知小张和小王分别骑自行车和摩托车沿着相同的路线从甲地到乙地，图中反映了两人行驶过程中，距甲地的路程 S(km)随时间 t(h)的变化关系。

请你将在函数图像中获取的信息画在一个实际的行程图中。

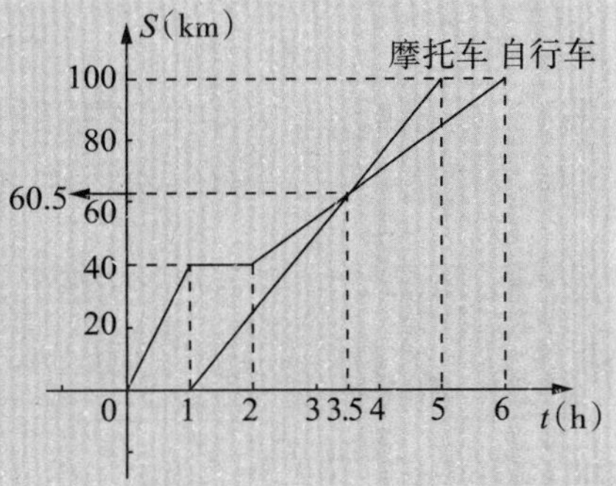

归纳一次函数的图像信息类问题的解决方法如下。

1. 看图像坐标系上所表示的数字的意义，两条坐标轴代表的意义。
2. 看图像的发展趋势。
3. 看关键点(起点、折点、终点、交点)

(二)"合作探究卡"设计

为有利于展示学生"读图、画图、用图"这一循序渐进的思维过程，"合作探究卡"继续以图像为载体设计了一道素材贴近学生实际的一次函数信息题，深入考查一次函数的意义和性质，对学生感性和理性的思考提出了较高的要求，希望能对学生的学习方式的转变具有正确的导向作用。

|合作探究卡|

小张骑车往返于甲、乙两地，小张从甲地出发，开始1小时是以20 km/h匀速前进，然后在路上停了1小时，后面又以20 km/h匀速骑了2小时到达乙地。到达乙地之后，又以30 km/h返回。

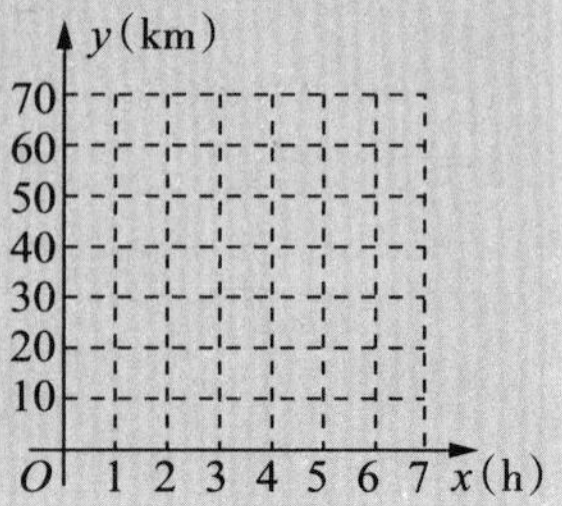

1. 根据描述画出小张距甲地的路程 y(km)与时间 x(h)的函数图像。

2. 分别写出图中线段 OA、BC、CD 对应的函数解析式？

3. 小王与小张同时出发，按相同路线前往乙地，小王距甲地的路程 y(km)与时间 x(h)的函数关系式为 $y=12x+10$。

在图中画出小王距甲地的路程 y(km)与时间 x(h)的函数图像。小王与小张在途中共相遇几次？计算第一次相遇的时间。

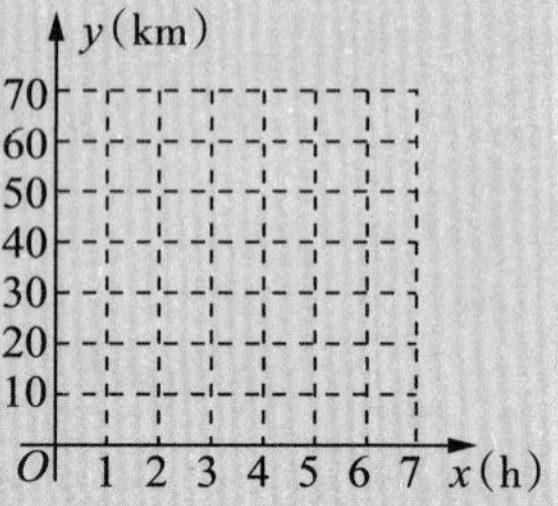

(三)"练习反馈卡"设计

为使学生充分意识到细致的观察、审清题意是应用一次函数图像解决问题的基础和关键，"练习反馈卡"中设计了一道一次函数的综合题，希望学生能通过对本题的独立思考、小组交流亲身体会并明确函数图像中的起点、折点、终点、交点的意义是解题的重中之重。

|练习反馈卡|

一列快车从甲地驶往乙地，一列慢车从乙地驶往甲地，两车同时出发，设慢车行驶的时间为 x(h)，两车之间的距离为 y(km)，图中的折线表示 y 与 x 之间的函数关系。

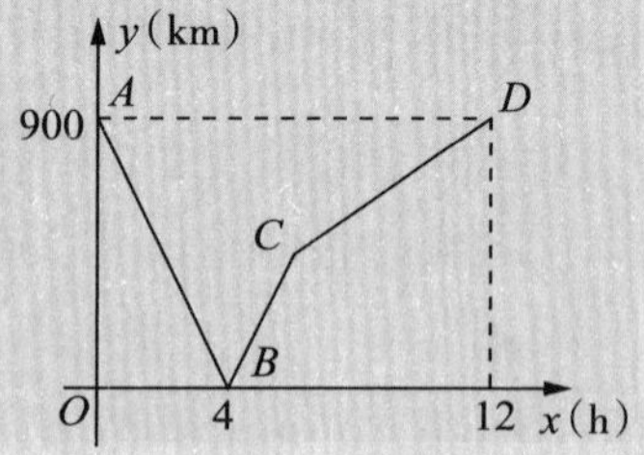

根据图像进行以下探究：

1. 甲、乙两地之间的距离为________km；

2. 请解释图中点 B 的实际意义；

3. 求慢车和快车的速度；

4. 求线段 BC 所表示的 y 与 x 之间的函数关系式，并写出自变量 x 的取值范围；

5. 若第二列快车也从甲地出发驶往乙地，速度与第一列快车相同。在第一列快车与慢车相遇 30 分钟后，第二列快车与慢车相遇。求第二列快车比第一列快车晚出发多少小时？

在练习反馈卡中，第(1)、(2)问是信息读取；第(3)、(4)问是图像理解；第(5)问是问题解决。

三、第一次实践与反思

先行学习卡的学习坚持以学生为主体的原则，课堂上教师鼓励同学们自己看图，记录自己看到的信息，再小组交流，相互补充。然后小组汇报，教师板书要点，具体汇报，先由一个小组把他们的发现，全部罗列出来，其他小组主要就说与已经存在的不同的其他发现，同学们在教师的引导下积极热烈地归纳，形成一条条准确的结论，基本达成问题设计的预期目标。

由于"先行学习卡"的问题开放性很强，学生初步识图能力比较欠缺，因而读取图像信息略显困难。虽然小组的讨论交流是充分的，但为了能使凌乱的信息进行完整地归纳，教师的引导和学生的不断修正花费了过多的课堂时间。

因为"先行学习卡"的自主学习在较多的用时下达到了很好的学习效果，所以"合作探究卡"的第 1 问"学生根据题目提供的文字信息画出小张距甲地的路程 y(km)与时间 x(h)的函数图像"进行得特别顺利，蛮多学生都能独立完整地画出图像。第 2 问求 CD 段解析式，大多学生使用待定系数法很快求得结果。

到了"合作探究卡"环节中的第 3 问，学生根据函数关系式为 $y=12x+10$ 画出小王距甲地的路程 y(km)与时间 x(h)的函数图像，看似简单的问题，学生却错误百出。课后就这个环节，课题组的专家、教师进行了深入的研讨，最后形成共识：要准确画出这个函数的图像，需要学生清楚的确定这个函数的定义域和值域，这是本课的一个难点，而在这个难点上，"合作探究卡"的设计没有针对性，导致在这个环节上师生互动应对仓促，再一次用时过多，直接影响了"练习反馈卡"环节的课堂学习时间，只完成了信息读取部分的练习。

整体上本课"三卡"设计缺乏贯穿课堂始终的教学主线，缺少结构相似、逻辑关联、层层递进且能启迪学生思维的问题引领整个课堂教学过程，致使课堂教学结构条理不够清晰、重、难点内容没有有效突破，进而导致本课三维教学目标没有得以顺利完成。

四、"三卡"的再次设计

（一）"先行学习卡"的再设计

为了拉近学生与问题的亲密度，从而抓起学生思考问题兴奋点，我以学生身边的人和事为素材将原来先行学习卡那道开放性过强的问题进行难度分解，设计了问题情景 1 和问题情景 2。

问题情景 1：已知小王骑摩托车从甲地到乙地，如图反映了小王在行驶过程中，距甲地的路程 S(km) 随时间 t(h) 的变化关系.根据图像回答下列问题：

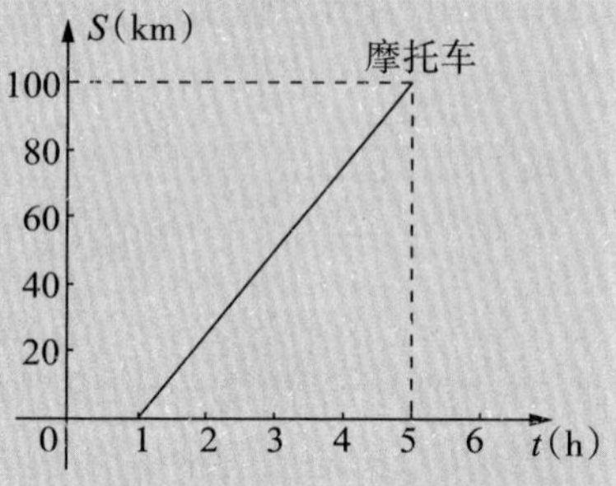

（1）甲乙两地相距________km。

（2）小王从甲地行驶到乙地用了________h。

（3）小王从甲地到乙地匀速行驶的速度是________km/h。

（4）小王 3 小时行驶________km。

（5）小王行驶 60 km 时，行驶了________小时。此刻小王行驶至________小时。

问题情景 2：已知小张骑自行车沿着小王相同的路线前往乙地，如图反映了两人行驶过程中，距甲地的路程 S(km)随时间 t(h)的变化关系。根据图像回答下列问题：

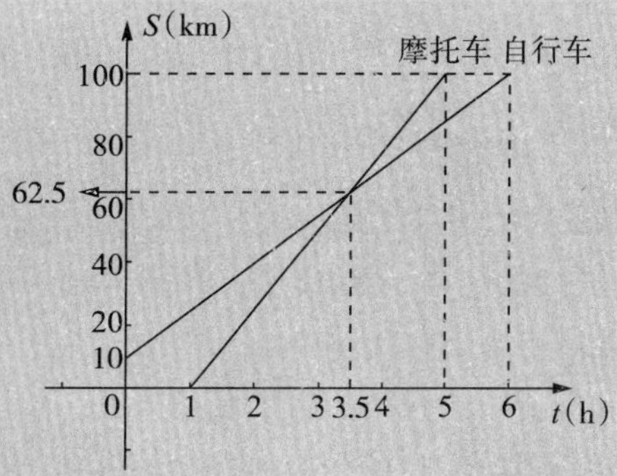

（1）小张从________km 处开始行驶。

（2）小张前往乙地匀速行驶的速度是________km/h。

（3）________先到达乙地？先到________小时。

（4）在小张开始行驶________小时后，小王追赶小张，行驶________小时后追上小张？

（二）合作探究卡的再设计

为形成与"先行学习卡"中的问题结构相似、逻辑关联的问题链，"合作探究卡"设计了问题情景 3，它是问题情景 1 和问题情景思维的延续，通过对该问题的分层设计、层层深入，希望能逐步引导学生的思维向纵深发展。

问题情景 3：小张骑自行车往返于甲、乙两地，小张从甲地出发，开始 1 小时是以 20 km/h 的速度匀速前进，然后在路上停了 1 小时，后面又以 20 km/h 的速度匀速骑了 2 小时到达乙地。到达乙地之后，又以 30 km/h 返回。

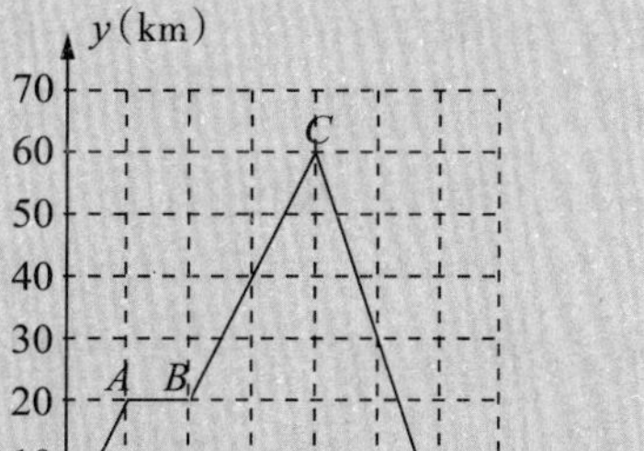

（1）根据描述画出小张距甲地的路程 y(km)与时间 x(h)的函数图像。

（2）请分别写出图中线段 OA、AB、BC、CD 对应的函数解析式及其定义域？

（三）"练习反馈卡"的再设计

为了进一步完善贯穿整个课堂教学的教学主线，"练习反馈卡"中设计了问题情景 4,它用一个更开放的问题供学生讨论与思考,更是"合作探究卡"问题情景 3 思考的延续,完成"三卡"设计完整的问题链。

问题情景 4: 延续问题情景 3 的思考,小王与小张同时出发,按相同路线前往乙地,小王距甲地的路程 y(km)与时间 x(h)的函数关系式为 $y=12x+10$。请在图中画出小王距甲地的路程 y(km)与时间 x(h)的函数图像,小王与小张在途中共相遇几次?请你计算第一次相遇的时间。

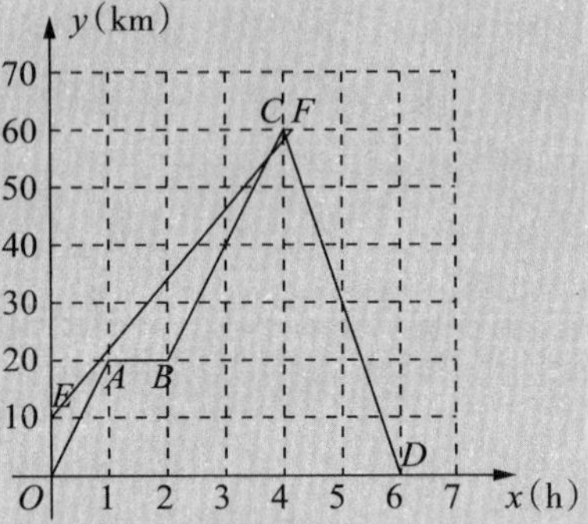

我们先来讨论以下 3 个问题:

(1) 这个函数图像是一条直线吗?

(2) 这个函数的定义域是什么?

(3) 现在你能确定函数 $y=12x+10$ 这条线段起点和终点的坐标吗?

五、第二次教学实践与反思

"先行学习卡"环节课堂学习气氛活跃,教师顺水推舟地引导学生识图和用图,在一连串问题的追问下,学生积极地进行探索、反思、提炼与小结,尤其是对图像的一番比较与分析,使学生对一次函数图像的认知和应用有了深一步的认识与理解。问题情景 1 和问题情景 2 的讨论与思考为后面开展"合作探究卡"中问题情景 3 的函数图像活动做了很好的铺垫和过渡。

"合作探究卡"中问题情景 3 的第①问是要求学生根据文字语言叙述的实际情境画出图形,从一个逆向的思维角度巩固学生对不同情境与图像的对应关系的理解。接着第②问要求学生分段求出不同发展趋势的图像的解析式,教师耐心地引导学生多角度多方法地求函数解析式,对两种不同的方法进行比较分析,有效地扩大了学生思维广度,大大激发了学生的学习兴趣。

"练习反馈卡"给出一个隐去定义域的函数解析式要求学生画出图形并进一步解决新的问题,从解析式的角度完善学生对函数图像的理解,揭示了函数解析式的定义域和值域与函数图像中起点和终点的本质联系。

归纳提升是"练习反馈卡"的重要环节,不可低估。本课教师提炼出了具有"三三制教学”小结特色的顺口溜：识图看趋势，分段想情境，关注四种点，意义想清楚，多与点联系，常用关系式。这样的课堂小结帮助学生理清了本课的知识结构，掌握了内在的联系，具有画龙点睛的功效。

六、总结

纵观学生在解决一次函数图像信息类问题时，其困惑主要有3点：（一）根本不会分段思考每一段的实际情境，比如不清楚行程问题图像线段的陡缓与速度的关系；（二）不知道从图像何处获取信息，怎样获取信息；（三）习惯用算数方法，不善于用函数思想、方程工具解决问题。正是基于上述学生的困难，本课三卡精心设计了4个问题情景，循序渐进、环环相扣、由浅入深地引导学生不断思考与探索，每个问题情景下都按照一定的逻辑结构精心设计一组问题将学生引导到本课教学的核心重、难点内容上，造就了“三三制”教学背景下学生精彩的课堂表现，也展示了老师的精彩“三卡”教学。

常言道：授之以鱼不如授之以渔。本课“三卡”设计的每一个数学问题都秉承“三三制教学”对学生自主学习的引领，将学习方法指导渗透在课堂教学中，对自主、合作、探究给足了时间。本课充分体现了学生独立思考和合作交流相交互的两种学习方式，让不同的思考在交流中产生思维碰撞的火花，构建了生动活泼的学习环境。

点评：本文以《一次函数的图像信息类问题》为例阐述了主线教学在“三三制教学”中的应用，两种新型的教学模式相互融合，为数学课堂营造了轻松、自由的对话氛围。主线教学重视顺学而导，“三三制教学”倡导学生积极参与、自主建构，满足了学生全面、和谐发展的需要，真正做到让学生理解、掌握真实的知识和真正的知识。本课例教师通过两次设计“三卡”教学，以图像为背景的有效问题链不断优化“三卡”的教学主线，放手让学生在若干个有关联的递进式问题情景中去经历、体验、内化一次函数图像信息类问题的诸多知识与技能，充分表现了学生自主探究的潜力和智慧，在思维碰撞中表现了学生真实的自我。在“三三制教学”模式下，教师是学生探究真知之旅上的促进者、协作者、组织者，三卡设计要善于点燃学生探究欲望和智慧火把，要善于让学生说教师要说的话，做教师想做的事。因此，本课例做得特别成功，课堂教学充满灵性，充溢生命的活力，很好地让顺学而导的美好境界在“三三制教学”模式下孕育成长。

数学中考专题复习课先行学习卡的设计和使用

——以《旋转之构造特殊三角形》为例

上海师范大学附属经纬实验学校　宋　颖

“三三制教学”以先行学习卡、合作探究卡、练习反馈卡等“三卡”为载体，由先行自学、合作探究、练习反馈等 3 个主要环节组成。“三三制教学”强调“以学生的学习为中心”。在“三三制教学”的课堂中，根据教师精心设计的“三卡”，学生先由“先行学习卡”对知识点有快速了解并掌握其基本应用，再由“合作探究卡”加深对知识点的理解并巩固知识点的应用，最后通过“练习反馈卡”，学生和教师可以及时了解课堂教学的达成度。每个关节层层递进，要求明确。每个关节设置了质疑的环节，鼓励学生找出问题，促进学生思考讨论并积极交流，实现从“教师主导学生被动”向“学生自主教师为辅”转变，让学生成为学习的主人，学会主动建构知识、掌握技能和养成态度，成为课堂学习的探究者、行动者和表现者，从而提高课堂教学效益，培养学生的学习能力和探究精神，实现素质教育的目标。

数学中考专题复习课的目的，引导学生在复习旧知识的过程中，深化对所学内容的理解，从而提高分析和解决综合问题的能力。除了复习已学知识和技能，帮助学生对 4 年所学知识进行系统化梳理之外，更需提高学生运用所学知识解决问题的能力的课型。其目的不仅在于温故知新、查缺补漏，更注重认知结构完善，促进学生解题思想方法的形成，提高学生综合运用数学知识解决问题的能力。其课堂容量大，内容涉及书本中多个相关联的章节；其课堂设置的环节不仅需要由浅入深，还需层层递进。由此模式选用及相关课堂设计，成了达成课堂目标的必要保证。

一、问题的提出

目前数学中考专题复习课常见的模式：“撒网捞鱼”——进行大量题海操练，但涉及的题型杂乱，内容缺乏相关性；“炒冷饭”——重复机械练习，欠缺对于题目进行筛选，让学生抓不住重难点；“做—对—再做—再对”——节奏性习题讲练，容量虽大但缺乏条理性。导致学生在课堂学习过程中只是机械性的操练，缺乏目标引领，导致学习倦怠，从而极大地降低学生的自主学习能力和学习积极性。另一方面，对于教师来说，教师花费大量的时间精力进行备课选题直到课堂讲演，由于缺乏学生自主的学习参与，课堂教学的预期设定无法实现，课堂教学达成度相对较低。

为了改变专题复习课的现状，跳出固有的课堂教学模式，在数学中考专题复习课引入“三三制教学”。通过“三三制教学”，教师制定符合所授课学生实际的目标，对课堂教学中的 3 个环节进行精心设计，让学生在课堂学习中充分发挥自主性，成为学习活动的主人和实践的主体。“三三制教学”的实施，最关键、最核心的问题是先行学习卡、合作探究卡、练习反馈卡的设计与使用。先行学习卡是“三卡”中的首张卡，主要由学习目标、教学重点与难点、学习方法建议、先行组织者、基础学习内容、达标检测和我的疑问等组成。教师通过先行学习卡为学生提供与教学内容相匹配的学习方法；在课堂教学时，学生通过先行学习卡了解教学目标，明确学习的方向，调动起学习的积极性。

《“三三制教学”的理论和实践》中指出，先行学习卡中的“先行组织者”是学生已学过的，与即将学习的内容关联紧密，且具有统帅作用的上位概念、原理等关键知识，先行组织者是新旧知识的桥梁，也是学生温故知新的手段。基础学习内容的选择、设计是先行学习卡设计的难点和重点，它既要体现课标精神，又要符合教材要求，同时还要便于学生自学，问题设置要有梯度，做到由简单到复杂，保证 80%以上的学生可以自主解决。达标检测是学生自学学习内容后，所作的习题或要回答的问题，以检测学生学习效果。达标检测可以及时获取反馈信息，然后教师可以及时了解学习效果，调整自己的教学，学生也可以对自己进行学习评价，从而促进学生提高学习效率。“我的疑惑”是学生经历了自学、达标检测后针对自学感悟、检测中发现的问题而产生的希望得到教师、同伴帮助的问题，包括自己想进一步拓展、提升的超出学习要求的问题。

那么如何有效设计和使用先行学习卡呢？笔者选择《中考专题复习》第 18 题中的《旋转之构造特殊三角形》进行了实践研究。

二、先行学习卡初次的设计与使用

(一)考情与学情的分析

《中考专题复习》第 18 题中《旋转之构造特殊三角形》是中考前最后一轮复习中针对中考考试题型的一节专题复习课,对于学生而言有一定难度,要求较高。首先,填空第 18 题在 2019 年较多区二模卷中集中出现,考察图形旋转运动后,根据图形旋转的特性利用添加辅助线的方法得到特殊三角形,从而进行边或角的求解问题。图形旋转的知识点一般不会单独考察,题目往往融合其他几何知识,考察涉及的知识点多,题目分类不明确,对学生的几何综合能力要求高。其次,对教师的备课要求极高,备课量极大,不仅对当年的考题需要分析整理,对于往年考题和其他学段中出现的相关题目也需要进行整理归纳。教师题型分类要合理,对于有特殊解题技巧的要求还要进行关注。

笔者授课的两个班级在前期已经对于画图形旋转后图像、等腰三角形和相似三角形及求解边长及角度大小分别进行了专题复习,对于独立的知识概念、性质或者方法等掌握较好,对于独立知识的应用反馈达成较高,但是对综合应用解题部分,不能较好地完成,特别对于由图形旋转后需添加辅助线找到特殊三角形存在问题,缺乏有效添线方法,对解决这类问题的方法和策略反应不明确,在答题时经常出现无从下手的情况。

针对学生存在的问题,设计《构造特殊三角形》的专题复习课中的先行学习卡时,以基本知识的再现和基础应用为主,教学难度低,以帮助学生快速复习。其中先行组织者直接引用书本上的基本知识原句,明确关键字,让学生准确把握知识点。基础学习内容以基础应用题的形式进行,难度低、易于学生完成,帮助学生对于旋转后出现的简单的特殊图形进行复习。反馈练习适当增加难度,但以学生平时学习中出现已解决的旋转问题为主,题型涉及多个方面,让学生在自主完成的过程中对于知识点的综合应用进行简单的了解。

(二)"先行学习卡"的初次设计与使用

在本节专题复习课中,"先行学习卡"的设计如下。

|先行学习卡|

1. 先行组织者

在平面内，将一个图形上的所有点绕一个定点按照某个方向转动一个角度，这样的运动叫作图形的旋转。这个定点叫作旋转中心，转动的角度叫作旋转角。

2. 基础学习内容

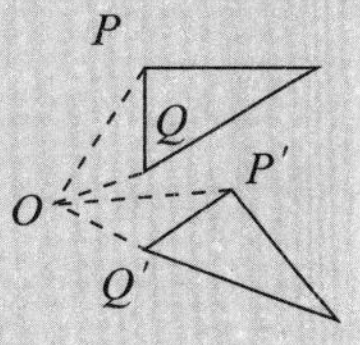

（1）把一个图形绕着某一点 O 转动一个角度的图形变换叫作旋转，点 O 叫作________，转动的角叫作________，如果图形上的点 P 经过旋转变为点 P'，那么这两个点叫作这个旋转的________点。

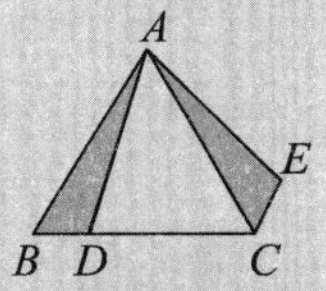

（2）如果，$\triangle ABC$ 是等边三角形，$\triangle ABD$ 旋转得到的 $\triangle ACE$。

① 说出旋转中心、旋转方向和旋转角；② 判断 $\triangle ADE$ 的形状，并说明理由。

3. 反馈练习

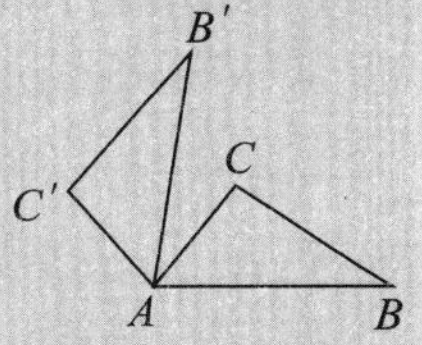

（1）如图，将 $\triangle ABC$ 绕点 A 逆时针旋转 $80°$ 得到 $\triangle AB'C'$，若 $\angle BAC=50°$，则 $\angle CAB'$ 的度数为________。

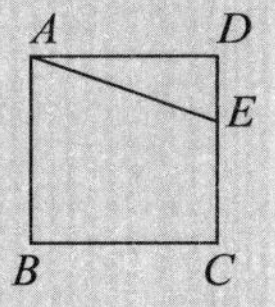

（2）如图，正方形 $ABCD$ 的边长为 3，E 为 CD 边上一点，$DE=1$，$\triangle ADE$ 绕着 A 点顺时针旋转后 AD 与 AB 重合得 $\triangle ABF$，连接 EF。① 画出旋转后的图形；② $EF=$________；③ 点 E 从开始到旋转结束所经过的路径长为________。

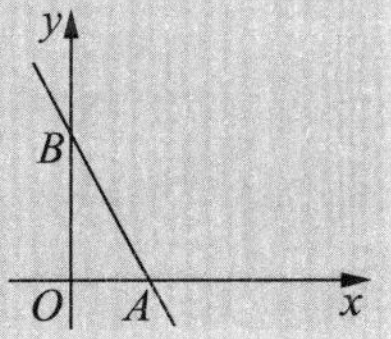

（3）如图，直线 $y=\frac{4}{3}x+4$ 与 x 轴、y 轴分别交于 A、B 两点，把 $\triangle AOB$ 绕点 A 顺时针旋转 $90°$ 后得到 $\triangle AO'B'$，则点 B' 的坐标是________。

1. 课堂实践后，对比以往的专题课，课堂效果明显提高。

（1）先行组织者直观再现了旋转的知识点，让学生直奔此次课堂教学的主题——围绕旋转进行。

（2）先行组织者中相关知识点复现方式简明扼要，快速唤醒学生对于知识点的记忆，有效加快课堂节奏。

（3）与先行组织者配套的基础练习以基础题为主，需要学生简单应用知识点进行解题,所以学生达成速度较快。

(4) 课堂实践中有学生自主性得到明显的提高。学生对于第 2 题的结果提出疑问,其中"生 1:题目的条件只是指出旋转,并没有指出旋转方向。"紧跟着"生 2 接生 1 回答道:这题应根据旋转方向分类讨论,分为顺时针旋转和逆时针旋转"(其他同学纷纷表示赞同)。学生的疑问最后由学生自发解决,这样的课堂效果在以往是很难看到的。

总之,学生使用先行学习卡时,由于目标明确,所以完成"先行学习卡"节奏紧凑,达成度较高。课堂上学生的参与度明显增加,并且参与面广,参与课堂回答的学生并不局限在班级中的学优生,还有许多学困生也主动回答问题和提出问题。课堂气氛活跃,学生愿意发言,愿意讨论。

2. 课堂实践反馈需要修改先行学习卡的部分细节:

(1) 由于平时课堂中学生没有接触过"先行组织者",对于什么要起到什么样的目的不理解,所以部分学生一开始看完标题后对于这部分选择忽视,另一部分学生在被要求认真阅读的过程中,只是草草过目。初次设计的"先行组织者"只是单一的罗列了图形旋转的概念和其中的知识点,没有引起学生的关注,所以初次设计中的"先行组织者"作用体现不明确。针对产生的这个问题,考虑对于"先行组织者"的呈现形式进行改变,并且在前期指导学生知道先行组织者,了解怎样进行阅读和在阅读时的应如何进行操作,达到学生自主进行阅读和学习的目的。

(2) 题目的设计增加了与专题不相关的难度,对学生产生误导。比如,基础学习内容中的第(2)题。

(2) 如图,$\triangle ABC$ 是等边三角形,$\triangle ABD$ 旋转得到 $\triangle ACE$,① 说出旋转中心、旋转方向和旋转角;② 判断 $\triangle ADE$ 的形状,并说明理由。

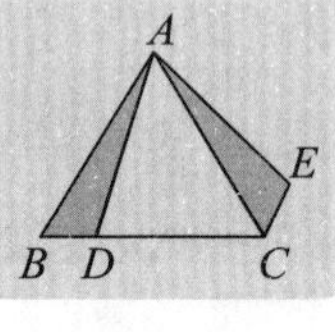

在这题中没有指出旋转方向,在实际课堂教学中出现了学生对这题摸不着头脑,不知如何进行回答,都在思考这题是否需要分类讨论,从而出现了与本堂专题课不相关的难度要求。

设计基础学习内容时应该围绕所需解决的问题出发,特别对于基础学习内容中的练习,只帮助学生对于知识点进行基本应用问题的解决,不随意增加难度。为了不出现传统的"海量练习",在设计时需要老师进行合理选题,特别是避免出现与本堂课无关的内容,避免让学生产生误导,导致课堂效果无法落实。

(3) 题目的选取应符合学情,围绕学生的实际情况进行展开。初中的先行学习卡在实际课堂教学中出现了部分学生“冷场”的情况,有些学生对于反馈练习中的题(2) 和(3) ,无法快速的完成。主要原因是在进行设计时忽视该班级学生中学困生较多的情况,较高估计学困生的解题能力,造成学生无法很好对自主学习的反馈。在后面的设计中还应增加对学困生的预估,根据学生的能力进行选题,为学生参与自主的学习做好铺垫。

三、“先行学习卡”的再设计

在对“先行学习卡”第一次的实际课堂教学中出现的问题进行了分析与反思之后,结合第二次授课班级的学生学情,对“先行学习卡”进行了改进。

|先行学习卡|

1. 先行组织者

在平面内, 将一个图形上的所有点绕一个定点按照某个方向转动一个角度,这样的运动叫作图形的旋转(rota-taion),这个定点叫作旋转中心,转动的角度叫作旋转角。

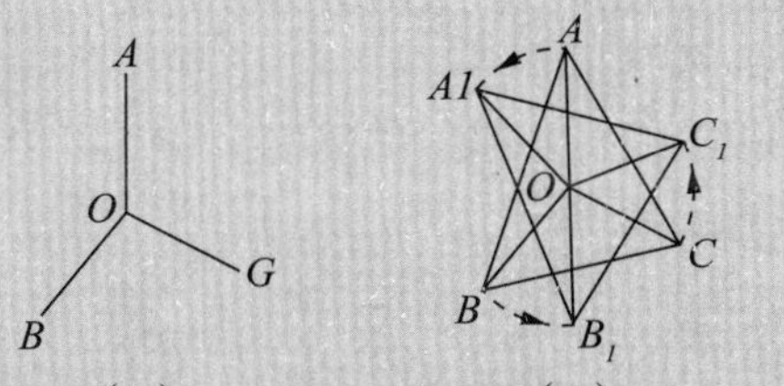

如图(1),在画有线段 OA、OB、OC 的纸上放一张透明纸,描出线段 OA、OB、OC,用一枚图钉钉在点 O 处,把纸绕着点 O 旋转到新的位置,如图(2),使 A 旋转到 A_1,B 旋转到 B_1,C 旋转到 C_1,这些点都是互相对应的点,OA 旋转到 OA_1,OB 旋转到 OB_1,OC 旋转到 OC_1,它们都是对应线段,$\angle AOA_1$、$\angle BOB_1$、$\angle COC_1$ 是旋转

连接 AB、BC、AC 和 A_1B_1、B_1C_1、A_1C_1，这样，可以把三角形 $A_1B_1C_1$ 看成是三角形 ABC 绕定点 O 旋转后得到的图形，对于这两个三角形，AB 与 A_1B_1 是对应边，$\angle ABC$ 与 $\angle A_1B_1C_1$ 是对应角。

图形的旋转是图形上的每一点在平面上绕着某个固定点旋转固定角度的位置移动，其中对应点到旋转中心的距离相等，对应线段的长度、对应角的大小相等，旋转前后图形的大小和形状没有改变。

2. 基础学习内容

阅读材料（七年级课本旋转相关知识）并回答问题：

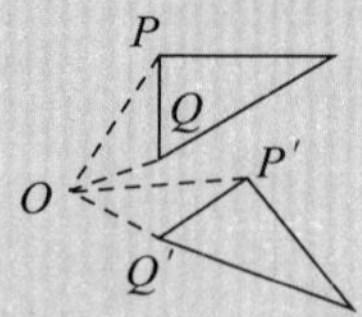

(1) 把一个图形绕着某一点 O 转动一个角度的图形变换叫作旋转，点 O 叫作________，转动的角叫作________，如果图形上的点 P 经过旋转变为点 P'，那么这两个点叫作这个旋转的________点。

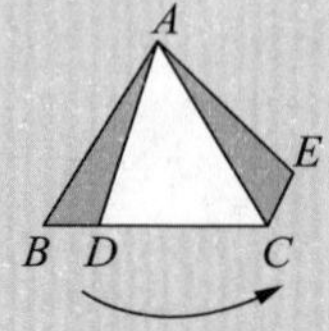

(2) 如图，$\triangle ABC$ 是等边三角形，$\triangle ABD$ 旋转得到 $\triangle ACE$，

① 说出旋转中心、旋转方向和旋转角；

② 连接 DE，判断 $\triangle ADE$ 的形状，并说明理由。

3. 反馈练习

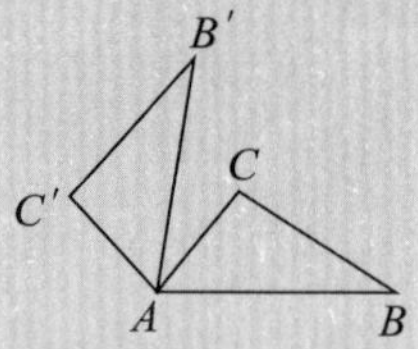

(1) 如图，将 $\triangle ABC$ 绕点 A 逆时针旋转 $80°$ 得到 $\triangle AB'C'$，若 $\angle BAC=50°$，则 $\angle CAB'$ 的度数为________。

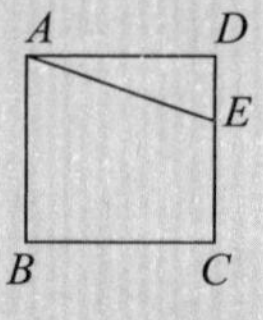

(2) 如图，正方形 $ABCD$ 的边长为 3，E 为 CD 边上一点，$DE=1$。$\triangle ADE$ 绕着 A 点顺时针旋转后 AD 与 AB 重合得 $\triangle ABF$，连接 EF。①请画出旋转后的图形；②$EF=$________；③点 E 从开始到旋转结束所经过的路径长为________。

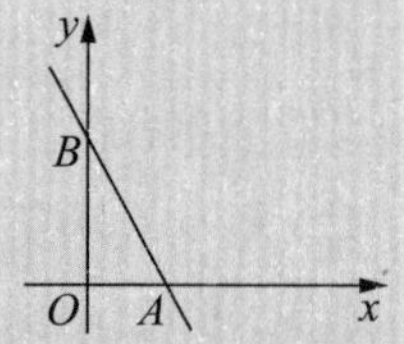

(3) 如图，直线与 x 轴、y 轴分别交于 A、B 两点，把 $\triangle A0B$ 绕点 A 顺时针旋转 $90°$ 后得到 $\triangle AO'B'$，则点 B' 的坐标是________。

我得到的结论

(1) 研究旋转问题应关注 3 个元素：________、________、________；

(2) 对应点和旋转中心的距离________；对应点与旋转中心所连线段的夹角等于________；旋转前、后的图形________。

对比“先行学习卡”修改前后，结合授课班级学情再分析，“先行学习卡”修改后课堂的反馈更接近预想的设想，课堂达成度更高。学生全部参与，积极参与讨论，学生之间的交流增加。设计反馈练习题（2）的目的，是为“合作探究卡”中问题探究进行准备练习，学生在之后的合作中都很好的关注到此题的作用，在探究时能够很快的把握题目的关键再深入。由于这个班级学生解题能力较前一个班级高，所以在学生进行自主学习探究时的反馈更主动，在课堂中能够主动进行归纳和小结，并在课后对课堂内容进行后继讨论，在之后的中考复习练习中，明显图形的旋转考题正确率较高。

（一）对于“先行组织者”，改变形式，并作出指导要求

为了发挥“先行组织者”的重要性，在课前笔者对学生进行了介绍，帮助学生理解什么是“先行组织者”及其作用，并指导学生如何在课堂中自主学习的方法。帮助学生重视先行组织者，并引导学生自主学习。对于先行组织者的呈现方式进行了改变，内容从七年级的教材中直接获取，以图+文的方式进行呈现，让学生更直观地复习本堂课所涉及的图形运动。

在实际课堂教学中，观察到学生都能够认真阅读，并作出相关的标注。学生对于图+文的形式更容易接受，并对原知识点进行了很好的再现。

（二）减少与不相关的难度，将学生注意力聚集在专题所需要解决的问题上

对于基础学习内容中的第（2）问的图形，增加方向的条件（图1），降低了学生对旋转方向的判断，从而将学生的关注点聚集在专题的研究的问题上。简单地处理减少了学生探究注意力分散的可能性，提高课堂效率，保证后面的探究顺利进行。

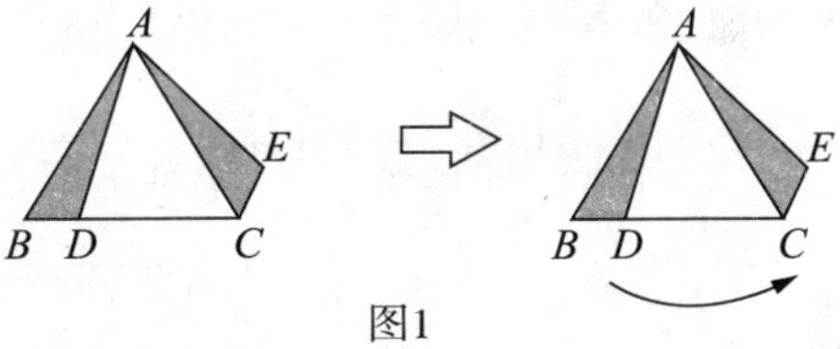

图1

（三）增设“我得到的结论”这一环节，做到梳理知识点

学生在“先行学习卡”自主学习完之后，增加“我得到的结论”这一环节，帮助学生梳理自主学习中碰到的知识点，不仅对于经常考察的知识点进行强化复习，而且对于后面要进行的探究部分起到了“提纲挈领”的作用，对于学生学习方向进行有效的把控。同时培养自主学习缺乏和归纳能力较弱的学生，对于先行组织者中的内容进

行归纳，和对知识进行整理的能力。在课后，这个环节更可以成为学生复习材料。

四、小结与反思

《中考专题复习》第18题中的《旋转之构造特殊三角形》这节课的先行学习卡的设计修改，和两次使用后，明显提高了整个课堂的效率，每个关节的时间安排明确，由浅入深层次分明，课堂中的活动真正让学生参与进来，学生发言积极，在某些环节中学生和学生之间的交流内容多样，不局限于以往的答案进行讨论，对于课堂中涉及画图的部分，学生之间还会进行相互学习，整个课堂气氛活跃，为后两个关节的进行打好了基础。

（一）设计好"先行学习卡"

学生在课堂上有成功体验从而激发自主学习，一定是教师课前花了40分钟的几倍甚至几十倍的时间进行钻研换来的，所以必须深入钻研教材确定授课的内容。设计时围绕授课具体内容进行展开，难度设计符合所授课班级学生的实际水平。各个环节的呈现形式具多样性，例如文字、图形、数学语言等，达到真正帮助到学生在新旧知识之间进行联系。设计时需要对每个环节的使用时间进行预估，对于花费时间较长的题目进行修改或者是删减，选取练习时选择知识点直接应用的基础题，紧扣本节课教学内容，避免"节外生枝"。设计练习时可根据教学内容的延续性，选择前后具有关联性的习题，为后续学习做好铺垫。

（二）使用好"先行学习卡"

由于在"合作探究卡"中要预留大量的时间给学生思考和小组交流、大组交流的时间。"先行学习卡"使用时的时间把控对教师提出较高的要求，可在课前先对学生进行"先行学习卡"使用的指导。教师的课堂语言应简单明了，在学生已明确要求的情况下，尽量"少说"以免降低学生自主学习的效果。实际课堂教学中教师应通过观察学生，或听取学生的疑问，对"先行学习卡"中学生出现的问题进行及时了解，并进行指导。如果专题复习的内容相对要求较高，可以使用多个课时进行教学，保证学生有足够的时间进行思考，交流。

最后，由于笔者仅以《中考专题复习》第18题中的《旋转之构造特殊三角形》这节几何课为例，内容上尚欠代表性，加之使用次数受限，使用的过程中仍有一些问题有待解决。比如设计“先行组织者”时能否更具多样性？针对教学内容的不同，如何更好地设计“先行学习卡”？还需要用实践来检验理论。

点评：学生在专题复习课的达成度是提升中考专题复习课的实效性的保障，“三三制教学”强调“以学生的学习为中心”，学生是课堂学习的探究者、行动者和表现者。“先行学习卡”是课堂教学中的第一张卡，作者以《中考专题复习》第18题中的《旋转之构造特殊三角形》为例，通过课堂实践，反映这张卡除了让学生快速了解课堂目标和复习知识点之外，也帮助学生，使其从一开始就能够主动参与课堂的活动，改变了传统课堂中学生进入主题慢，被动参与活动的情况。有效使用“先行学习卡”离不开对学情的细致分析，内容呈现方式的选择，以及练习题的选取，为了让学生能够很好地使用此卡，还必须指导学生使用。通过本课例，可以看出将“三三制教学”引入专题复习课中是一个新的尝试和探索，这种新的教学模式给传统数学复习课的课堂带来新的突破。

巧“设计” 敢“让学”

——“三三制教学”在《两点距离公式》中的运用

上海市杨泰实验学校　徐明菊

一、研究背景

在新课程理念下的教学与传统教学相比,注重知识与技能,更强调学习的过程与方法。教育改革的核心环节是课程改革,课程改革的核心环节是课堂改革。因为课堂效果的有效性直接影响着新课程改革的成败。近几年,围绕着课堂教学的改革百花齐放,各种教学模式也相继出现。从 2015 年 9 月开始,我也有幸参与了宝山区教育学院教育发展研究室和教学研究室共同启动的“三三制教学”实验项目。

“三三制教学”是什么呢?“三”指课堂教学必须为学生准备 3 种学习卡,即先行学习卡、合作探究卡、练习反馈卡;“三”指课堂教学必须有 3 个模块:自学、展示、反馈,即倡导自主、合作、探究的学习方式,以“我参与、我体验、我成功、我快乐”的课堂教学理念,旨在挖掘学生的潜能,满足学生积极的情感体验,促进学生的全面发展,培养学生的创新思维和创新意识;“三”还指课堂教学必须有 3 个环节,即先行自学、合作探究、练习反馈等三大环节,通过教、学、做合一,培养学生知识、能力、学习方法与态度的教学方式,以真正实现“真做”“真学”“真教”的有机统一。

美国教学家彼得 · 克莱恩说:“学习的三大要素是接触、综合分析、实际参与。”新的课程标准提倡自主性、合作性以及探究性的学习,这都是建立在学生积极参与的基础上。但是,在现实课堂中我们所常见的情形却是:

(一) 在一堂课堂中,有的学生有五六次甚至更多的发言机会,有的学生在课堂中极少发言;在进行讨论过程中,有的学生十分活跃,有的学生始终沉默不语,甚至在脸上看不到一点笑容。

(二)在进行课堂教学时,一部分教师采用的教学方式依旧是陈旧的一问一答模式,过程中学生似乎都在认真听,但事实上他们的学习思维仅仅停留在表面上。在一些课堂当中，虽然看似气氛活跃，并且学生都能一一将老师的问题作出准确回答，但基本上不会出现学生提出自己看法的现象；从浅层次看是具有师生互动，但实际上依旧只是一味的灌输模式，进而促使学生对答案的认可罢了。一系列的问题都说明很多课堂教学过程只是做到了表面的让学生参与，没有真正能够深层次的让学生参与学习。那么怎么样才能够让学生“真做”“真学”“真教”呢？

当代教学理论研究与教学改革实践给“三卡”教学的启发就是，要提高课堂教学效益，培养学生的学习能力和探究精神，实现素质教育的目标，就必须改变课堂中教师与学生的关系，就必须解决“讲什么”和“怎样学”的关系。众所周知，教学设计是教学课堂的心脏，是推动学生思维发展的关键，而“让学”，留给学生时间，使教师的“教”更好地为学生的学服务。本课例以上海教育出版社出版的八年级上册的《两点距离公式》为例，介绍“三三制教学”的课堂是如何解决让学生主动参与、保证课堂效果的。

二、第一次教学实践

笔者在 2016 年进行了一次尝试，设计了如下的教学过程。

|先行学习卡|

先行组织者

七年级第二学期直角坐标系的相关概念以及平行于坐标轴的直线上两点的距离公式。

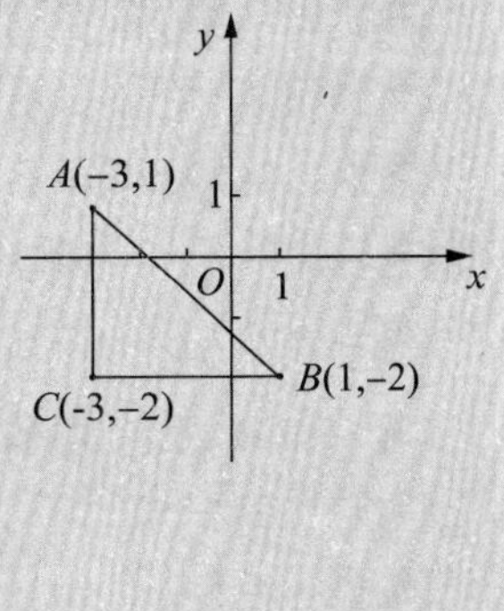

基础学习内容

1. 回忆如何用坐标表示点。

2. 复习平行于坐标轴的直线上两点的距离公式。

达标检测

已知：点 $A(-3,1)$，$B(1,-2)$，$C(-3,-2)$

(1) 在平面直角坐标系内，描出点 A、点 B、点 C；

(2) 求出点 A、B、C 中任意两点间的距离。

我产生的问题：<u>如何求点 A 和点 B 之间的距离？</u>

先行学习卡的设计意图为：学生通过连接 AC 和 BC，构造直角三角形，能够直接发现问题：如何求出不行于坐标轴的两点之间的距离公式，然后能显而易见地构造出直角三角形。

|合作探究卡|

合作学习问题

(1) 如何求点 A 和点 B 之间的距离？

(2) 已知点 $A(x_1,y_1)$，$B(x_2,y_2)$，如何求出之间的距离？(问题一般化)

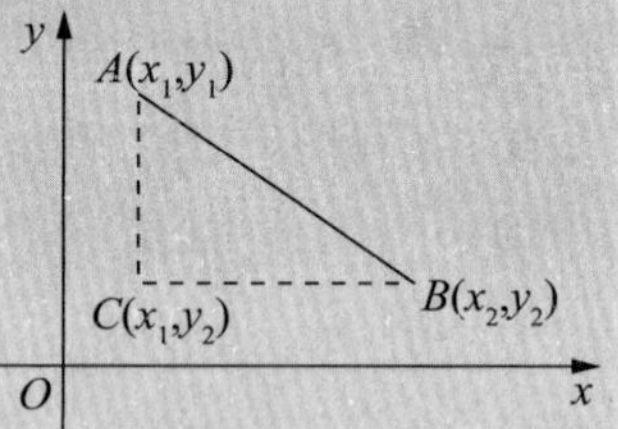

我的心得：直角坐标平面内两点的距离公式：______________________________。

如果直角坐标平面内有两点 $A(x_1,y_1)$，$B(x_2,y_2)$，那么 A、B 两点的距离 $AB=\sqrt{(x_1-x_2)^2+(y_1-y_2)^2}$。

合作探究卡的设计意图为：由特殊到一般，引发思考，再加上留给学生充足的时间，让学生去经历、去探索、去深度思考，帮助学生思路打开，最后小组代表登台展示各组的方法来交流。以这种“合作交流”的方式激发学生学习动机，外显学生思维，实现了“完整的学——输入、输出，可见的学——思维展示，深度的学——积极参与”。这样我们的“让学”才更有效。

通过“三三制教学”模式的尝试，我发现课堂教学气氛比常规课要好很多。“三三制教学”有一个环节是展示，教师在教学过程中通过学生展示，充分调动学生的学习积极性，这样大部分学生都能主动和积极地参与探索新知的数学学习中来，这样真正体现了以学生为主体，充分发挥了学生的主观能动性。

不足之处：虽然整节课课堂气氛看似活跃，学生都能一一将提出的问题作出准确回答，但基本上不会出现学生提出自己看法的现象，这间接说明教学设计上的不足。因为传统教学方法上的过于束缚，笔者在教学设计中刻意设置问题，惯于让学生跟着自己的思路走，没有给予学生充分发挥学生思维的空间，从而去发现问题和解答问题。

三、第二次教学实践

根据以上的反思，结合“三三制”指导老师团队的建议，笔者对教学设计的“先行学习卡”和“合作探究卡”进行了适当的修改，并进行了第二次教学实践。

|课堂实录片段一|

先行学习卡

师：在直角坐标系中任取两个点：① 写出点的坐标；② 求出这两个点间距离。

此时学生大胆举手，踊跃发言，每个人都有求出自己画出的两点之间的距离，主要画出如下 3 种类型：① 平行于 x 轴的两点；② 平行于 y 轴的两点；③ 不平行于坐标轴的两点。

教师：请同学们再逐个求出自己所画出的两点间的距离。

与第一次教学比较，第二次教学立意有了明显提升，课堂也变得更加的活跃，学生的思维也能深入思考了。因此在“三三制教学”模式下，设计先行学习卡时，教师首先要充分相信学生的能力，设计的例题要可以让学生发现问题，并且进行猜想后，自己论证问题，得到自己的结论。

|课堂实录片段二|

合作探究卡

师：小组合作探究：直角坐标平面内，已知点，如何求出之间的距离？（不给图像）

此时学生主要画出了 3 种类型：① 平行于 x 轴的两点；② 平行于 y 轴的两点；③ 不平行于坐标轴的两点。

这一环节笔者给了学生充足的讨论和思考时间，每位学生在后面展示的时候都表现得很活跃，思维体现得也很完整，学生并不像在第一次实践中，被笔者框在例题中解决问题，这次学生能够通过小组探究发现平行于坐标轴两点间距离公式的特殊形式和一般形式，使自己的知识体系更完整。

“三三制”合作交流卡以小组活动为载体,不仅可以提供给学生自主探究的环境,而且是一个发挥学生自学能力主要平台和锻炼学生合作能力重要途径,因此在这一环节更需要教师敢于“让学”,留给学生充足的时间思考和展示。

四、研究发现

在“三三制教学”模式下的数学课堂,“三卡”的设计是对教师教学能力的一种考验。“先行学习卡”强调的是自主学习,“合作探究卡”要求教师以学习伙伴的身份引导学生平等的展开研究、讨论。“练习反馈卡”的设计既要考查学生知识点的掌握情况,也需要考查学生在最后对本节课知识内容的概括和提升。以下是对本节课“三卡”中先行学习卡和合作探究卡设计的一些反思。

(一)巧妙设计先行学习卡,搭好自主学习的“柱子”

“先行学习卡”具有以下特点,即费时短,具有很强的指向性,且能够集中学生的注意力,活跃学生的思维,激发学生参与课堂教学的积极性和主动性,从而实现自主的“三三制教学”精髓。因此,“先行学习卡”如同自主学习的“柱子”,教师通过精心的设计,让学生成为课堂的中心,成为课堂的主人。

(二)灵活运用合作探究卡,使“让学”更有效

笔者认为:以学生发展为本,“让”是一种立场,以自主探究为要,“学”是一个历程,“让学”能积极推动教师进一步转变教学观念,结合数学学科特点,改进教学策略与方法,构建和发展学生的数学素养。因此“三三制教学”的合作探究卡这一环节,正是以“先行学习卡”为抓手,进而引发问题,引导学生自主思考,以小组探究为学习模式,使“让学”更有效。

总之,3 年多的实践以及不断尝试“三三制教学”模式,我看到学生明显的变化,如从被动回答到主动发现,从浅层次思考到深层次探究等,“三三制教学”充分调动了学生的积极性,激发了学生的参与性,将学生的思维拉入学习中,让学生在学习过程中有效发挥动手、动口能力,有效地锻炼了学生的语言能力和思维能力,还能传授给学生更多的学习方法。

点评：教师根据学生的认知水平，直接解决直角坐标系中不平行于坐标轴两点间的距离的问题存在一定的困难，因此先让学生考虑特殊的情形，但教师没有直接给出特殊两点，而是完全让自己取点，这就是教师自主学习卡的设计亮点，学生通过自主完成先行学习卡后，再上台展示，相互之间发现所取不同位置的两点，引发思考，学生与学生之间的思想进行了碰撞，活跃了课堂气氛，激发了学生探究新知的积极性和主动性，为求直角坐标系中任意两点间的距离做铺垫。

课堂展示是现代教育的重要标志，它不仅实现了课堂教学向学生中心的转移，也被实践证明是有效的教学方法。本节课的精彩之处在于讲台上学生的展示，学生很自然地和台下同学互动，交流想法，互相质疑，共同进步，这也是“三三制教学”模式所倡导的，意在引导学生能够进行深度的学习。

小组合作:从“勉强”到“学习”

——复习课《含字母系数的整式方程的解法》“三三制”课例分析

上海市大场中学　倪绍梅

一、问题的提出

什么是学习？日本学者佐藤学认为“学习”就是同客观世界的相遇与对话,同教室里的伙伴的相遇与对话,同自己的相遇与对话。课堂是学习的重要场所,学生是课堂学习的主人。“勉强”最初是“不情愿、被强迫”的意思。佐藤学认为“勉强”是无需媒介的活动,而“学习”是借助于同他人沟通的媒介性活动。学习原本就是合作性的,原本就是基于同他人合作的“冲突与挑战的学习”。数学复习课如何实现小组合作学习呢？很多教师都进行了实践与探索,但常常出现课堂沉闷、学习被动的现象,不仅老师教得累,而且学生也学得枯燥。怎样调动学生参与课堂的积极性与学习热情,激发学生学习的主体性呢？我认为,应该让数学课堂充分开放,充满探索和交流,在课堂的倾听与对话中实现“学习”。“三三制教学”模式给了我启发与思考,于是我尝试开设了一次“三三制教学”课程背景下的数学复习课。

二、学情分析

八年级学生随着年龄的增长,性格逐渐沉稳,喜欢独立思考,总体上不爱表达。我所任教的两个班级学生整体认知水平较薄弱,数学认知基础处于我区中下水平。尝试“三三制教学”具有较大的挑战性,但我没有退缩。一元整式方程是沪教版八年级第二学期21.1的教学内容,本节复习课是此内容的复习巩固和拓展延伸。学生对数字系数的方程较熟练,对含字母系数的方程较生疏,有畏惧感,易将字母系数与数字系数方程的解法混淆,对整理后形如 $ax=b$ 和 $mx^2=n(m\neq0)$ 的整式方程的解的情况不明晰,缺少分类讨论的意识。另一部分学生有分类讨论意识,但书写格式不规范、不完整。我想,若课堂上直接纠正学生的错误认知,一定不及在课堂上引起学生的认知冲突并自行纠错的效果来得好。

三、第一次教学设计

根据班级学情,我设计了"合作探究卡",探究活动1是通过解两个含字母系数的方程来复习已学知识点,通过小组合作交流,唤起学生的记忆,以达到复习的目的。在此基础上,再利用3道改错题,帮助学生纠正常见错误,通过小组成员之间的合作学习,对方程中的字母取值进行分类讨论,加深理解字母表示数的意义,提高数学思维的严密性。

|合作探究卡|

探究活动1

(1) 关于 x 的方程,$ax=b$ 的解有几种不同的情况?

(2) 关于 x 的方程,$mx^2=n(m\neq0)$ 的解有几种不同的情况?

(3) 下面是某同学的解法,请大家判断解法是否正确,说说自己的看法。

① $(2a+1)x=2(x+1)$	② $ax+b^2=bx+a^2$	③ $\frac{a^2+a-2}{a-1}x^2=4$
解:$2ax+x=2x+2$	$(a-b)x=a^2-b^2$	$\frac{(a+2)(a-1)}{a-1}x^2=4$
$2ax+x-2x=2$	$x=\frac{a^2-b^2}{a-b}$	$(a+2)x^2=4$
$(2a-1)x=2$	$x=\frac{(a+b)(a-b)}{a-b}$	$x^2=\frac{4}{a+2}$
$x=\frac{2}{2a-1}$	$x=a+b$	$x=\pm\frac{2\sqrt{a+2}}{a+2}$

探究活动2

(1) 现有3张卡片,分别写有 $a+1$、a^2、a^2+1 不同的代数式,请任意选两个写在横线上________ $x^2=$ ________,并解决这个关于 x 的方程。

小结与反思:____。

为了激发学有余力的学生探究数学的热情，我还编写了一道开放性较强的题目作为探究活动 2。希望通过探究活动 2，提高小组合作的积极性和学生的思维深度。我觉得这样的设计由易到难、有坡度、题型也较新颖。对这样的教学设计我充满了期待，这是我首次尝试“三三制教学”，我期待一堂精彩的数学复习课。

四、第一次教学实践

在顺利完成先行学习卡之后，我和学生们按预期进入探究活动 1。五班的同学们积极展开讨论，整个班级呈现出热闹的场景。但我在教室里巡导发现，有些学生只顾自己“说”，有些学生似乎也没有“听”。大概 10 分钟过去了，我发现有些小组进展比较缓慢。眼看时间已经超出了我的预期，赶紧叫停，进入小组展示环节。下面是第 2 题的课堂片段，学生遗漏了 $n=0$ 的情况，最后只能由我进行补充。

|课堂实录片段(第 2 题)|

生 1：首先将方程变形为$x^2=\frac{n}{m}$，如果 $m>0$，$n>0$，$x=\pm\frac{\sqrt{mn}}{m}$；如果 $m>0$，$n<0$，方程无实数根；如果 $m<0$，$n>0$，方程无实数根；如果 $m<0$，$n<0$，$x=\pm\frac{\sqrt{mn}}{m}$。

(这么麻烦啊！不需要分这么多情况啊！……有些学生在下面小声议论。)

师：你说说看。(听到这样的声音，我很欣慰，点名其中一位同学回答。)

生 2：这里有重复的情况，不需要这么分。只需要分成 m、n 同号或者异号就可以了。

师：你说得很好！请坐。还有补充的吗？(期待其他的声音)

(一阵沉默……我内心比较惊讶也很着急，花了这么长的时间讨论，为何是这样的结果？面对这样的情形，我只能唱“独角戏”了，将 $n=0$ 的情况进行了补充。)

接下来的改错题，是学生易错点所在。我观察到部分学生没做完，只有少数几个速度较快的学生积极地参与了课堂展示。因课堂时间有限，班级一些学生未完成题目，已游离在课堂外，小组展示勉强为“走形式”了。此时下课铃声响起，我编写的那道开放题已然成了“摆设”。课后回顾,我认为课堂上学生们积极性提高了许多,原来上课沉闷的几个孩子能主动投入小组活动中,部分基础薄弱的学生亦能主动参与到小组学习中,并不时向他人请教。尤其是展示环节,学生们能自信地上台展示,说明学生们喜欢这样的上课模式。但课堂巡视发现,因合作的内容过多,又缺乏教师的介入,一些学生明显“掉队”。小组合作学习显得太“勉强”,一些小组成员之间的交流与对话并没有实现。反思过后,我总结了以下问题:

(一)“合作探究卡”的内容过多,应作删减。

(二)尽管小组合作环节给了足够的时间,但从课堂反馈看,小组合作探究流于形式,一些学生只充当了小组中的“陪客”而已。

(三)教师的主导地位未能凸显,完全放任学生讨论,导致各小组的进度差异较大。

五、第二次教学设计

反思了第一次教学实践的不足,在第二次教学实践之前,我对教学设计和小组编排进行了一些调整:

(一) 探究活动 1 的 3 道题目分为两个探究活动,先对含字母系数的方程的解法进行回顾与复习,再对具体的题目进行改错。从一般解法的复习到具体题目的运用,由易到难逐渐递进,提升综合运用的能力。

(二)删减探究活动 2,改为课后探究。

为了让小组合作更有效,我对三班的学生进行重新分组。将全班 28 名学生按学生近期的学习数学的表现进行分组,共分成 6 组,男女同学混搭,每组 4~6 人,并选任了组长。异质分组的同时尽量让组间数学整体水平相当。

|合作探究卡|

探究活动 1

(1) 关于 x 的方程:$ax=6$ 的解有几种不同的情况?

(2) 关于 x 的方程:$mx^2=n(m\neq0)$ 的解有几种不同的情况?

探究活动 2

(1) 下面是某同学的解法,请大家判断解法是否正确,说说自己的看法。

① $(2a+1)x=2(x+1)$	② $ax+b^2=bx+a^2$	③ $\frac{a^2+a-2}{a-1}x^2=4$
解:$2ax+x=2x+2$	$(a-b)x=a^2-b^2$	$\frac{(a+2)(a-1)}{a-1}x^2=4$
$2ax+x-2x=2$	$x=\frac{a^2-b^2}{a-b}$	$(a+2)x^2=4$
$(2a-1)x=2$	$x=\frac{(a+b)(a-b)}{a-b}$	$x^2=\frac{4}{a+2}$
$x=\frac{2}{2a-1}$	$x=a+b$	$x=\pm\frac{2\sqrt{a+2}}{a+2}$

小结与反思:______________________________。

六、第二次教学实践

整体上看三班的数学基础比五班好些,重新分组后,小组合作学习时没有五班那么热闹,整个班级显得较平静。合作探究卡环节刚开始的时候,我发现有些学生显得较被动,后来在我的鼓励下,他们逐渐参与到小组活动中。第二次教学实践让我感受到了“三三制教学”的魅力所在,因为孩子们的表现大大出乎我的意料。

巡视的时候我发现,有的孩子在表达自己的想法,有的孩子在认真地倾听,大家都参与到了小组活动中。我能够听到这样的声音:“你听懂了吗?”“是不是这样?”等。一位数学基础不太好、常开小差的朱同学,他的课堂表现让我很意外。他不仅自始至终非常积极地参与了小组的讨论,而且他思考问题很仔细。在探究活动 1 的第 2 题中,学生容易忽略 $n=0$ 的情况,只对 m、n 是同号或异号进行讨论。正是细心的他,成功地突破了这个难点。

|课堂实录片段(第 2 题)|

生 1: 因为 $m\neq0$,我将方程变形为 $x^2=\frac{n}{m}$,① 当 m、n 同号时,$x=\pm\frac{\sqrt{mn}}{m}$;② 当 m、n 异号时,方程无实数根。

师: 大家同意这位同学的观点吗?

(另一个小组的朱同学举起了手!)

生 2: 还有一种特殊情况,就是当 $n=0$ 时,方程的根应该 $x_1=x_2=0$;

……

(此时我紧张的心情一下子舒展开……)

师生共同完成探究活动 1 后,进入到探究活动 2。我发现学生们均能在组内解决第①、第②问。难点是第③问,若按以往的教学方式,我可能会让某个学优生直接说出他的解题思路,或者是我直接讲解。但这样的教学方式只是让学生"听"过而已,它缺乏试错纠错的过程,效果可想而知。下面是第(3)问的小组展示片段。鉴于这道题的挑战性,刚开始,同学们均不敢上台,在老师的鼓励下,D 组 A 同学鼓足勇气走到讲台前。

|课堂实录片段 3(探究活动 2,第 3 问)|

生 1: 这道题从第三步开始错。方程两边同时除以$(a+2)$,若 $a+2=0$,$a=-2$ 时,方程就无解;当 $a\neq-2$ 时,就是 $x^2=\frac{4}{a+2}$;

师: 接下来呢? 还有错误吗?

生 1: 有,如果 $a+2<0$,就不可以开根号。

师: 不可以开根号,那方程的解的情况是什么?

生 1: 方程无实数根;如果 $a+2>0$,方程的根是 $x=\pm\frac{2\sqrt{a+2}}{a+2}$;

师: (归纳)这位同学的思路比较清晰。也就是当 $a<-2$,方程无实数根;当 $a>-2$ 方程的根为 $x=\pm\frac{2\sqrt{a+2}}{a+2}$。

师:我们分 $a=-2$,$a>-2$ 和 $a<-2$ 3 种情况,对这个方程的解的情况进行了讨论。其他小组有不同的意见吗?

(此时 C 组的一位同学举起了手!)

生 2:为什么不从第一步就开始分类讨论呢?

师:你说说看!

生 2:我在想,可不可能存在 $a=1$ 这样的情况。

师:a 会不会等于 1? 这个问题提得很好。请大家思考下他的这个问题。

生 1 立即回答:不可能。

师追问:为什么?

生 1:因为 $a-1$ 在分母上,所以就隐含了 $a\neq 1$.

师:非常好! 你听懂了吗?

生 2 点了点头,满意地坐到座位上。

师继续追问:当约去分母后得到的方程 $(a+2)x^2=4$,是否隐含 $a\neq 1$?

大家齐答:有!

师:那么回顾本题,对 a 的取值范围的讨论共有几种情形?

(有学生举起手,用手势告诉老师 4 种、有的学生沉默不语、有的学生说 2 种、有的说 3 种。最后在老师的引导下,学生们观察到有 3 种情形。)

师归纳:① $a=-2$,方程无解;② $a>-2$,$x=\pm\frac{2\sqrt{a+2}}{a+2}$;③ $a<-2$ 方程无实数根;

师:$a\neq 1$ 放到哪里?

(一部分学生回答,每种情况后面都要加上;一部分学生观察到 a 的取值范围,回答放到 $a>-2$ 的后面。在这样的和谐的、师生平等对话的数学课堂学习氛围下,突破了这道题的难点。)

师:我们看到,这位同学的思路很清晰,勇气可嘉! 我们给她掌声……

(在大家热烈的掌声中,这位平时较腼腆的付同学露出了笑容,回到了自己的座位上。)

七、研究感悟

课后我对学生进行个别访谈,他们告诉我很喜欢这种上课方式,因为,当遇到不会的问题,可以在小组合作时解决。一位上台的学生欣喜地告诉我,她今天上台展示时很紧张,不过她的收获也是很大的。我校一位老师评课时说,这部分内容对我校学生来说确实比较难,学生们能在课堂有限的时间通过小组合作并展示出来,真的很不容易。

经过这两次的教学实践,我感受到了"三三制教学"带来的不同的课程体验。既品尝了失败的苦涩,亦有成功的喜悦。尽管课堂上还存在一些不足,如个别学生参与课堂的积极性有待提高、完成3个教学环节的时间有待压缩等,但对我而言,"三三制教学"的"第一次"让我收获颇丰。这节"三三制教学"实践课,是基于教材,又高于教材的复习课。"合作探究卡"是课堂学习的冲刺与挑战性任务所在,学习内容不宜多,要符合学生的学情,在教师的介入下,学生才能自立地、合作地进行活动。这既体现学生的主体性,又体现了教师的主导地位。通过这次实践课,我发现小组合作只有让小组成员、师生之间相互倾听,生生、师生之间有了平等的对话,学生们才能成为学习的主人,从而进入真正的学习,不再"勉强"。

点评:本课例在"三三制教学"理念的引导下,探索了"合作探究卡"的有效设计。通过设置合作问题,指导学生进行合作交流,促进了深度学习。

“三三制教学”模式下学生合作学习的探究

——以《三角形中位线》教学为例

上海市呼玛中学　吴迅捷

一、选题的背景

《全日制义务教育数学课程标准》在前言的基本理念中明确提出:“有效的数学学习活动不能单纯的依赖模仿与记忆,动手实践、自主学习与合作探究是学生学习数学的重要方式。”教育部《基础教育课程改革纲要》也指出,要把培养学生的交流与合作能力作为新课程改革的重要目标。同时,《国务院关于基础教学改革与发展的决定》也强调:“鼓励合作学习,促进学生之前的互相交流、共同发展,促进师生教学相长。”从以上的种种迹象足以表明国家对“小组合作学习”的重视程度。

我校学生生源主要以长江路地区的学生与外地打工家庭的学生为主。整体上学生的学习基础和学习习惯都不尽如人意,学生之间两极分化较为严重,往往一堂课下来,优秀学生已经全盘掌握,而薄弱学生却丝毫不懂。而重复简单的内容,对于优秀学生却不能得到什么新的收获,因此传统的课堂只能满足一类学生,而另一类学生在课堂中只能充当看客,没有任何收获。“三三制教学”模式中的“合作探究卡”环节则提供了一条解决的途径。“合作探究卡”这个教学环节改变了原有的教学模式,把“听老师讲”,变成了“自主参与、合作交流”,让所有学生都能参与到学习中来,为不同层次的孩子创造了发展的环境,让优秀的学生有了更多展示自己的舞台,而薄弱学生也在同学的帮助下稳步向上,学生解决问题的能力得到了充分的发展,增强了合作意识,形成了良好的认知品行和思维品质。

“三三制教学”以先行学习卡、合作探究卡、练习反馈卡 3 张教学卡为载体,由先行自学、合作探究、练习反馈等三大环节组成,通过“教学做合一”,达到信息沟通、组织沟通和心灵沟通的 3 类沟通的教学范型;是一种立足学生自主学习、发挥同伴作用,教师主导,培养学生知识、能力、学习方法与态度的教学。“三三制教学”模式是通过教师创设教学情境及引导，让学生通过自主学习去发现问题，生成“我的问题”，通过小组合作学习去猜想和证明，得到数学规律，拓展知识和应用，培养数学核心素养。而本文便是结合一节“三三制教学”课，对学生合作探究的过程进行实践与研究。

二、课堂的初步设计

（一）学情分析与教材分析

正如之前所说，我校学生两极分化较大，我任教的这个班级的学生同样存在这个问题，成绩优良的学生占 40%左右，中间学生占 15%左右，学困生达到 45%。其中优秀学生中能够清楚表达自己观点的有一定组织能力的人占 15%（6 人），学困生中基础薄弱的占 30%，存在态度问题占 25%，同时存在两类问题的大概在 10%（3 人）左右。学困生存在的困难有阅读能力较差、不能主动参与学习、很多基本概念与定理存在混淆、计算能力不强等几个方面。

三角形中位线是三角形中继垂线、角平分线、中线之后又一条重要的线段，在三角形体系和平行四边形体系中有着至关重要的作用，在沪教版教材中，本节课是在平行四边形体系之后的学习，既是平行四边形性质判定深化应用的延续，又是全面研究几何元素位置关系和数量关系的开端。在本节内容学习时，学生会经历发现问题—猜想结论—分析问题—解决问题的过程。笔者认为本节课是定理探究课的经典代表，证明过程也渗透着重要的思想方法，可以让学生能够很好的进行合作探究的一节课。因此，笔者决定以这节课为研究的切入口，重点关注“三三制教学”模式中的合作探究卡环节。

（二）“合作探究卡”环节的初步设计

本节课学习的内容主要分成 4 个部分：1. 中位线的概念与中线的区别；2. 中位线定理的得到；3. 中位线定理的证明过程；4. 中位线定理的应用。第 1 部分的内容在学生先行学习卡环节中通过自行阅读课本进行解决。第 2 第 3 部分的内容则是可以进行合作探究学习的，因此在三卡设计中，我将中位线定理的得到与证明放入合作探究卡这一环节从而进行研究。合作探究卡是教师与学生共同探究、研讨和展示交流的学习内容，是课堂教学的重点和难点问题。其来源主要是自主学习中普遍存在的问题,或学生生成的有意义的问题,以及教师课前预设的问题,包括疑难探讨、晋级训练、我(学生)的心得3部分内容。

我将两个知识内容分为两个探究活动:

探究活动1是猜想三角形中位线的定理,通过历史小故事引出三角形中位线与第三边具有数量与位置的关系;接着利用测量的方法,初步猜想三角形中位线与第三边的数量与位置关系,得到三角形中位线定理的最终结论。

探究活动2是探究三角形中位线定理的证明过程:我先利用单元复习回顾之前学习的内容,引导学生解决图形问题的一般方法:将未知的图形问题转化为已知的图形问题,接着利用剪拼图形—添加辅助线的思路—多种添加辅助线的方法—每组解决一种不同的证明方法—小组分享讨论。以下便是我设计的"合作探究卡"。

|合作探究卡|

探究活动1

(1) 通过数学小故事我们发现三角形的中位线与第三边存在着________与________的关系。

(2) 请你设计一定的方法猜想中位线 DE 与第三边 BC 的关系。

(3) 猜想:数量关系 $DE=$________ BC　位置关系:BE ________ BC。

(4) 请你简述这样猜想的理由:

____

____

____

探究活动2

(1) 我们发现三角形中位线与第三边既有________又有________关系,因此,我们学过的________图形也有此类关系。因此,我们可以把________问题转化为________进行解决。

（2）添加合理的辅助线，将图形进行合理的转化。

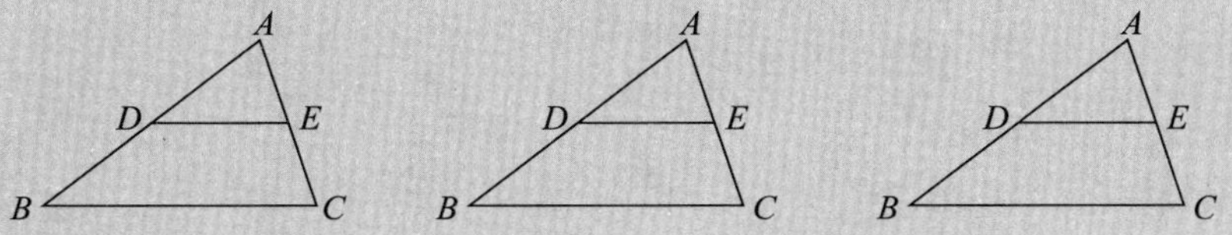

合作探究

（1）根据你添加的辅助线证明：在$\triangle ABC$中，$AD=BD$，$AE=CE$，求证：$DE\parallel BC$，且$DE=\frac{1}{2}BC$。

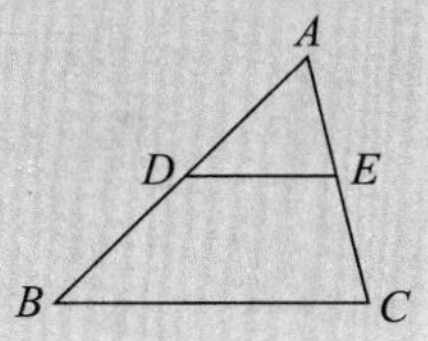

（三）“合作探究卡”环节的初步课堂实践

在“合作探究卡”环节，首先是热身活动（见图1），以三角形中位线的历史故事——欧帕里诺斯建造隧道——引入，目的是利用数学历史故事从而引出三角形中位线定理的猜想。

热身活动

公元前5世纪，在数学家毕达哥拉斯的故乡萨菲斯岛上，工人们正在建造一条穿山隧道。两个工程队从山的东西两侧同时往里挖掘，最后在山底的某个位置会合，考古发现隧道成一条直线。当时，由于山的阻挡，工程队彼此看不到，往哪个方向去挖成为工人们最大的困难！负责此工程的欧帕里诺斯却解决了这个困难！

1. 欧帕里诺斯：我们在空地上选取A观察点，连接线段AB与AC，选取AB与AC的中点D与E，并连接DE。

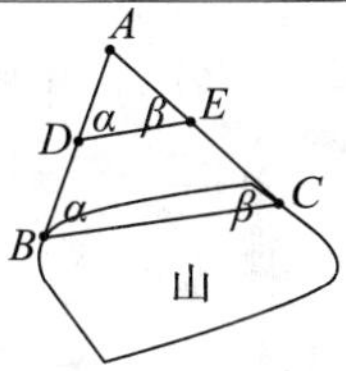

2. 只需测量出$\angle ADE$与$\angle AED$，便可以确定B与C点的挖掘方向了。

3. 只需要测量出DE的长度，便能估算隧道BC的长度。

线段DE与线段BC之间存在位置与数量的关系。

图1　热身活动

接着，我和学生共同总结了三角形中位线与中线之间存在的关系：数量与位置关系。接着学生开始分小组进行讨论活动猜想，同时我也请了个学生上台展示。

学生通过小组合作探究很快得到利用测量可以得到三角形中位线与第三边的数量关系，而在探究两条线位置关系时，每个不同小组学生的方法可谓多种多样。

|课堂实录片段|

师:你觉得三角形中位线 DE 与 BC 有怎样的位置关系(见图2)?

生1:有平行的位置关系。

师:你们小组怎么得出这个结论的?

生1:我们组测量了 $\angle ADE$ 与 $\angle ABC$ 的度数从而得出的。

师:为什么?

生1:因为同位角相等,两直线平行。

思考与猜想

1. 三角形的中位线猜想

三角形的中位线平行于第三边且等于第三边的一半。

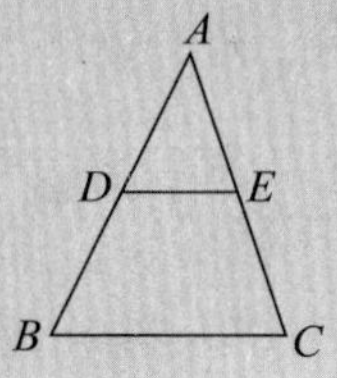

2. 几何语言

如图:$\because$ D,E 分别是线段 AB,AC 的中点,$\therefore$ $DE\parallel BC, DE=\frac{1}{2}BC$

图2　思考与猜想

师:其他组还有别的方法吗?

生2:我们组是测量它们的同旁内角得到的?

师:还有吗?

生3:有,过 D、E 分别作 BC 的垂线,通过测量垂线段相等,也可以得到 $DE\parallel BC$。

师:你能说说这样猜想的依据吗?

生3:因为两条垂线是平行的,通过测量它们又是相等的,因此,根据平行四边形的判断可以得到它是一个平行四边形,而平行四边形另外两条边也是平行的。

通过学生得到的这些方法让我很吃惊:一个小小的合作探究活动环节能够让学生产生这么多思维碰撞,给予孩子一定的空间,老师会得到很多意想不到的解决方法!

接着我便引导他们对三角形中位线的证明了,我从单元教学的角度给学生铺设了支架,希望他们从我给予的支架中寻求出解决问题的方法:

|课堂实录片段|

师：我们这一章节学习了哪些图形？

生：多边形、平行四边形、梯形

师：很好，我们是如何解决多边形内角和的问题呢？

生：通过连接多边形对角线。

师：为什么要这样做呢？

生：因为可以转化为求三角形的内角和问题。

师：那么平行四边形呢？

生：也是连接对角线？

师：为什么？

生：可以转化为三角形全等的问题。

师：那么梯形呢？

生：作高或一腰的平行线，因为可以转化为平行四边形和三角形来处理。

师：通过这一阶段的学习，你发现了什么？

生：我们可以把未知图形的问题转化为已知图形的问题。

师：很好，我们知道三角形中位线既有数量关系又有位置关系，你觉得能转化为哪种图形可以解决呢？

生：平行四边形，因为边既有相等又有平行。

接着我便要求学生将三角形通过裁剪拼接成平行四边形，学生也给出了两种拼接方法，接着我便引出辅助线添加方法，让 3 个小组完成 3 种证明方法。

我原本设计的本意是想利用小组分工合作的方式可以完成 3 种证明（见图 3），但之后学生分小组证明的过程有些牵强，许多学生也不知所措，在小组中也很难像之前一样进行讨论，每个小组大多数只有 1～2 位同学完成，从而进行了分享。

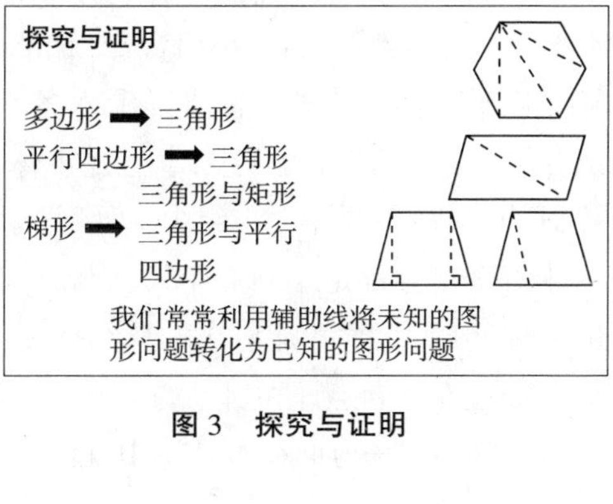

图 3　探究与证明

(四)初次实践的反思与小结

在第一次试讲完之后,结合专家们的点评,我对我这节课及合作学习的设计进行了反思与小结。

初次尝试“三三制教学”模式,有了以下小小的收获。

1 收获

(1) “三三制教学”使原本沉闷的课堂变得活跃起来了,不少学生成为了课堂的参与者。在课堂中,他们有合作交流的环节,也有上课展示的环节,同样也有互相质疑的讨论。通过课后对学生的访谈交流,他们都明确表示喜欢这样的上课模式。

(2) 通过学生的展示与合作,能够在课堂上更好地观察到学生的思维水平,教师更加容易发现学生的错误和迷惑。

2 反思

第一堂课中出现的许多不足也值得我进行反思。

(1) 课堂设计的过程有所缺陷。在课后,听课专家提出了如下的几个问题:① 在学生还没思考过三角形中位线定理的证明,你就将添加辅助线的思想告知他们是否合适? ② 在此证明过程,你如何落实教学中的“双基”? ③ 你如何在你的设计中体现了学生为主体?

(2) 学生分组有一定的缺陷。从第一节试讲的效果看,有一些小组讨论的非常热烈,而有一些小组的参与者却寥寥无几。同时,在探究活动 1 的过程中,有部分小组的成员充当“看客”,他们没有被分配到任务,也不知道该做些什么。

在与专家交流过程中,我阐述了我的疑惑:三角形中位线证明本就是难点,如果事先没有铺垫,学生可能完全没有方向。接着,专家指出:“这时候就可以发挥‘三三制教学’的优势了,利用小组合作,让能力较强的学生作为小老师带领大家一起解决这个困难。而作为教师你可以深入各小组内进行解决。”专家的话如醍醐灌顶,让我突然明白“三三制教学”中,学生是主体,教师的设计是为学生服务的,而不是事先预设好的,教师需要深入小组中,了解学生的困惑,然后将学生存在的困难帮他们解决,由于每个学生都是不同的个体,因此只有通过分组、讨论、聆听,从而寻求到学生具有的共性问题,此时教师再次的总结提炼,可以达到良好的效果。

通过专家的点评和自己的反思,我意识到本堂课中的确有许多的不足,尤其是在小组合作学习这一方面在本堂课中并没有很好的体现,只是单纯的流于形式。所分的小组也没有任何的讲究,只是以原本课堂中的小组为依托。而对于每个小组的分工也没有特别明确,小组成员也基本上是各做各的。同样,对于小组之间的竞争与合作也没有很好的激励机制进行体现。同时,在课堂上一定要给予学生合作学习的时间与空间。

三、教学二次设计与实践改进

(一)"合作探究卡"的再设计

鉴于在课堂上要充分体现学生们的合作探究,通过查阅资料,我发现分小组非常的重要,分组的目的是为了让教学中各小组的讨论更加有效,同时也需要让不同小组的成员有所交流,我根据学生的数学成绩进行了蛇形分布,确保每个组内都有每个层次的学生,并且每个组成员的水平都基本相近,分组活动方案见图 4。同时为了激励每个学生参与和回答问题,我又设计了一张学生课堂观察表(见表 1),根据学生的回答情况数给予这一小组成员评分,根据评分给予一定奖励。同时为了让小组的成员都参与,我在评分细则上增加了总分 = 回答总次数 × 系数这一规定,而系数的多少则是由小组成员参加的人数决定的,这便可以鼓励每个小组成员都愿意回答。

第 1 组	第 2 组	第 3 组	第 4 组	第 5 组
1	2	3	4	5
10	9	8	7	6
11	12	13	14	15
20	19	18	17	16
21	22	23	24	25

图 4　分组活动方案

表 1　学生课堂观察量表

小组成员	表　现
小组长	
组　员	
……	

观察员:____________

评分标准：每有一名同学回答问题，则在表现上加1分，用“正”字体现，在黑板之前展示的同学加3分，不仅在黑板上展示并且表现完美的同学加5分。

合计总分：小组内学生的表现分相加乘以系数为总分。系数 $=1+0.2(x-1)$，其中 x 为小组内同学回答问题的人数。如果有一个小组人数相对较少，系数 $=1+0.25(x-1)$。

（因此，让每个小组的成员都参与到课堂教学之中非常的重要哦！）

在“合作探究卡”的环节中我也进行了调整，首先在设计“合作探究卡”时对合作探究的内容设立了知识目标、能力目标以及情感目标，目的便是围绕这些目标进行合作探究。

|合作探究卡|

（1）知识目标：掌握中位线定理、知道中位线定理的证明过程。

（2）能力目标：通过经历三角形中位线定理的发现、猜想、证明等探索过程，体会在学习过程中所运用的归纳、类比、转化等数学思想方法。

（3）情感目标：通过合作交流解决数学问题从而学会合作学习、资源的分享。

“合作探究卡”新的设计更注重学生自主探究，给予学生一定的空间，而不是教师的预先设想，利用学生在课堂中的表现，自然而然地得到最终的结果。同时，在原来不足的地方进行了改进，如在双基等方面进行了补足与加强。修改后的合作探究卡如下：

|合作探究卡|

探究活动1

（1）通过数学小故事我们发现三角形的中位线与第三边存在着________与________的关系。

（2）用测量的方法猜想中位线 DE 与第三边 BC 的关系。

（3）猜想：数量关系 $DE=$________BC；位置关系：DE________BC。

（4）请你简述这样猜想的理由：

____

____

探究活动 2

(1) 将你的猜想结论转化为命题：

(2) 证明你的命题：

小结与反思

(二)第二次课堂实践

由于小组进行了重编，每个小组的组长也提前进行了安排和组内分工，因此“猜想三角形中位线定理”这一环节完成得更加有效了，同学们纷纷分工合作，一组 5 位同学两两分组，2 人负责测量，2 人负责记录，1 人负责汇总与猜想，活动氛围相比较起之前的小组活动要好了不少。同时，小组长也起到了团队的监督作用，在将命题转化为已知求证的这个解决双基问题的环节里，小组长查看组员完成情况并进行汇报，也因此“抓获”了一位不能完成的同学，这位同学后来在全班的帮助下完成了问题。

在证明环节，组员们在小组长的带领下纷纷进行讨论，有些同学尽管没有思路，但小组长就像小老师一样引导他们进行解题。也有一些组，由两个较好的同学帮助两个较为薄弱的学生解决问题。通过近距离的课堂观察，也有不少组有困难，或是卡壳，但经教师略微提示，他们便能继续思考，相比被动的教学进步不少。

接着我便请学生上黑板来展示证明过程，这个过程也能够锻炼他们自我展示的能力以及学习的自信心。通过学生的演示，我发现该同学证明得非常好，书写格式完全，逻辑推理清晰。有时候，学生的能力的确超乎教师的想象！我表扬了他，但随即又向他提出了问题：

|课堂实录片段|

师：你为什么会选择这样添加辅助线？

生：……

师:你为什么会想到?说实话没关系的?

生:我们组讨论得到的。

师:很好!既然你们已经知道如何解题,那么其中的原理我们可以一起探究。你觉得两个证明的结论哪个是最难的?($DE/\!/BC$、$DE=\frac{1}{2}BC$)

生:$DE=\frac{1}{2}BC$,

师:为什么?

生:因为我们证明线段是另一条线段的一半的方法较少!

师:那你看看你怎么解决这个问题的?

生:我延长 DE 至 F,使得 $DE=EF$。

师:你这样的目的是什么?

生:只需要证明线段相等就能解决问题了!

接着我又引导他说出了证明线段平行的方法,最终总结到目前我们所学过的方法中只有平行四边形既能证明平行又能证明相等。最后,我在黑板上给出了证明思路的流程图。

因此,我认为在合作探究的过程中不仅要给予学生自主合作探究的讨论时间与空间。同样,对于每个小组讨论的展示以及教师最终的总结也是至关重要的,教师的总结必须根据学生学习的情况进行,从而能更进一步的提升学生的认知!

(三)第二次课堂实践的改进小结

第二堂课的实践,相比起第一节课有如下的改进。

1. 小组活动效率明显增高。在测量三角形中位线环节,小组分工非常明确,每个组员都明确自己的任务。同时,小组长在小组内也起到了监督和指导的作用,基本关注到班级的每一个学生。

2. 学生有更多发挥自己的空间。第二堂课改进释放了更多的空间给学生进行证明讨论,而不是由教师直接引导。教师通过观察课堂小组讨论环节给予学生进行指导与帮助。学生在此环节中更能激发起自己的思维火花,从而真正达到理解与掌握。

3. 学生之间的良性竞争关系,通过小组分配以及奖励机制的落实,让每个小组的成员以小组为单位进行知识的比拼，达到了既有合作又有竞争的良好氛围。

4. 双基能够基本落实。通过精简步骤，强调双基，学生基本能将文字语言化为几何语言，同时利用例题与板书，让学生能够巩固已经学到的基本知识。

然而，本节课也有一定的不足，在课堂的最后环节，还是出现了时间紧张的情况，学生的最后练习没有完成，这是我以后可以考虑和改进的地方。

四、反思与总结

通过这两堂课的设计实践与反思，我对“三三制教学”中的合作有了初步的认识：学生是真正的课堂主体，教师的合作探究卡设计是为学生服务的，而不是事先预设好的。其次，学生小组的分配与小组长的选择非常重要，小组长相当于这个组的小老师和负责人，他们决定了小组的分工、人员安排以及活动是否有序进行下去。同时，激励的机制也非常重要，学生不仅需要合作学习，同时不同组之间也应该有相互竞争的关系，这种适当的竞争可以使团队更加团结，合作更加有效。最后，教师的总结提炼也至关重要，根据学生的学情和活动情况，教师在学生的学习的层次上要有所提升，帮助学生到达一个更高的层次。

反观这两堂课，通过第一堂课的反思总结和改进，第二堂课的效果比起第一堂课有了明显的改善。小组长发挥了不少的功效，在课堂上，通过小组长对组员的检查，发现了学困生，并且大家一起帮助他解决困难。在组织实验活动时，小组长能很好地安排组员的任务，让每个组员都有事可做。同时，在探究环节，每个组员都能通过自己合理的方式分享自己的见解。这些都是比第一节课有进步的地方，因此，当学生在最后谈本节课的收获时，自己便得到将未知图形转化为已知图形的数学思想方法。此时，我突然发现原本需要教师灌输给学生们的知识，通过合作学习这种方式，他们自己就能掌握而且是真正的掌握。

当然，这两节课还有许多可以改进的方法，如合作学习的时间安排如何更加合理有效？如何在有限的教学资源中让每个学生都能有自我展现的机会？这些未能解决的问题还值得我们去思考，在下次的研究实践中加以改进。

点评：这次的“三三制教学”课堂实践可以用3个好来概括：选题好、设计好以及实施好。首先“三三制教学”并不适合所有的数学课，而三角形中位线这节课既有学生活动、也有数学推理等方面。因此本节课内容的选择很好;其次,课程的设计也有一定的亮点。如合理的利用数学史、学生参与测量三角形中位线以及学生自主探究三角形中位线定理等环节的设计让数学课堂由发现—猜想—论证的过程,这符合学生认知的一般规律;再次,本堂课的实践环节也是非常不错的,从教师合理安排小组的成员(蛇形分布排列)到制定合理的评价体系,基本让每个小组合作分工井然有序,每个学生能参与其中,小组长的作用明显,而在展示环节充分给予了学生表现的机会,教师的及时指导与最后的提炼也是非常的出彩的。可以说这个课例充分体现了“三三制教学”中合作探究的特点。

基于“三三制教学”理念，引导学生主动参与探索

——“三三制教学”下的数学课例分析

上海市吴淞初级中学　罗玉兰

作为“三三制”教学模式的课堂实践者，随着“三三制教学”实践的深入，自己执教的课堂和学生学习行为都发生了可喜的变化。课堂上学生积极主动地参与，达到师生共同成长。

数学教学是一种开放性、多维性、互动性很强的思维交往过程，教师“不在于全盘授予，而在于相机诱导”。“三三制教学”模式以学生为主体进行设计，由于在数学教学中，不同层次的学生对部分内容的理解和探究都有一定的差别，尤其是学习能力中等和困难的学生在几何内容方面进行探究就是非常困难的事情，针对这一情况，如何设计“三卡”才能更有效地以学生为主体，让绝大部分学生能顺利进行探究是一件棘手的问题，用分层启发的方式可以比较有效地促使不同层次的学生主动参与课堂探究。下面以笔者曾经执教过的一节几何课为例进行分析。

一、背景分析

《直角三角形的性质1》这节课是八年级上半学期第19章第8节的内容，这节共分为3个课时，本节课是第1课时。直角三角形的性质主要用于解决直角三角形中的有关计算的问题。本节课的内容也是以后的几何证明和解直角三角形的基础。

八年级学生已经开始从实验几何慢慢向论证几何过渡。学生已经学习过一般三角形的相关性质如内角和性质、外角性质、三边关系，以及特殊三角形如等腰三角形和等边三角形的性质和判定，以及三角形全等知识基础等。所执教的班级中，大部分学生的学习基础和能力处于中下水平，他们能够解决简单的几何问题，但是大部分学生对几何证明还是有畏难心理，尤其对于添辅助线证明几何问题掌握得不够好。产生这一问题的原因之一是课堂上对几何问题的方法研究由老师提供方法，学生模仿，更大的原因是几何课上，在解决一些问题时，往往都是由一些基础好的学生优先得出方法并在课堂上讲解出来，而对于中等水平的学生只来得及“听懂”方法，而并不是自己想出办法

来,因此就会出现课堂听得懂,但是课后却无法自己通过思考去找到相应的方法。

教师如何设计能让绝大部分学生能参与到主动探索添辅助线的方法上,在"三卡"的设计和使用上对如何更有效的解决这一问题做了尝试。

二、初步设计预想与实践

根据对教材和学生的分析,笔者按照自己的理解把"三卡"的作用分别作了定位:"先行学习卡"的作用是让学生回顾以前的知识,自主学习课堂中基础知识的卡,让老师甄别要学习的知识中大部分学生已经掌握了哪些内容,为后续教学哪些讲哪些不讲做准备。在《直角三角形的性质 1》"三卡"设计的过程中,笔者根据内容做了两方面的设计,首先两个性质的难度不同,因此在设计时做了区分,性质 1 比较简单,可让学生在"先行学习卡"中自主学习。

|设计环节 1|

性质 1 探索

(1) 猜想:直角三角形的两个锐角从数量上有什么关系呢? ________能否证明? 证明。(合作伙伴互相交流)

(2) 第一条直角三角形的性质定理:直角三角形的________。

(3) 结合图 1,用符号语言可以写为:

在$\triangle ABC$中,

$\because \angle C=90^\circ$,

$\therefore$ ________。(直角三角形的两个锐角互余)

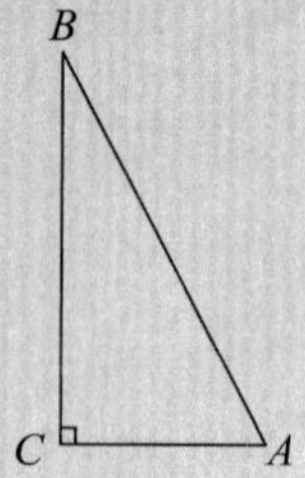

达标检测

定理(1) 运用:

(1) 口答:在 Rt$\triangle ABC$中,$\angle C=90^\circ$,若$\angle A=50^\circ$

则$\angle B=$________;若$\angle B=23^\circ$,则$\angle A=$________;若$\angle A=x^\circ$则$\angle B=$________。

设计意图:笔者认为直角三角形的第 1 条性质定理大部分学生都会有比较直观的感觉,从猜测到理解这个定理都不难,因此把性质 1 设计在先行学习卡中,由学生自主学习,通过对性质 1 的 3 个问题的探索及达标检测,初步掌握性质 1。在这个环节中,老师完全放手。

教学分析:通过课堂实践发现"三卡"中以上两个环节学生的反应不一:在"先行

学习卡”中，由于性质1比较简单，不同层次的学生掌握得都不错，基本上都能自行解决问题，就是在请一个学困生回答“若∠A = x°则∠B = ________”这个问题时有所迟疑，但最后答案也是正确的，学生自主学习反应都不错。

但是从性质1到性质2的过渡，由于在设计时没有设计合适的题目进行过渡，基础较弱的学生反应比较迷茫，不能立刻从性质1想到性质2中线段的数量关系。笔者发现在前面两卡的衔接中考虑中等生和学困生不够，因此课堂反应“遇冷”。

|课堂实录片段1|

（教师出示题目：在 Rt△*ABC* 中，∠*ACB*=90°，*CD* 是斜边 *AB* 的中线。）

教师：请同学们观察猜想线段 *AB* 和 *CD* 的数量关系？

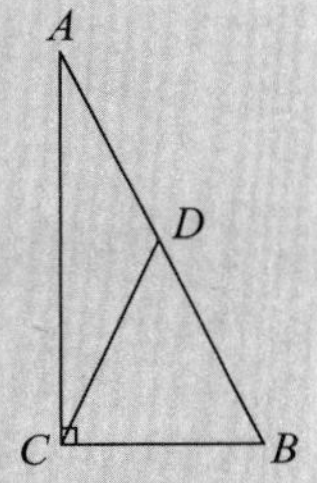

（学生迟疑后，几个学生举手）

学生1：看起来像2倍的关系。

教师：请同学画一画，看一看，量一量：*CD* = ________cm，*AB* = ________cm。

（这个过程为从直观到测量，符合学生的思维过程。）

（教师继续出示问题：在 Rt△*ABC* 中，∠*ACB*=90°，*CD* 是斜边 *AB* 上的中线。求证：$CD=\frac{1}{2}AB$。）

教师：如何证明呢？

（学生没有反应，只有个别学生低头在尝试）

教师再问：能直接证明吗？需要添辅助线吗？

学生2：要添的，倍长中线。

教师：这位同学很好，说明平时预习了，那么为什么这么添辅助线呢？

学生2：……

（教师只好自己讲解了。）

而在性质2的探索中，由于添辅助线这个方法对学生来说比较难，虽然在“合作探究卡”中笔者要求小组进行合作，但从课堂讨论的情况看，只是几个学优生在“表演”，讲给其他人听，而大部分同学并没有参与探究，只是反应特别快的学生在讲。课后，笔者对两名中等生进行座谈，发现他们对于为什么这样添辅助线依然一知半解。课后相关的练习的反馈中只有一部分同学掌握了添此类辅助线的方法，基础中等和较差的学生作业反馈中发现没有思路。

设计反思：通过课堂实践笔者发现上述的设计适合一部分基础比较好的学生，离基础中等和较差的学生的最近发展区有一定的距离，这部分学生在课堂上无法比较自主的参与到课堂学习中，只是被动地接受知识，从而无法内化为自己的知识。苏霍姆林斯基说过：“如果学生在掌握知识的道路上没有迈出哪怕是小小的一步，对他来说就是一堂无益的课。”这部分学生在上面的环节中没有真正参与，因为他们无法把新的知识和旧知相融合，导致只有一部分学生课堂效果比较好。面对这个问题，笔者对自己的教学设计进行修改，以期望能够让不同的学生主动参与探索。

三、再一次设计与实践

（一）修改

通过第一次教学实践出现的问题，笔者发现“三卡”设计在练习的铺设上要根据大部分学生有一定的梯度。经过反思，笔者对这两个环节做了修改。

|达标检测（环节一）|

1. 定理(1) 运用：

(1) 口答：在 $Rt\triangle ABC$ 中，$\angle C=90°$，若 $\angle A=50°$

则 $\angle B=$________；若 $\angle B=23°$，则 $\angle A=$________；若 $\angle A=x°$ 则 $\angle B=$________；

(2) 如图，在 $Rt\triangle ABC$ 中，$\angle ACB=90°$，CD 是斜边 AB 上的高，那么，与 $\angle B$ 互余的角有________，与 $\angle A$ 互余的角有________，与 $\angle B$ 相等的角有________，与 $\angle A$ 相等的角有________。

2. 如果把图中的 $Rt\triangle ABC$ 变成等腰直角三角形，那么图中每个锐角是几度？

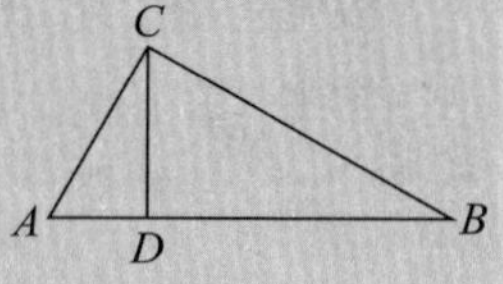

猜想：等腰直角三角形斜边的高 CD 是什么特殊线段吗？它与斜边之间存在什么数量关系吗？

从口答计算直角三角形锐角的度数，到增加一条高说明锐角之间的关系，既让学生运用性质定理 1，也熟悉“母子图”，为相似三角形相关性质做铺垫。把直角三角形改变成等腰直角三角形，对斜边上的中线和斜边的等量关系进行理性的分析，形成性质 2 的猜想。

在环节 2 中增加了如果把这个特殊的直角三角形转化为一般的直角三角形，三线分开后，数量关系是否还存在呢？

把特殊直角三角形改变成普通的直角三角形，让学生体会到从特殊到一般的思维策略。

（二）教学分析

经过修改后再一次进行课堂实践后发现：从先行学习卡中的性质 1 过渡到性质 2 的过程中，由于学生对等腰直角三角形的性质比较熟悉，因此在进行讨论时，学生反应比较热烈，并且很顺利地就能发现在特殊直角三角形中 AB 和 CD 之间的数量关系，从而猜想一般直角三角形中两条线段的数量关系就水到渠成了。这样增加梯度让学生进行探索，给学生增加了探索的"拐杖"，让大部分学生都积极加入主动探索。

|课堂实录片段|

教师：同学们想想如何证明？

（学生没有反应，教师开始设计思维"拐杖"）

教师：请同学们先观察图形和需要证明的结论，你们看到了什么？想到了什么？

学生 3（基础较差学生）：我看到直角三角形，看到中点。

学生 4（基础中等学生）：要证明线段相等。

教师追问：证明线段相等的基本方法有哪些？

学生 5（基础较好的学生）：全等、中点、等量代换、等式性质、平行线间的距离……

教师再追问：同学们讨论一下，觉得哪种方法更合适？

（3 分钟学生讨论）

教师问：请小组代表说说你们组的讨论结果。

学生 6（基础中等学生）：用全等。

教师问：证明哪两个三角形全等？

学生 6：图中没有，要添辅助线构造全等。

教师：好，请同学们添辅助线构造全等。

在性质 2 的证明方法的探索中,笔者利用几何"思维导图"作为学生的"拐杖",把难度降低,后 2/3 的学生也能参与到探索中了,而且学生还提出了另一种方法。课堂反馈也的确如此,在证明全等时,大部分学生发言都很积极。这样既可以让基础较差的学生理顺思路,又能让学生提高拓宽自己的解题思路,达到不同能力的学生在课堂上达到不同的目标,实现分层教学的目的。

(三)设计反思

通过这样的设计,基础较差的学生通过分层启发回答问题,降低了掌握新知的难度,而优秀生则更能融会贯通地综合运用,两者都能找到自己学习的起点,各取所需,共同发展,课堂效率有了明显提升,不同能力层次的学生都能自主地探索,积极参与整个学习过程,成为学习的主体。

四、小结与反思

在再一次实践时,专家听课后认为对于所执教班级的大部分学生都积极主动的参与了课堂探索和思考,同时给出了另一条思路:因为直角三角形和等腰三角形都是特殊三角形,而等腰三角形的性质学生已经学习过了,是否可以从等腰三角形开始引入。结合专家的建议,笔者对先行学习卡做了调整。

1. 定理运用:

(1) 口答:在 Rt$\triangle ABC$ 中,$\angle C=90°$,若 $\angle A=50°$,则 $\angle B$ =________;若 $\angle B=23°$,则 $\angle A=$ ________;若 $\angle A=x°$ 则 $\angle B=$________;

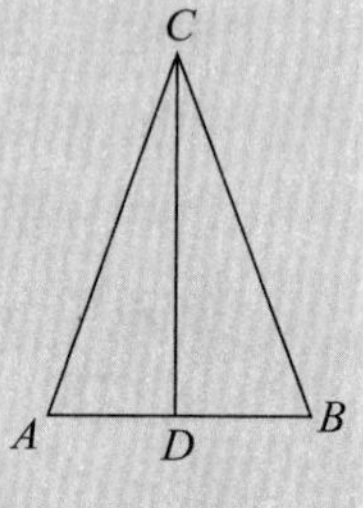

(2) 如图,在 $\triangle ABC$ 中,$AC=BC$,CD 是边 AB 上的中线,那么,与 $\angle B$ 互余的角有________,与 $\angle A$ 互余的角有________,与 $\angle B$ 相等的角有________,与 $\angle A$ 相等的角有________.

2. 问:如图,$\triangle ABC$ 中,CD 是一条特殊线段,如果 $\triangle ABC$ 变成等腰直角三角形,那么 CD 与三角形的边存在特殊的数量关系吗?

这样从学生已经学过的特殊三角形入手,贴近了学生的最近发展区,从等腰三角形的中线到等腰直角三角形的中线更符合学生的顺势思维。后另一名老师利用修改后的“三卡”进行教学实践，学生参与探索的面也很广。

在初中几何教学中，实行“三三制教学”，不是教师去寻找研究方法，而是教师教学生寻找研究方法。因此，寻找研究方法的主体是学生而不是教师，教师不是直接给出思路做给学生看，让学生模仿，而是通过启发和引导，促使学生通过自主探究而找到研究的方法或思路。“三卡”设计不同于教案，必须尊重学生，完全信任学生，给学生充分的时间和空间，让学生自主发展，充分凸显学生的主体地位。针对不同层次的学生如何设计三卡，让“三三制教学”更为有效，需要从“三卡”之间的关联和大部分学生的最近发展区去思考，而通过教师在“三卡”设计中针对学生难以理解的问题设计“拐杖”，适当降低难度，进行分层启发，让大部分学生能积极参与探究，从而体验成功，获得自信。

教师在进行教学设计时从重视研究怎样教转变为研究学生怎么学，从了解主题，明确目标，到分析语言、呈现方式，再设计“三卡”，能更明确地找准起点，聚焦以学定教、少教多学，课堂教学更有针对性了。

通过这种方式不仅有利于学生发散性思维，让他们真正在几何数学的思维上有所提高，同时也让全班数学思维活跃起来，学生潜能得以充分挖掘，课堂上气氛热烈，精彩纷呈，从而调动了学生的积极性与主体性，提高了课堂实效，发展了学生思维能力，增强了合作意识，提升了解决问题的能力。

点评：合作学习是当前倡导的学习方法之一，在合作学习中引导学生进行主动设疑和主动探索则是课堂上体现“以学生为主体”的核心，本课例在“三三制教学”模式下以八年级几何课《直角三角形的性质1》为例，通过3次上课3次修改，在理论和实践中逐步优化课堂学习环节，引导不同层次的学生进行不同程度的探索。

在致力于发展以学生为主体、培养学生数学核心素养的课堂中，几何课要让绝大部分学生参与探索有一定的难度，而在本课例中笔者以一节八年级的几何课为例，通过对“三卡”的“自主学习卡”和“合作探究卡”的几次设计修改，实现错落有致的师生互动。由特殊的直角三角形中直观得出的性质猜测一般的直角三角形性质，适合学生的最近发展区，能让学生通过已有的经验来发现新的问题，将问题的生成权交给了学生。

在处理学生的困难“添设辅助线证明性质”时，从本课例中我们看到，辅助线添设的方法并不是从执教者嘴里讲出来的，而是通过分层设问，对几何题目进行剖析，让学生思考:解题过程你是怎么想到的?"做不下去"的阻碍在哪里?执教者通过让不同层次学生参与分层探究,充分挖掘学生思维,提高学生的学习力,培养了学生直观想象和逻辑推理的数学核心素养。分层解决问题时不同层次的学生积极参与课堂学习,并使自己的学习需求得到满足,增强了自信心。

在合作中"解决问题"的教学研究

——以"三三制教学"在《用向量方法证明几何问题》中的应用为例

上海市宝山区庙行实验学校　罗佳骏

一、研究背景

《全日制义务教育数学课程标准(试验稿)》的课程目标之一为"初步学会从数学的角度提出问题、理解问题,并能综合运用所学的知识和技能解决问题,发展应用意识;形成解决问题的一些基本策略,体验解决策略的多样性,发展实践能力与创新精神;学会与人合作,并能与他人交流思维的过程和结果;初步形成评价与反思的意识。"

2018年,"走向世界的中国数学教育——义务教育阶段数学课程改革的上海经验"获得国家级教学成果奖特等奖,其中就指出:以"知识构建"和"问题解决"为双引擎的教学方式变革,即根据不同的数学学习内容及其相应的学习过程,将最常见的数学教学方式归为"以知识构建为特征"和"以问题解决为特征"两类,并将其作为数学教学方式变革的突破口。去年,上海提出了"探索'问题解决'教学中的学习进程评价"年度教研主题,旨在通过对"以问题解决为特征"的教学方式的实践和研究,推动广大数学教师和教研员们在教学和教研中加强对学生"能力"的科学认识和对学生"核心素养"的有效探索。

"三三制教学"模式继承了"自主、合作、探究"的课改精神,改变了传统的一味只注重传授知识的应试教育模式,更多地强调了方法的传授、技能的培养和数学学习兴趣的提升,将"三三制"与"问题解决"相结合,是调动学生学习的积极性和主动性的有效途径。

二、教学教法分析

（一）学情分析

通过前面的论证几何学习，学生对演绎证明已有一定的认识，知道了演绎证明的一般过程，具备了一定的思辨能力和解决几何证明问题的技巧；又在本章学习了向量的最基本的知识，知道了向量具有“数”与“形”的双重特征，有了探究“用向量方法证明几何问题”的知识基础；经过两年半的学习，本班的学生具有一定合作探究能力，也比较熟悉“三三制教学”的模式，教学时，根据学生情况，将具有不同认知倾向的学生组合在一起，让他们在小组中学习根据各自不同的特点去研究分析问题，相互取长补短，以便他们更深入全面地分析问题、解决问题。

（二）教材分析

本节课是一节阅读材料课，通过课本阅读材料的学习、讨论与交流，初步体会用向量方法证明一些简单平面几何问题的基本思路和方法，了解平面向量及其加减运算在平面几何中的运用，同时在数学问题解决活动中，增进对平面向量的理解，体会平面向量的学习价值，发展自主学习、合作探究和数学表达的能力。重点在于归纳用向量方法证明一些简单平面几何问题的基本思路与方法。难点则在于对平面向量“数”与“形”双重特征的理解。

（三）教学设计

教学设计（片段）见表1。

表1　教学设计（片段）

教学环节	教学内容	设计意图
合作交流	讨论：学生分组交流各自圈划的重点、阅读心得和问题困惑等，做好记录；尝试组内交流，初步解决部分问题，记录未能解决的困惑。	通过小组交流，梳理形成向量方法证明几何问题的基本步骤和要点，增进对平面向量“数”与“形”双重特征的理解；通过组员间交流互动，尝试初步解决一些阅读中的困惑。
	交流：请各组的代表交流阅读收获，师生共同提炼思路与方法等，解决问题与困惑。	通过组与组的交流互动，厘清向量方法证明几何问题的要点与依据，提高对“用平面向量的‘运算’来作为推理方法”的认识。

三、教学实践

（一）组内合作，责任明确

合理地构建学习小组，是学生进行合作学习的基础和前提，本节课按照“异质同组、同组异质”的原则进行分组，以6人为一个小组，设1名小组长，1名记录员，1名汇报员。经过了4分钟左右的自主阅读和5分钟左右的组内交流，学生在独立思考的基础上，通过共同讨论、相互启发、相互解答，解决了一些问题，形成了一些想法和观点。

（二）代表交流，科学评价

|课堂实录片段|

师：我们请一个小组的代表来交流一下，秦珅浩你们这组。

学生1：演绎证明是运用相关定义、定理、公理，按照逻辑规则进行推导。

师：也就是说，你们先研究了演绎证明，这是我们以前所学的知识，通常我们是怎么操作的？

学生1：运用相关定义、定理、公理，按照逻辑规则进行推导，也就是从几何已知条件出发得到我们的结论。向量证明的方法是适当选取向量，进行正确的向量运算。

师：那么向量运算的结果应该是什么？

学生1：仍然是向量，新的向量。然后恰当解释运算结果，得到结论。

师：很好，请坐。这是秦珅浩这组同学得到了这样一些内容。然后我们请这组来交流一下你们的成果。

学生2：我们对上一组的发言大部分都是赞同的，我们还分析比较了例题1中的解法。例题1是根据已知条件引出向量，给出的条件是四边形 $ABCD$，AC 与 BD 交于点 O，$AO=OC$，$DO=OB$，首先这个条件给出的意义是线段相等，还有 AC 和 BD 各自是一条直线，向量需要两个条件，一个是大小，一个是方向。

师：很好，他讲到关键点，向量需要大小和方向。

学生 2:已知条件已经给出了大小,我们只要判断它的方向,我们就可以从条件选取向量。所以例题中给出$\overrightarrow{AO}=\overrightarrow{OC}$,$\overrightarrow{DO}=\overrightarrow{OB}$,然后通过向量的加法,就能得出$\overrightarrow{AO}+\overrightarrow{OB}=\overrightarrow{AB}$,$\overrightarrow{DO}+\overrightarrow{OC}=\overrightarrow{DC}$。

师:嗯,在这里运用了加法运算,获得了一对相等的向量。说明这两个新的向量不仅是新的还有一定的关系。为什么能够和向量关系,因为前面$\overrightarrow{AO}=\overrightarrow{OC}$,$\overrightarrow{DO}=\overrightarrow{OB}$,说明我在这里除了从几何条件转化到向量以外,还获得了相等的关系。随后我们通过运算获得了结论。

学生 2:相等向量它所在的有向线段,线段 DC 等于线段 AB,这是数量关系,而且还有平行关系,得出线段 AB 平行于线段 DC,且 $AB=DC$,然后再回到几何证明。

师:很好,相等的向量刻画了平行和相等,也就是刚才秦同学所说的解释,从向量关系又得到了几何结论。我们再请这组继续。

这是前两组的学生代表发言,可以看到,通过小组讨论和两组学生的互补,已经大致形成了解决问题的框架,且学生表达到位,受到听课教师的一致好评。在合作学习中,学生的友好交流和自我表达都离不开语言的表述,这就要求学生敢说、会说,平时的教学中要不断培养学生善于倾听、思考、判断、选择和补充别人意见的好习惯。

值得注意的是第二组的学生在发表观点之前先对上一组的观点作出了评价:"我们对上一组的发言大部分都是赞同的。"随后提出了自己的观点,并且是以具体的例题展开分析。这也是合作学习中要求的评价与互助,评价不只是教师对学生做出的简单的评价,还包括学生之间的相互评价、学生的自我评价和学生对教师的评价等。通过互相评价、相互启发,实现了学习互补,促进了学生的自主发展。当然合作中也出现了一些不和谐:个别学生对他人观点漠不关心,缺乏独立思考能力,盲目附和他人等。

(三)组间互补,知识建构

|课堂实录片段|

学生 3:我们组对前面两组的结论都表示赞同。但我们组的房同学提出了一个问题,就是从新的向量和向量关系到几何结论有点疑问。他不理解如何从新的向量和向量关系直接到几何结论。

师：好，我们回到刚才他疑问的几个步骤，也就是从$\overrightarrow{AB}=\overrightarrow{DC}$要得到 $AB=DC$，$AB/\!/DC$。刚才的同学已经解释过了，现在房同学你说说看。

学生 4：因为$\overrightarrow{AB}=\overrightarrow{DC}$，由相等向量的概念获得了 $AB=DC$，$AB/\!/DC$。

师：很好，还有疑问吗？

学生 3、学生 4：没有。

师：我们再请这组。

学生 5：我们对前几组都是表示赞同的，但在第一次阅读过程中，我是有产生疑问的。请大家看书本的例 2，我之前对 BE 与 FD 在同一直线上是有疑问的，但是经过刚才的解释，现在我没有疑问了。

师：好，那你告诉我为什么你现在没有疑问了，如何解释它？

学生 5：BE 与 FD 在同一直线上的原因是点 E、F 在对角线 BD 所在的直线上。

师：那在同一直线的作用是什么？

学生 5：通过在同一直线可以确定方向。

师：我只要获得它的方向，就可以证我要的结论。

学生 5：方向相等，再加上大小相等，就能获得$\overrightarrow{BE}=\overrightarrow{FD}$。

师：接下来一组。

学生 6：我们非常同意他们的观点，但我们还有一点，就是用向量方法证明几何问题是因为向量具有代数的特征，具有几何的形态，由于向量有运算系统，并且与几何图形有密切联系，所以它才可以用来证明几何问题。

师：因为向量具有数和形的双重特征，我们可以用形把几何问题转化过来，然后用运算进行分析和推理，换句话说，我们用向量方法来证明几何问题，它的推理过程就是它的运算。但是我要在运算之前做什么事情呢？我要进行向量的选取，刚才其实有一位同学说了一句很关键的话，是什么？

学生 7：要选取合适的向量可以从结论来反推，也可以从条件入手。

师：也就是选取一定要合适。刚才几组同学都是帮我们把这样一个方法进行了梳理，我们再来回到这个框架来看一下，用演绎证明的方法来证明几何问题，通常就是从条件入手，利用我们所学的定义、定理及相关知识，进行逻辑推理，得到我们所需要的结论，比方说你们书上的这两道题，我们在证明的过程当中就可以使用到全等，或者添加辅助线。好，那么用向量方法来证明几何问题，它需要的是运算系统。就像刚才的同学说的，它既有形的特征，可以从几何转化为向量；又有数的特征，可以通过运算进行推理。当然在运算过程中我们一定要注意运算必须是正确的。

学生对数学知识的理解通常经历一个从朦胧（也许包含一些错误的理解）到明晰，直到灵活应用的过程，而这一过程需要学生通过不断地实践、交流和反思来完成。在形成知识的大致框架之后，学生继续交流，逐步提炼每个步骤的注意点，有些或许不完整、不充分，有些可能还是有误的，不妨在交流中完善、纠正，所以才有了上述教学内容。可以看到学生通过这些阅读、反思、讨论、交流，把自己的观点明晰化，把原先原始的直觉观点，精致成为科学的论断，期间还解决了几位同学的困惑，体会出向量的简洁优美。这种过程的呈现，不仅对这些同学是一个主动学习与内化的过程，也促进了学生之间互相启发、取长补短的学习共同体的形成。

四、反思与体会

本节课是一节阅读拓展课，在平常的教学过程中，因为这部分内容不属于考试范围，绝大部分教师都是置之不理，最多也只是布置学生课后自己看看就算，也不管他有没有看，更不用说跟踪是否弄明白了。这正是当前应试教育的后果，教师的态度很明确：“考什么讲什么，不考坚决不讲。”而“三三制教学”更关注的是学生学科素养和学习能力的发展，我们更希望找到有价值的问题给学生去解决学习，通过教师与学生、学生与学生、学生与课本的“对话”来达到学生自主和自由发展，在此过程中，“教”与“学”也在悄然改变。

（一）教学理念的转变

教学理论的转变，要有远见地看待事情的发展，要大胆抛开短暂的分数论，坚持以学生为学生的主体，通过师生互动、互相配合，从学生的内心出发激发他们自己的求知欲，让学生去“发现知识”，让学生自己去“构建知识”。或许在“三三制教学”的开展初期，学生的能力不可能立刻上去，学习的效果可能会比不上老方法的“立竿见影”，但要相信过了一段时间之后，学生的思维能力，实践能力提高了，成绩一定会上去，而且会形成良性循环。

（二）关注点的转变

我们更关注“问题”，关注问题的发现与提出，关注问题的分析与解决；关注问题的反思和推广；我们更关注“过程”，关注问题的解决过程，关注活动的实践过程，关注对话的交流过程，最终关注的是学生能力的发展。

（三）评价方式的转变

首先，评价的主体不仅有老师还有学生。除了上述活动过程中组间的互评，在课的最后，还留出了3分钟左右的时间，让学生交流本堂课中的体验及收获。这种交流是开放式的，它包括知识上的收获，能力上的提高，数学思想、方法的领悟，过程的体验与感受，以及对老师、同伴、自身教学行为的反思、评价。同时，学生也可以对本堂课进行质疑，说出心中的疑惑，谈谈自己不同的见解。在本节课中，学生自主评价提到如下几个方面：

通过这节课我了解到证明几何问题可以用几何方法也可以用向量方法。从例1例2中可以得出用向量方法是先从几何条件，进行合适的选取，然后用向量和向量的关系进行分析，之后运算出新的向量及向量的关系式，然后解释新的向量及向量的关系式，得出最后的几何结论。

其次，是作业评价的改变。本节课预留一份阅读作业，评价方式如下。

1. 组内交流阅读体会和解题方法，随后进行组内互评。

（1）阅读体会，满分50分

能围绕主题对阅读材料进行分析，解读，内容充实，有理有据，判定为优秀，50分；

能围绕主题圈划阅读材料的重要部分，交流内容较为充实，判定为良好，40分；

能围绕主题发言，有内容，判定为合格，30分；

偏离主题，内容匮乏，判定为不合格，20分。

(2) 解题方法，满分 30 分

选取的向量适宜，解题过程较为完整，判定为优秀，30 分；

选取的向量适宜，解题过程基本正确，判定为良好，20 分；

选取的向量适宜，有解题过程，判定为合格，10 分；

不能完成，判定为不合格，0 分。

2. 组间交流。

能用规范、简洁的语句进行交流，有组间的评价，能较充分地汇报组内记录的情况，判定为优秀，20 分；

能用较为规范、简洁的语句进行交流，有组间的评价，能体现组内的交流情况，判定为良好，10 分。

3. 交流结束，评选最佳小组，予以颁奖(记录员和汇报员附加 10 分，组员附加 5 分)。评价示例见图 1～图 4。

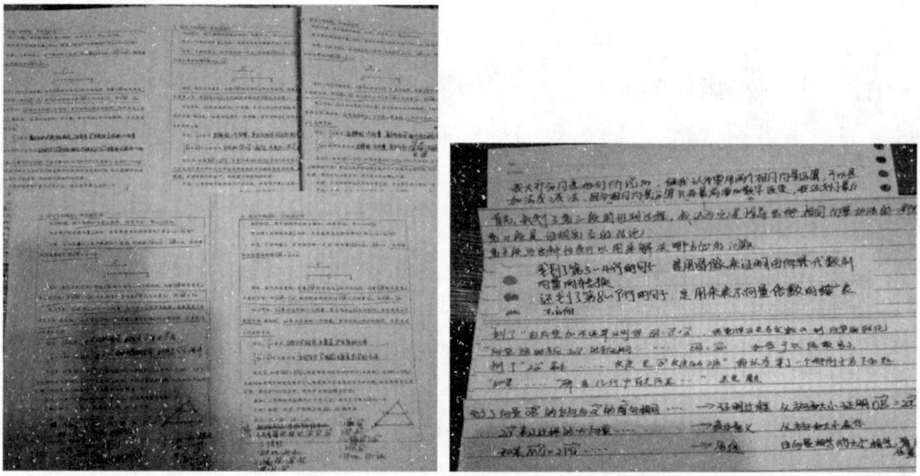

图 1　某一组的圈划、交流时的简要观点以及组内互评的结果

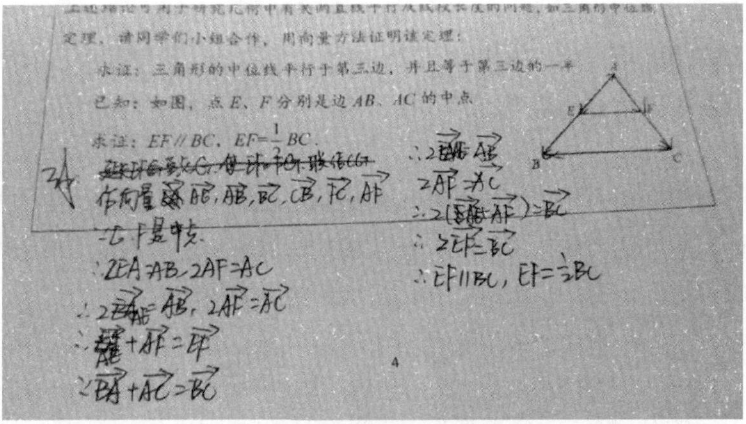

定理，请同学们小组合作，用向量方法证明该定理：

求证：三角形的中位线平行于第三边，并且等于第三边的一半

已知：如图，点 E、F 分别是边 AB、AC 的中点

求证：$EF \parallel BC$，$EF=\frac{1}{2}BC$.

图 2　某学生证明题的解题过程

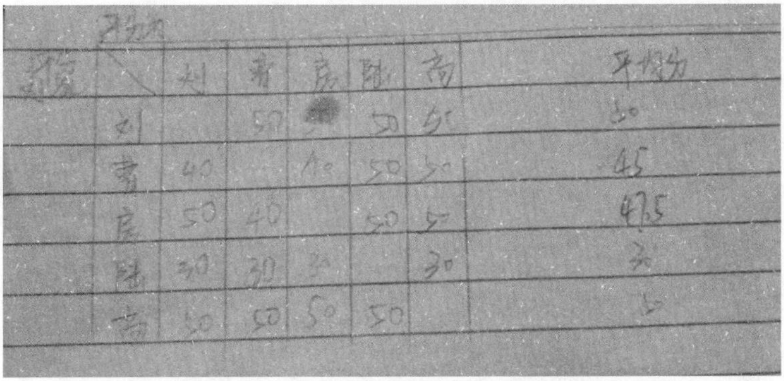

图 3　图 2 解题过程的评价(30 分)

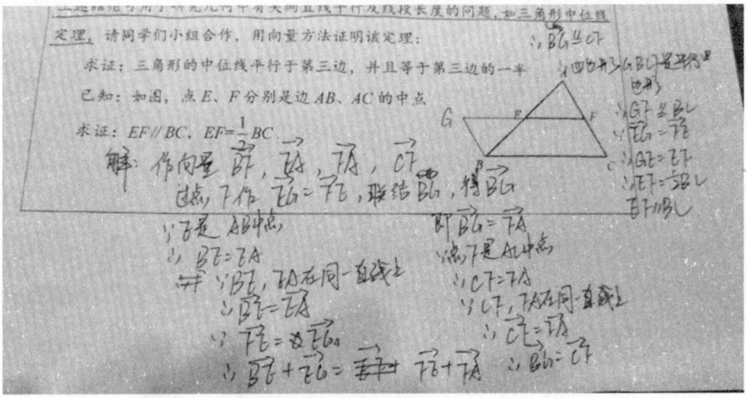

定理，请同学们小组合作，用向量方法证明该定理：

求证：三角形的中位线平行于第三边，并且等于第三边的一半

已知：如图，点 E、F 分别是边 AB、AC 的中点

求证：$EF \parallel BC$，$EF=\frac{1}{2}BC$.

图 4　另一位学生的解题过程(评价为 25 分)

“教育”最本源的意义就是“引导”,教育者最本源的意义上就是一个“引导者”。“三三制教学”倡导“对话”,注重让学生体验知识的得出、形成过程,着重从“能力与方法”和“情感、态度和价值观”上加以提升,学生在获得知识的过程中,得到了过去以教师讲授为主的学习方式下不可能得到的结果。学生对这种教学方法也很感兴趣,他们觉得自己是学习的主人,是知识的挖掘者,是探险的领路人,学习热情和积极性都比以往高出许多,一些学生本来很内向,但在这样的合作学习中他们品尝到了自我成功的喜悦,人变得大胆了许多。

当然,实践中也暴露出一些问题,比如时间的把握,如何在有限的40分钟内完成容量较大的“对话”?如何调动组内个别积极性较低或是能力水平较弱的学生?如何应对学生们提出的各种各样“怪问题”?这些都对教师提出了更高的要求。

点评:本课例以“三三制教学”理念为引领,注重引导学生进行合作探究,精心设计“合作探究卡”和“各组代表交流”活动,不仅激发学生学习新知识的热情,也用来作为应用学习新知识的载体,而且通过组与组之间的交流、互补、互质,使问题解决延伸到课堂以外。组间评价对课堂学习进行质疑和反思,培养学生监控学习过程的元认知能力的做法也值得借鉴。

第二章
英语学科

在合作中探究　在探究中体验

——以(上海)牛津英语 7A Unit 6 Jobs people do 为例

上海市行知中学附属宝山实验学校　贾雪梅

一、引言

“三三制教学”是为了提高课堂教学的高效益,实现师生发展共同体而提出的一种新的教学理念和思维。“三三制教学”以先行学习卡、合作探究卡、练习反馈卡等“三卡”为载体,由先行自学、合作探究、练习反馈等三大环节组成,通过教、学、做合一,达到信息沟通、组织沟通和心灵沟通的教学范型;是一种立足学生自学、发挥同伴作用、教师主导的,培养学生知识、能力、学习方法与态度的教学。

如何构建和实施课堂中的合作探究环节一直是落实“三三制教学”研究在课堂生根的重中之重。课堂是师生共同研究课题,并实现发展的场所,而探究的主旨是课堂教学中我们要研究、解决的问题。探究内容如何产生、课堂与前后知识的关联、研究内容、研究意义、研究的方法步骤、研究的分工组织安排等都是课堂教学中合作探究环节需考虑好、解决好的问题。

为了高效实现课堂问题的研究、解决,教师如何组织学生围绕探究问题开展？如何成立若干学习或研究小组,指导开展合作探究？如何实现这样的小组就是课题共同体？如何在课堂合作探究中实现资源共享、成果分享,并集体性展示小组学习成果和课题结论？本文以教学案例模式,突出“合作探究卡”在“三三制教学”中的重要作用,以阅读课堂设计为载体,对传统的阅读教学设计进行反思,将理念切实有效地贯穿于“三三制教学”的英语课堂,关注“合作探究卡”环节的课堂研究策略的有效性。

二、合作探究环节的设计

(一)发现合作探究环节的重要性

“三三制”课堂合作探究环节的设计,指教师与学生共同探究、研讨和展示交流的学习内容,主要以问题的形式呈现。其来源主要是自主学习中的共同问题和教师课前预设的问题。如果说“先行学习卡”规定了本节课的基础知识、基本技能等,那么“合作探究卡”就选择了本节的重点和难点问题。它包括疑难探讨、晋级训练、我的心得等三部分内容。图1充分展示了合作探究卡在“三三制教学”中承上启下的重要作用。

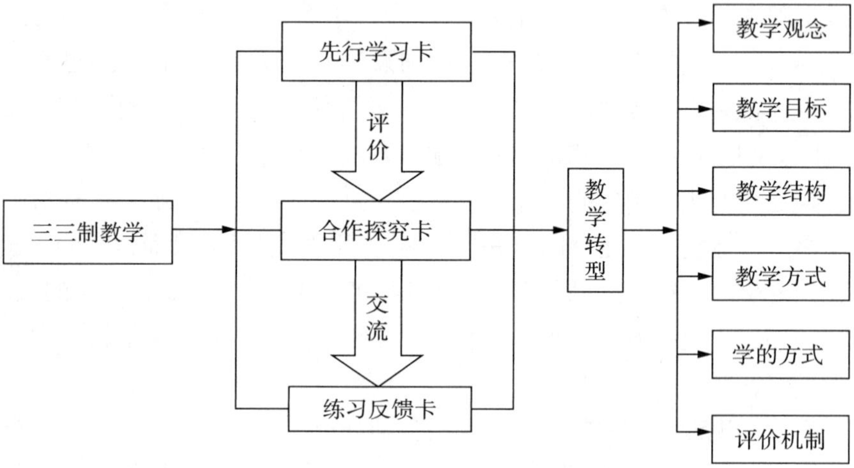

图1　合作探究卡在“三三制教学”中的作用

(二)“合作探究卡”环节的初次尝试

以上海牛津英语7A的Module 2,Unit 4 Jobs people do教学案例为例。学生在设计第一环节先行学习中,通过前4个课时的学习,对一些职业的名称和工作内容已有初步的了解。在此基础上,课堂生成的合作探究环节该怎么设定才能生成学生掌握对职业内容的描述,基于此我们引入了第一个合作探究设计:这里首先要求学生就上一课时出现的4种不同职业做职业内容的描述。

但在实践的过程中，我发现学生在描述中逻辑并不通顺，记忆碎片化，小组合作的形式单一，并没有突出合作提升的效果。因此，尝试引入思维导图作为学生思考媒介，帮助他们在小组探究中更有效的完成交流内容。完善后的步骤如下：

（1）通过对已学文本的回顾，回忆 4 种不同职业的描述；
（2）运用思维导图模式思考如何表述不同职业的工作内容。

通过《Free talk：What people do you usually see in your daily life?》让学生通过课堂的直观阐述获取信息，图 2 为一组学生的课堂生成思维导图。

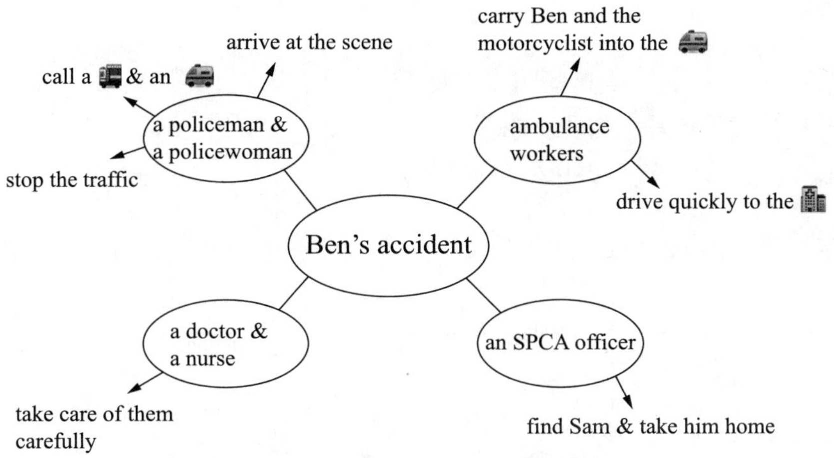

图 2　一组学生的课堂生成思维导图

通过相关话题的导入，激发学生的兴趣，激活阅读背景。通过要求学生自由描述生活中遇到的人群，引发学生对本课学习的思考来激发学生探求知识的渴望，综合运用本单元的知识点，在合作探究环节中，激发学生相互用语言交流的过程是真正体现"三三制教学"中学生合作共赢的主旨目标，也是自始至终落实课堂教学目标的重要手段。也是在这个过程中，不仅强调学生原有知识的巩固，更要突出帮助学生进行知识的导向，巧设问题，才能引导学生进入合作探究卡的深入学习，从而实践阅读技巧并启发深层思维，这是教师基于知识之间的相互联系、基于学生学习的主体地位而构建的。

三、"合作探究卡"环节的深入使用

在第一个话题成功激发学生合作活动意识后,根据学生的背景知识我们开发了第二个合作探究话题:通过开展话题"你身边的职业",激活学生有关这一课时的背景知识。在此环节中,考虑学生在阅读后对文章内容的主旨交流,首先设定了引读环节,要求学生通过略读,了解文本大意;通过寻读,找出不同职业及其工作内容。在合作交流环节中,要求小组首先分工合作,利用思维导图梳理文本内容,进而开展复述,更好地巩固对文本的理解。

思考 1:讨论"为什么这些职业需要早起工作?"
思考 2:发现这些工作背后的意义。
思考 3:你会给文本起什么样的标题呢?

在本环节中,学生通过合作成功完成了预期的环节目标设定,完成的思维导图如图 3。

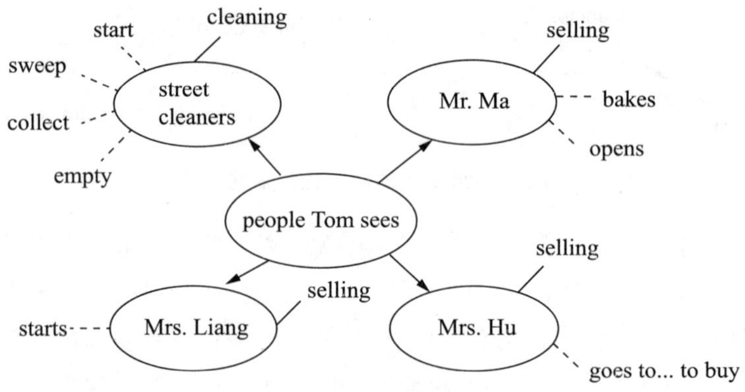

图 3　完成的思维导图

通过不同的阅读教学策略引入思维导图,帮助学生建立起文章的可视化结构,以自主交流环节引导学生激活阅读策略图示,整理关键信息,培育学生获取核心知识和信息学习的能力从而在小组合作探究中获取:

(一)描述人群工作的方式,既有看到人群正在做的工作 see sb. doing sth.,也可以用一般现在时 sb. usually do/does sth.。

（二）标题的作用，既是对文章内容的概述（可包含人物、时间、地点等要素），又能引起读者阅读的兴趣。

第二次的合作探究活动延续了课堂开始的问题，围绕阅读文本内容相关的话题开展讨论，话题贴近生活实际，激发学生的思维认知。鼓励学生借助于思维导图工具发散思维。在生本互动、生生互动中鼓励学生更多地用自己的语言进行表达，培养学生的语言运用的能力。

四、反思与小结

（一）在合作探究环节中设计阅读中的有效问题链

进行阅读设计时，“三卡”设计中（读前、读中和读后）的活动虽各有不同，但教师应始终围绕阅读主题，贴近现实生活，在“循循善导”的每一个环节中巧妙设计问题链，使学生在教师的牵引下达成语言的快速输入和有效输出。教师在设计阅读任务时应该有意识地进行阅读策略的训练，尽可能地采用迁移、略读、寻读等输入策略和思维导图等输出策略，利用生本、生生互动和小组合作等活动，培养学生阅读复杂文本的高效学习能力和合作分享的学习意识。

（二）科学搭建阅读中的思维路径

阅读中的思维路径，就是学生在英语阅读过程中的思维轨迹。阅读过程的本质就是一种思维的过程，思维贯穿在阅读过程的始终。所以，在进行阅读设计时，需要巧设“三卡”活动，其中，预设的问题要能启迪学生的思维，并抓住时机适当运用思维导图等对文本中的内涵和思维成分进行视觉表征，为学生搭建解读文本的认知支架，让其在教师的帮扶下实现思维水平的逐步攀升和跨越，培养他们的抽象逻辑和发散性思维能力。文本复述是启迪思维的重要阵地，促使学生在语言输出练习中实现英语工具性和人文性的统一。

（三）合理发掘情感态度价值观

在进行阅读设计时，很多时候，我们总将情感态度价值观独立设定环节，而忽略了在课堂中的渗透和对文本的文化内涵的挖掘。比如，在本课时中，除了引导学生能尊重我们身边的职业，感激这些职业背后为我们的生活带来的便利以外，还能唤起学生关注生活，关心身边的人和事，培养学生学会主动观察的学习品质。通过这些设计现象透视和反思环节，合理进行价值观的培养更加实际有效。

点评：“合作探究卡”完成和定型于课堂教学的实施过程中，这篇课例以培养学生的高阶思维，以问题为中心，以培养学生辩证思维为重点，运用探究、辩论、展示为学习形式，保障了每个学生主动参与教学过程的每个必要环节。这堂课的亮点是运用学生的合作探究模式帮助学生训练学生思维与创新能力，本课的合作学习探究内容与晋级训练题的解答过程都通过思维导图的形式进行展现，既融入了学生独立思考的沉静区，又融合了小组合作的头脑风暴，在训练学生多元思维的同时，培养了学生的创新能力。

合作探究卡的价值在于帮助学生锁定知识的重难点，它是一课时乃至一个单元的知识宝库，也是一节课或一个单元的高峰阶段。重点知识、难点解析集中在此，教学中重要的活动如研讨、展示、教师点评和课堂知识的归纳、提炼也集中在此。所以，合作探究卡细致地体现了“三三制教学”的特点——少讲多学、做中教、做中学，形成教学做合一。

在合作中乐学　在合作中增效

——“三三制教学”模式在牛津英语 6AM3U9 Picnics are fun 中的运用

上海市行知中学附属宝山实验学校　陆　乐

一、研究背景

“三三制教学”是注重培养学生学习能力、创新精神和实践能力的新型教学模式，是为了有效实施新课程而建构、运用的一种教学模式。“三三制教学”的课堂是学生自主的课堂，是落实学生主动学习的课堂，是一个注重“以学生为本”“以学生为中心”的教学模式。“三三制教学”不仅注重自主合作探究等学习方式的运用，更注重师生之间信息沟通、心灵沟通和组织沟通。

《2020 年上海市初中英语课程终结性评价指南》提出：“有利于培养学生的创新精神和实践能力，促进学生健康成长和全面和谐、富有个性的发展。”这始终是上海市初中毕业英语统一学业考试指导思想之一，也一直是一线教师们努力追寻的方向。

在实践过程中，如何让学生们在一种轻松愉悦的氛围中得到个性化的发展？在课堂教学过程中，如何激发学生们学习的自主性和积极性？如何激发学生们的合作学习的意识？又如何在课堂上组织学生们都能参与到合作学习中？不难发现，这些都是“三三制教学”模式的重中之重。

“合作探究卡”是师生在课堂中共同探究、共同研讨和交流展示的学习内容，在同伴帮助或小组合作中激发那些目前尚处于最近发展区的知识，从而培养学生们的学习合作能力，尤其体现在师生互动和生生互动中。“合作探究卡”环节不仅是一种形式，更是一种改革的思想，“合作探究卡”环节的开展改变了传统的教学方式，打破了传统英语课堂的约束，改变了一线教师重读写、轻听说的思维。“合作探究卡”环节更注重培养学生们的一种合作意识，感受到团队的力量能铸就成功，在合作学习的过程中，学生们在一个学习共同体中，他们每一个人都在进步，都能彼此分享集体的智慧和力量。

本文将以(上海)牛津英语 6A 的 *Picnics are fun* 为课例,将"三三制"课堂教学模式运用于英语教学活动中,着重于"合作学习"教学活动的设计。

二、第一次设计思路

Picnics are fun 是牛津英语 6A 的 *Module 3 Food and drink* 中的第二课,承接上一课《*The food we eat*》(日常生活中的食物),本课主要围绕一次野餐活动需要的计划、前期准备和进行的过程而展开的,从而过渡到下一课《*Healthy eating*》(健康膳食),本课要求学生通过口头操练并掌握本课的主要句型,并从学生的角度出发,创设情境切身参与野餐计划准备的整个过程,通过不断参与小组成员之间的合作学习,从而体验野餐的乐趣。

授课对象是笔者所在学校的六年级新生,经过 5 年多的英语学习,学生们有一定的英语基础,而且这届学生比较更活泼好动,更有思维能力和创新意识,上课也很愿意用英语进行交流,同时也拥有简单交际合作的能力。但由于学生年龄特征,注意力容易分散和转移,英语掌握水平参差不齐,差异较大,小部分学生对英语兴趣不大,缺乏自信和积极性。

本课时教学内容有关野餐食物,此话题贴近学生生活,学生们并不陌生,可以激发他们的已有知识,逐渐将新知和旧识形成一个系统性的联结,从而构建一个更为复杂而牢固的知识体系。本课时重在采用情景教学和学生合作学习的教学方式,来激发学生的学习兴趣和热情,尽可能做到每个学生每节课都有用英语表达自己的机会,提高自我效能,让他们成为真正的学习主人,发挥其主体地位。

基于教材和学情的考虑,以本课时中的 *Read a poem* 教学内容为例,笔者设计开展"合作探究卡"的教学活动。对此部分的教学内容,初步教学设想如下:先让学生们齐读此首诗歌,齐读完后,要求他们能说出诗歌的特点,然后开始讲解此首诗歌的具体知识点,随后同桌之间互读诗歌并改编诗歌。

三、第一次课堂实践

根据以上初步教学设计,我进行了第一次课堂实践,整个课堂氛围及效果只有部分达到了预期的设想。

(一)效果

笔者感受到合作学习在“三三制教学”模式下的良好效果:

1. 课堂氛围

通过合作学习,课堂氛围更活跃了,在要求学生们齐读诗歌的过程中,学生们的朗读铿锵有力,富有感情,能感受到学生们融入了诗歌之中,身临其境地进入了野餐的准备过程,整个课堂上呈现出开放、民主的人文关系以及温馨、合作的学习氛围。

2. 参与程度

在教学实践中,有一个教学环节是要求同桌之间合作互读并改编诗歌,学生们虽然七嘴八舌,但是每个小组的成员们都能积极主动地参与到改编诗歌的学习过程中。在合作学习的过程中,有些小组列举了在野餐中可能会需要准备的很多食物,讨论得十分热烈,这一点给了笔者很大的触动,是笔者初步设计时所没有想到的。在改编诗歌的过程中,学生们的积极性明显有所改善,他们的学习动机也得到了激发,综合语言运用能力也有所提高。

3. 学习能力

在两两合作学习的过程中,学生们的学生能力,尤其创新能力,在无形中得到提升。学生们一起合作改编诗歌的过程中,他们在自由交流表达自己的观点的同时,也在倾听他人的想法,比如,有一个小组让笔者印象深刻,当一个学生提到“Shall we have some hamburgers?”他的同桌的思维也得到了激发,他立刻提到“Maybe we can also have fried chips. ”他们的创造能力和思维能力也都得以训练及培养。

(二)思考

同时,此次课堂实践也给笔者留下几点思考。

1 无法充分落实“三三制”教学“以学定教”的思想

课前,笔者的确考虑过学情,也发现了学生们之间的差异性,但是笔者并没有在合作学习的过程中因材施教。两两合作的过程中,课堂上发生了有的小组根本无法完整地读完诗歌,更谈不上改编诗歌,学生即使合作,也不能创造诗歌,这样的合作是无效的。笔者没有考虑到分组的合理性,没有真正理解学生的学情。

2 没有完全体现“三三制”教学“课堂增效”的要求

在课堂实践过程中,合作学习进行时,学生们似乎一开始不知道他们的任务是什么。这可能和笔者给的指令不够清晰有关,对于他们的组内分工没有一个清楚的界定,任务分配得不明确,尤其体现在学生齐读完诗歌后,无法说出诗歌的三要素特点,他们给笔者的眼神是迷茫的。这样的“合作学习”只是一个形式,并没有实质的意义。

3 没有完全体现“三三制”教学“学生为本”的理念

笔者在讲解此首诗歌的具体语法知识点的时候,笔者感受到学生们的积极参与度不够,很多学生听得有些走神。课后,笔者也对几个学生进行了访谈,向学生询问了课后反馈:字词句他们都能看懂,旁边也配有图片,无需教师赘述也能理解此首诗歌。这又一次体现出笔者备学生时的不足,教师讲得多,反而学生说得少,又一次变成了以教师为中心的教学课堂模式,没有做到把课堂还给学生们。

4 无法完全落实“三三制”教学的“三个沟通”的反馈

“三个沟通”指的是信息沟通、组织沟通和心灵沟通,强调师生之间的信息反馈。而本节课中的“合作学习”环节没有任何的评价反馈,师生之间、生生之间的评价完全不够,除了在齐读诗歌后,笔者给予一些口头的表扬“Great!”“Excellent!”之外,没有更为具体的评价形式,课堂上缺乏师生、生生之间的沟通和信息反馈。

四、改进设计

(一)梳理调整

紧接着,笔者对以上的几处不足之处,再次进行了梳理调整。

1 细化分组构建,促进学生有效学习

再次对班中的学生进行了重新认识,静下心来再次思考什么样的教学活动的设计能够考虑到每个学生的差异性,必须考虑到班中对英语学习的兴趣不大的学生,尽力去激发他们的学习兴趣。于是,笔者改变了分组的方式:在改编诗歌的环节中,笔者不再只有两两分组,笔者将把全班分成若干4人小组,根据小组成员的不同性别、能力、性格等因素,进行合理搭配,耐心引导,形成了若干异质小组,并且小组活动开始前,就明确落实每个学生的分工,互帮互助,在学习的过程中相互影响、共同进步。

2 分解教学环节,增强课堂实际效果

针对任务不明确、分工不清晰这一问题,笔者对教学活动进行了再设计,第一次的教学实践发现“合作学习”过程的指令太过于冗长且烦琐。于是,笔者将把教学环节分化成一个个步骤，分散成一个个小任务，学生们完成起来也会更得心应手，感受到学习的欢乐之后，才会愿意去完成下一个任务。同时，笔者也增补了教学活动的设计，学生们不能在齐读诗歌后马上回答出诗歌的特点，那就考虑让两两同桌之间先进行一下简短的思维碰撞，讨论一下诗歌的三要素是什么，随后再在全班之中进行一个讨论。在听了他们的回答之后，再将诗歌的三要素教授给学生，给他们一个发掘内在潜能的机会。

3 给予分享机会，真正落实学生为本

针对“教师说得多，学生说得少”这一现象，笔者再次思考如何将课堂还给学生，也因为第一课堂实践中那组学生的对话给笔者些许启发，笔者改变了第一次课堂实践中改编诗歌的方式。笔者选择让学生们先试着想想“进行野餐时，除了课文中提到的 bread、jam、soft drinks 和 chicken wings 以外，还能有什么吃的喝的可以准备野餐”。为之后的诗歌改编做铺垫，同时也给学生们一个头脑风暴的机会，复习更多已学的词汇，从而发散他们的思维，帮助他们分享不同的想法和思路，加深对于话题的理解，促进他们想到更多与话题语汇相关的事实和观点，从而使改编的诗歌变得更为丰富和真实。同时，对于课后学生反馈已知的内容进行删减，不再反复讲解诗歌的具体翻译，落实“以学生为中心”的课堂理念。

4 改变评价形式，加强师生生生沟通

在课堂教学过程中，不仅有师生间的评价，而且还有生生间的评价，应该多鼓励学生们参与到课堂评价中。因此，笔者修改了设计思路，在异质小组改编完诗歌后，要求小组中的发言者在全班面前进行一次分享。分享之后，要求其他小组对此小组改编后的诗歌进行评价，根据笔者所提供的评价量表进行打星，并用简单的词句对改编后的诗歌进行优缺点的反馈。这不仅让评价的形式变得更加多元化，不再是老师一言堂，也促使学生们在倾听他组分享的过程中更专注。

（二）第二次教学设计

结合以上几处的再次思考，修改并进行了第二次的教学设计：

1. 将全班分成若干异质小组，并明确小组成员之间的分工，每位学生都需要参与到小组活动过程中，只是各有各自的侧重点。以 4 位学生一组为例，其中 1 位学生是组长，负责统筹安排；1 位学生执笔记录，将讨论结果完整书写；1 位学生合理分配老师规定的时间，计时及时提醒；1 位学生负责小组分享。

2. 学生们共同欣赏诗歌 *Shall we have a picnic*,随后跟着课文音频跟读,初中低年级更注重培养学生们模仿语音语调的能力,同时感受诗歌韵律之美。

3. 两两同桌之间自行共同轻声朗读几遍诗歌(不再播放课文音频),讨论并试着总结诗歌的三要素特点(押韵、诗节、重复)。

4. 全班一起先思考在野餐准备时,除了课文上的食物以外还有什么食物可以准备,进行头脑风暴,个体举手回答,为之后的改编做铺垫。

5. 四人小组探究合作,试着改编诗歌的一小段,相互指导,一同研究,在摩擦碰撞的过程中,产生新的思维火花,在合作学习的过程中,如果发现问题,可以举手示意,老师进行及时引导,再次指导,引发生生之间更深层的交流探讨。

6. 进行小组交流分享,在"组内异质,组间同质 "全班面前,每组发言员将小组改编后的一小段进行朗诵,随后进行生生评价,相互提出问题看法。

7. 课后每位学生个体在学习了本课时的所有教学内容后,综合课上小组合作学习分享后的意见建议,进行完善改进,独立地完成自己的诗歌改编作品,可以对作品进行美观修饰。

五、第二次课堂实践

第二次的课堂实践之后,明显感觉到具体的"合作探究卡"的教学活动比第一次的实践来得更有效,主要体现在生生合作学习共同改编诗歌的教学环节中,学生们有了更多开口说的机会,他们的已有知识一直在被激活,时刻温故而新知,所以他们的兴趣一直很高涨,课堂效果明显得以改善。

(一)改变了"合作探究卡"环节的分组构建后,每个学生都能各司其职,在规定的时间内尽可能的完成教师所安排的任务。在改编诗歌的过程中,有一小组组员们之间的意见不统一的时候,组长就起到了协调的作用,他们讨论到野餐的食物,都很分散,有的说吃的,有的说喝的,最后组长进行了小组内部的商榷:诗歌改成两段,第一段讨论吃的,第二段讨论喝的。这样的合作学习是有效的,以学生们的实际学情(学生的知识、能力基础,认知水平,课前预习情况,学生情绪状态等)为出发点,选择最优的教学方法,不断反思改善,让每一位学生达到最优化的个性发展,各个学生张扬了自我的个性,展示了才华,在达成目标的同时,实现自我,超越自我。因此,"合作学习"是关注每个学生学习的最优方式。

（二）分解了“合作探究卡”的教学环节后，把教学环节分步走。在第二步学生们共同欣赏诗歌的时候，他们整体感知此首诗歌，对诗歌有一个初步的印象，在跟读的同时，他们的语音语调也会有所改变，他们会尽力模仿所听到的音频。在第三步两两合作讨论诗歌的三要素时，比起第一次直接让他们说诗歌的三要素来得更有效，第一次课堂实践过程中，他们每个单独的个体对诗歌认识不多，没有同伴的帮助，他们很难找到问题的答案。所以此次，试着改变对于教学环节的活动设计，每个人都是小组的一员，人人参与其中，增加每个个体和小组团体的展示机会，小组内的分工协作很大程度上也决定着课堂的效益。因此，合作学习是实现高效课堂的关键。

（三）给予了“合作探究卡”学习过程中更多开口说英语的机会后，他们在改编诗歌的过程中，有了足够的时间进行充分的讨论。在对于教学内容激烈的探讨中，他们从“fruits”中的“strawberries, grapes, watermelons”说到“drinks”中的“Coca-Cola、orange juice、tea”等。在合作学习的过程中，他们不断加深对于知识的理解和巩固，让更多的学生参与到课堂中，成为课上真正的主人。因此，合作学习是凸显以学生为中心的主体意识的关键。

（四）改变了“合作探究卡”的评价形式后，师生关系、生生关系也会随之变得更为和谐。在一个小组分享完自己的创意改变诗歌后，别的小组随即就进行了反馈评价，“That's amazing! I want to have a picnic with you.”“They are my favourite food.”在分享的小组听到这样的评价后，他们内心喜悦之情已流露出。让学生们在别的小组汇报分享之后，对同伴的多方位表现进行评价，确保课堂教学评价能促进学生综合素质的提升，同时也要对学生的个体差异性给予更多的关注，做到因材施评！因此，“合作学习”是教会学生们学会认真倾听的最佳时机。

六、总结与反思

通过两次的课堂实践，笔者加深了对于“三三制教学”探究卡课堂模式的认识和理解，对于如何落实“合作探究卡”环节有以下几点思考：

（一）在分组之前，要对学生们的学情进行合理分析，组内异质为合作学习奠定了基础，而组间同质也给学生们展开公开竞争的机会。小组内的每一个成员都是学习的主体，要注重培养小组成员间的合作精神，因而分工一定要明确，每个小组成员都有自己的任务，并且可以轮流，使每个成员得到不同的锻炼的机会。在明确分工的

"合作探究卡"环节中,小组成员们的责任感也得到了培养,教师布置的教学任务也能顺利完成。同时,小组成员们之间的平等关系也在无形中得到凸显。

(二)对于"合作探究卡"环节中的教学内容设计要符合预设的教学目标,选取合适的教学内容进行分解,内容的选取要主要既可以让组内每个成员有明确的任务,也要是适合开展小组合作学习的教学内容,选择分解具有合作价值的教学内容是开展合作学习的前提条件,能使得学生们的讨论更有启发性、探究性和创新性。在快乐的氛围下,让学生们感受到对英语学习的激情,也进一步培养学生的书面表达能力,提高学生的思维创新能力。

(三)"合作探究卡"环节是给学生们展示自我的机会,可以在小组内畅所欲言,不必害怕自己说错被全班听到,也不用因为没有开口说英语的机会而感到难过失落,在大多合作学习的过程中,每个个体独到的发言见解可能在全组成员的齐心修改下成为了小组分享的核心观点。教师在使用"合作探究卡"的时候,要注重简化自己的课堂指令用语,把课堂教学多一点留白给学生们,教师们少开头,把更多"说"的机会留给学生们,让他们更愿意在英语课堂上分享自己的想法和观点,增强日后和别人交流的自信心。学生们也开始试着在小组合作、自主探究的过程中,彼此取长补短,相互鼓励。

(四)当下的课堂教学评价主体不再只有教师,学生们也可以成为课堂评价的主体,试着多倾听学生们内心的声音。通过评价,师生共同关注学习的过程,关注学习过程中的思维、情感态度等多种因素的发展。而在"合作探究卡"环节的评价过程中,要注重及时性原则,即让小组分享时得到的好的观点得到及时的表扬,将小组分享中的一些不良影响也得到及时的制止。还要注意以鼓励为主的原则,运用正面积极向上的激励方式能调动学生们的学习主动性,有利于促进学生们更好地学习和发展。

在科技发展日新月异的今天,一成不变的教学模式是注定要被淘汰的,将"三三制"教学模式结合"合作学习"这一创新想法,有利于学生打破思维定式,拓宽思路。在培养学生的语言知识的同时,还培养学生文化修养、创新精神、实践能力和语言运用的能力。不断地总结与反思,让笔者获益匪浅,不仅给课堂带来改变,给学生带来帮助,也促进了笔者的成长。"三三制教学"模式的研究,一线教师们始终在努力。

点评:合作探究是当前新课程倡导的学习方式之一,是课堂教学落实"学生为本"

的有效途径,也是“三三制教学”重要的教学环节 。

本课例通过前后两次教学,在实践与反思中不断改进与优化“三三制教学”模式下的“合作探究卡”环节。

合作探究的有效性是由多方面的因素决定的。本案例在选材上贴近学生生活,学习的形式也符合学生的兴趣,为合作探究的开展奠定了良好的基础。“组间同质、组内异质”的分组方式为合作探究的顺利进行创造了坚实的条件。在合作探究过程中,教师十分注重学生之间的讨论、互助,鼓励学生大胆展示、相互评价,不仅增强了学生们操练多开口说英语的实践机会,也真正将“将课堂还给学生”的生本理念落到实处。从课堂效果来看,学生的学习英语的积极性、自信心等都得到了明显提升。

本课例中,合作探究的开展不仅提升了课堂效益,落实了新课改精神,同时也充分发挥了课堂育德的功能。“任务明确、分工到位”有利于培养学生的责任感,增强学生的执行力。师生、生生互动的环节,实现了学生之间的互帮互助。

当然,合作探究的有效开展需要经历较长时间的实践,特别是小组内学生在学习过程中对相关规则的遵守会出现反复。建议作者在小组合作学习规章制度的制定及落实方面做更进一步探讨。

“三三制教学”助推初中英语写作课堂转型

——以牛津英语(上海版)7B Module 3 Unit 11 Electricity 为例

上海市呼玛中学　傅佼艳

一、问题的提出

写作是初中英语教学的重要组成部分,《上海市初中阶段英语课程标准》在语言能力目标中要求初中生“能书写一般文体的短文,进行简单描述和表达个人喜好,拼写和标点正确。”

但是,目前广大中学生的英语写作水平却不容乐观。从初中英语写作教学现状来看,我们可以发现如今的英语教学“重语法轻写作”,大多数初中英语教师缺乏专门针对写作的授课,即便有的老师开展了写作指导课,写作教学模式却单一乏味,难以提高学生写作兴趣和水平。因此,初中英语写作课堂转型迫在眉睫。笔者尝试在初中英语写作课堂中实践“三三制教学”模式,欣喜地发现教师的教学行为和学生的学习行为都发生了可喜的变化,达到了较理想的教学效果。

二、第一次教学设计

笔者执教的内容是牛津英语(上海版)七年级下册 *Module* 3 *The natural elements* 第十一单元 *Electricity* 的第二课时。本课时教学内容为 *The importance of electricity*,是一节写作课。

我校地处长江路地区,学生多为随迁子女,本地生生源情况也不理想。执教的班级为我校七年级(3) 班,该班大部分同学能积极参与到课堂互动活动中,班中个别同学表现欲强,也具备一定的英语口语表达能力,但也有个别学生英语基础几乎为零,学习非常吃力,因此该班两极分化现象很严重。

本课时的教学目标是让学生通过一系列层层铺垫的课堂活动,掌握电器名称,能根据使用地点将电器正确归类，能正确说明电器的功用，能正确评价电器对我们生活的影响，最终能运用已学词汇和句型，完成关于“电的重要性”的写作任务。教学重点是让学生能运用已学词汇和句型，完成写作任务。可能存在的教学难点是学生能否正确说明电器的功用和能正确评价电器对我们生活的影响。

为了立足学生自学、发挥同伴作用、教师引导的培养学生知识、能力、学习方法与态度价值观的教学方式，我尝试在我的写作课中借助于“三三制教学”模式，以先行学习卡、合作探究卡、练习反馈卡为载体，由先行自学、合作探究、练习反馈三大环节组成，通过教、学、做合一，达到信息沟通、组织沟通和心灵沟通的教学模型。

笔者在对学情和教材作了分析之后，进行了“三卡”设计，如图 1~3。

图 1　先行学习卡

Complete the sentences about electrical appliances according to the uses of them.

☆ iron clothes
☆ keep cool and comfortable in summer
☆ do online shopping
☆ warm up food in a short time
☆ watch DVDs
☆ wash clothes
☆ print things
☆ clean floors and rugs
☆ boil water
☆ keep food and drinks fresh and cold

We use __irons__ to __iron clcthes__ (at)/in __home__.
We use ________ to ________________ at/in ________.
We use ________ to ________________ at/in ________.
We use ________ to ________________ at/in ________.
We use ________ to ________________ at/in ________.

图 2 合作探究卡

Writing: Write about the importance of electricity.

The importance of electricity

Today, electricity is very important. People use it in different places.
People use ____ at home.
People use ____ at home.
People use ____ in an office.
At home, people use ________ to ________________________________.
At school, people use ________ to ________________________________.
In an office, people use ________ to ________________________________.
________________________________ make(s) us feel ________.
________________________________ make(s) our lives more ________.
________________________________ make(s) us work more ________.
How important electricity is!

图 3 练习反馈卡

根据所设计的"三卡",笔者确定了本堂课的各项教学环节并进行了第一次教学实践。具体的教学过程设计流程图见图4。

Writing: The importance of electricity

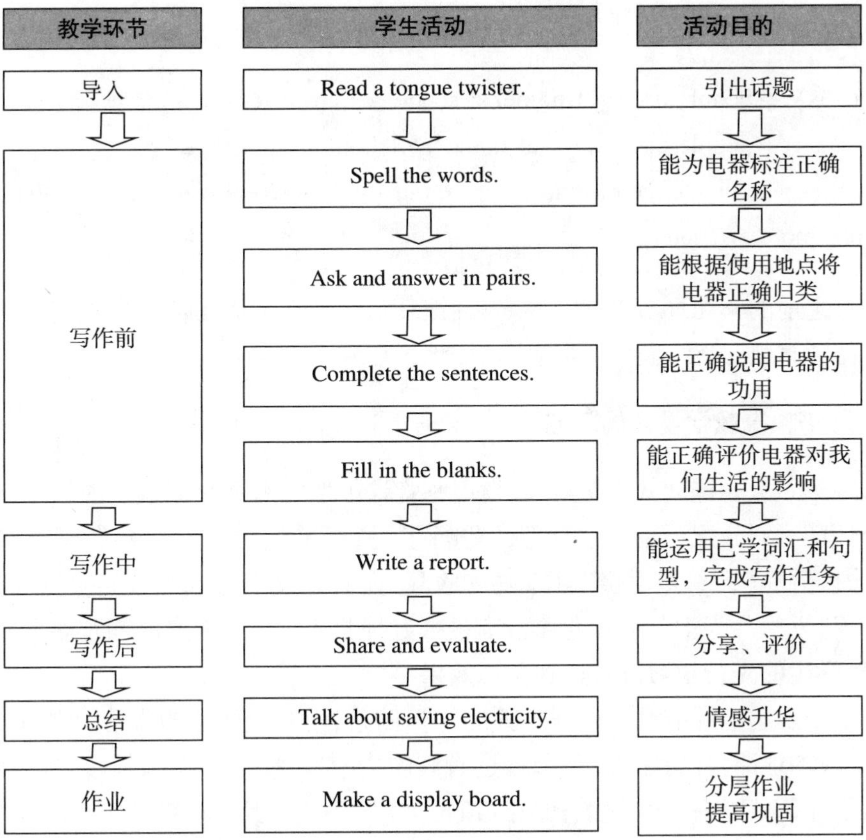

图 4　教学设计流程图

(一)第一次教学设计的亮点

1　先行学习卡能激发学生自主学习积极性

在先行学习卡中,教师罗列出本课时将会涉及的所有电器图片,要求学生先行自学,标注出电器的英文名称,为最终能顺利完成本课时的任务做好单词储备。此设计旨在识别词义、检测读音,落实“掌握电器名称”这一目标,也检测学生先行学习的效果。同时,教师也不仅局限于课本,留出两个空让学生们自行填空,搜集他们所知道的或者查阅到的更多不同的电器名称,以丰富学生们的词汇量,也激发了他们的求知精神。

2 练习反馈卡能将本课所学语言点落到实处

练习反馈卡实际上是进一步检测本课时所学的3个语言点：

(1) We/people use... at home/at school/in an office;

(2) We/people use... to... at home/at school/in an office;

(3) make us feel comfortable, make our lives more enjoyable/convenient, help us work more efficiently

通过之前的学习环节，学生在练习反馈环节将独立完成一篇小作文，教师已为学生搭建好了框架，学生能将本课所学自如地运用到写作中去。

(二)第一次教学设计的问题

通过第一次的课堂教学实践，我发现整堂课虽然能勉强完成预定的教学环节，但是各个环节时间分配不是非常合理，“先行学习”环节耗时较长，“合作探究”环节处于“赶进度”状态，“练习反馈”环节匆匆收场，尤其是反馈形同虚设。整堂课也没有充分体现“以学生为主”，学生思维没有被很好地激发。主要存在的问题如下：

1 学生的先行学习没有达到预想效果

由于个别学生课前没有做好充分的知识储备，尤其是关于电器名称的单词没有过关，导致本堂课“先行学习”环节推进有些吃力，耗时比预计要长很多，也影响了后面的教学环节。“先行学习”的初衷应该是为营造民主的课堂氛围奠定基础，提高课堂教学效率。显然，本堂课的先行学习并不成功，没有达到理想的预习效果。因此今后教师要指导学生做好先行学习工作。给予学生先行学习的时间，充分了解学生的先行学习情况，从而把握上课的节奏和难易程度，把“先行学习”环节落到实处，培养学生自主学习的良好习惯。

2 学生的合作探究欲没有被充分激发

“合作探究卡”的设置旨在训练学生本堂课一个非常重要的结构，即use... to do...，同时也巩固电器的名称及拼写，并让学生能说出各种电器及其用途和使用地点。活动的设计初衷是想给学生提供一些有用的词组，为后面学生的写作提供一定的语言输入，但是考虑到学生的实际英语水平，有的学生可能对于正确说出其对应的电器名称并拼写出来都会感到困难，因此我考虑让学生合作完成句子的填写，并通过对话形式来操练，比如：

Student A: What do we use irons to do at home?
Student B: We use irons to iron clothes at home.

课后，有听课老师认为我设计的这个环节更着重于基础训练，而“三三制教学”的真正目的在于解放学生的头脑、眼睛、嘴、双手，应该要为学生提供开放、多元、民主、生动的学习环境和丰富的发展机会。

3　学生的练习反馈时间不够充分

从课堂观察来看，学生平均花了 5~8 分钟就完成了写作，写作成果水平也是参差不齐。之后，由于时间关系，我只选取了一位同学的作文通过投影仪进行了展示，并由我自己作了点评，主要是指出语法错误。这一过程大概只用了 2~3 分钟，显然，对于学生的作文反馈比较草率，除了被选中展示作文的同学，其余同学基本没有参与到反馈环节中。

三、课堂教学改进

在总结第一次教学实践的得与失后，我对于“三卡”中的“先行学习卡”和“合作探究卡”进行了重新设计，对“练习反馈卡”进行了改进，改进后的“三卡”如图 5~图 7 所示。

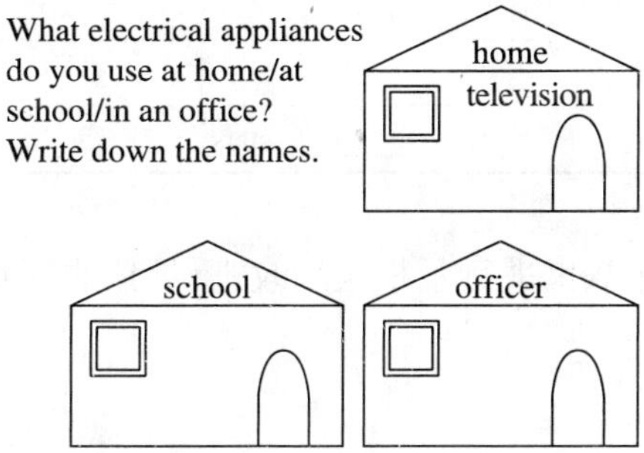

图 5　先行学习卡

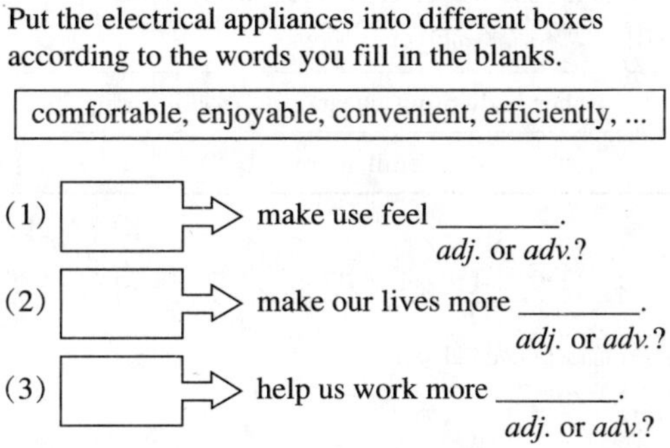

图 6　合作探究卡

Today, people use electricity in different places. ①
People use ________, ________, ________ at home.
People use ________, ________, ________ at school.
People use ________, ________, ________ in an office.
(Name: ________)

At home, people use ________ to ____________________. ②
At school, people use ________ to ____________________.
In an office, people use ________ to ____________________.
(Name: ________)

____________________ make us feel ________. ③
____________________ make our lives more ________.
____________________ help us work more ________.
(Name: ________)

Peer-evaluating Checklist(同伴互评检测表)

Checklist	★★★	★★	★
1. Does he/she spell the words about electrical appliances correctly?(他/她能正确拼写电器名称吗?)			
2. Does he/she tell the uses of electrical appliances correctly?(他/她能正确说明电器的功用吗?)			
3. Does he/she use proper adjectivies or adverbs?(他/她能使用恰当的形容词或副词吗?)			
4. Does he/she use other different expressions?(他/她能使用其它不同的词汇表达吗?)			
5. Is his/her hadwriting chear?(他/她的字迹清楚吗?)			
Overall score(总分)	________ stars		

图7　练习反馈卡

在对"三卡"做了调整之后,我对部分教学环节也进行了相应的改进,具体的课堂教学流程图见图8。

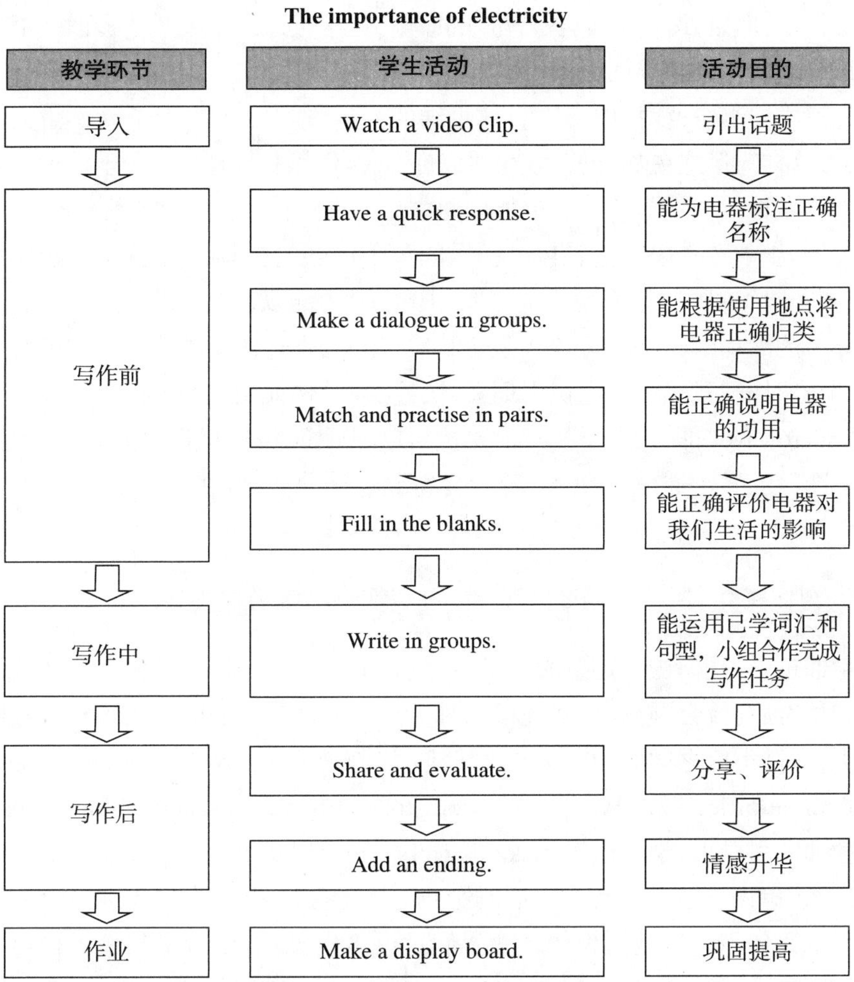

图 8　改进后的教学设计流程图

改进后的第二次课堂教学的亮点如下。

(一)先行学习卡——基于学生已知,在教材词汇处搭建支架

写作是一项语言输出活动,输出必须以输入为基础,因此,教师在写作指导的过程中必须设计有效的语言输入活动,从而满足学生在写作输出中的实际需求。教材是学生在课堂上接触最多,也是最充分的语言材料,教材上的词汇在学生写作过程中的语言输入方面起了相当重要的作用。在学习完新的词汇后,教师不能脱离语境孤

立地操练词汇，而是要运用“词不离句”的原则，让学生通过语境感悟、理解词汇，最终掌握词语的用法并能够灵活运用。

在先行学习卡中，我把原本以教师主导的先行学习内容改为了以学生为主导的学习内容，这样的形式更加开放，学生可以在分别代表3个地方的房子里填上会用到的家用电器名称，越多越好，这也更能体现学生学习的自主性和差异性。

课上，学生观看一段由笔者自己拍摄的关于电器的视频，并提问“视频中出现了哪些电器”“老师在哪些地方用了电器”，引出本课课题以及3个使用地点。在检测先行学习环节的活动中，我保留了“火眼金睛”的游戏，不过由于涉及的电器名称数量较多，为了节省时间，我只让学生识别词义、快速反应，例如看到“微波炉”图片，学生迅速说出“microwave”即可，至于拼写的检测可以在后面的教学环节中通过书面形式检测。这样图片的显示速度加快了，游戏变得紧张起来，学生的学习兴趣也被调动起来了。

（二）合作探究卡——基于对话训练，在真实情境中搭建支架

学生通过学习、模仿一定量的句子后，就有了一定量的语言基础。在语言积累达到了一定程度后，就会顺畅、自然地根据对话支架进行对话类的语言输出。在合作探究环节中，通过小组之间“开火车”的对话形式，操练句型“We/people use... at home/at school/in an office.”和“We/people use... to... at home/at school/in an office.”

在教师的引导下，学习运用make us feel…，make our lives...，help us work...这几个词组来“正确评价电器对我们生活的影响”。希望给学生提供真实的语境，让他们能自然生成语句表达自己的想法。学生们讨论热烈，纷纷用所学句型评价电器对我们生活的影响。学生A说“Air conditioners make us feel cool in summer.”学生B说“Printers help us work more efficiently.”学生C说“Computers make our lives terrible.”对于这个评价，我有些出乎意料，当然我也欣然接受，于是我问学生C：Why do you think so？学生C回答：“Because many people spend much time chatting on comptuers while they spend little time chatting with family members.”这是合作探究活动所带来的积极作用——让学生通过思维的碰撞来促进思维品质的提升。

（三）练习反馈卡——基于语段模仿，在语篇运用中搭建支架

联系之前的单元学习，创设情境，让学生一起做一个关于“电的重要性”的展板，

小组合作完成写作任务。考虑到该班学生两极分化的实际学情,本堂课我将学生进行分组,通过发挥小组中优等生的作用,带动学困生学习,合作完成课堂任务。在活动过程中,学生能借助于语段支架体会到写作的成就感,同时也考查了学生综合语言的运用能力。写作前,明确小组分工,每个组员根据自己的学习能力选择1.2.3.其中的一个任务完成,这样使得每一位学生都有任务可做,而不是让小组合作形同虚设。由于班级中学生层次不同,通过分割短文,也降低了写作要求,更让班级中的学困生获得成就感。

写作后,大家根据“检测表”进行自查,最后由组长将大家完成的文章片段贴到一起,再在黑板上展示。在反馈环节中,选取2~3个小组的写作进行展示,并邀请其他组的同学点评,略感遗憾的是学生评价时用词比较单一,平时仍需加强这方面的训练。最后,引导学生从写作的完整性考虑,通过学生小组讨论,补一句合适的结尾句。通过小组协作以及教师的引导,一篇短文便在课堂上完成了。课后作业作为课堂活动的巩固与延续,让学生独立完成一篇关于“家用电器”的短文写作。

四、收获与心得

通过这堂英语写作课与“三三制教学”碰撞后,我发现学生写作学习的自主性慢慢的被激发了,以往传统的写作课学生课前不会作任何准备,课上老师出题,学生写作,多半都是想到哪里写到哪里。而现在的“三三制”课堂上,学生带着自己的思考上课,积极探索,乐于表达,合作意识也大大加强。

当然,我们在借助“三三制教学”进行英语写作课设计时,还应该注意以下几点。

(一)创设与生成并重

教师备课时要清楚把握思路,创设问题情境,反映学生的认知、思想情感的疑惑和要求。教学过程应是师生交往、积极互动、共同发展的过程,学生的质疑、教师的点拨、知识的引申都可能会有新的知识生成,像本堂课中会出现很多书本上没有的、但是学生却会想到的常见的家用电器名称,比如咖啡机(coffee machine)、吹风机(hair dryer)等,因此教师要注重备课的双向性、灵活性。

（二）启发与讨论结合

增强课堂的民主性、培养学生的自主性，问题情境设置出来后，可以灵活地采用各种生动活泼的形式，充分发挥学生的主体作用，让学生在各种形式的活动中真正“活”起来，“动”起来。本堂课中我让学生小组合作时，不同层次的学生根据自己的学生水平完成一个任务，每位同学都在小组活动中起到不可或缺的作用。通过这些活动的开展，学生在自主、合作的空间中学习一定会如鱼得水，推动教学活动的顺利开展。

（三）练习与反馈渗透

写作课的反馈部分是教师最难把握和控制的一个环节，因为学生的写作是存在个性差异的，这就要求教师充分重视学生在课堂反馈环节上的表现，积极地看、听，真实地感受学生的所思所想，随时掌握课堂中的各种情况，适时运用语言、表情等手段激励、唤醒、鼓舞学生，使师生互动收到良好的效果。当然，如果总是教师一个人唱独角戏，学生就会觉得无聊枯燥，对练习反馈环节失去兴趣。教师在反馈时，可以是引导者，也可以是参与者和帮助者，不仅要充分考虑到学生的参与热情，还要让学生互相点评反馈同学的习作，这样才能激发学生的兴趣，起到激励作用。

当初中英语写作教学遇见了“三三制教学”，我们的课堂变得不再枯燥乏味。教师的教学手段多样起来，学生的学习热情高涨起来，学习效果和质量也得到了保证，相信“三三制教学”在初中英语写作教学中能发挥更积极、更关键的作用。

点评：本课例探讨“三三制教学”理念如何在英语写作中体现。研究非常好地利用了“三三制教学”中的“三卡”作为教学的抓手，并对“三卡”进行了多次打磨，较好地实现了“三卡”的教学功能，即引导教学进程、承载教学内容、提供学习平台、规定教学评价标准和手段等。

在“三三制教学”的英语写作课堂中，作者围绕学习主题，搭建语言支架；合理创设情境，引入学习主题；通过独立思考，尝试解决问题；小组协商讨论，共享思维成果；自评互评结合，检测学习效果。

“三卡”中的每一卡都留给教师在课堂上及时调整因预设和生成有偏差而产生问题的机会，建议设计时要多预设课堂可能生成的问题，以便在课堂实践中教师能把控全局。

第三章
化学学科

“三三制教学”中合作探究卡的设计与使用研究

——以《再议氢氧化钠和碳酸钠》实践课为例

上海市宝山区教育学院　刘　帅

一、实践背景

目前初中化学课堂教学中普遍存在的状态仍然是学生被动接受知识，学生的学习方式主要还是以个体学习的形式开展，即使有一些合作学习活动，也只是流于表面形式，究其原因还是在于较多教师的教学只关注知识点的传授，应试痕迹严重，学生对知识的学习基本上靠的是死记硬背，大多学生只知道是什么，不知道为什么，更不能很好地利用所学知识去解决实际的问题，学生的学习效率低下、能力难以提升，学生学习化学的兴趣逐渐减弱。笔者曾对 6 所不同学校的 1200 名九年级学生学习化学的兴趣开展问卷调查，调查结果统计见图 1。

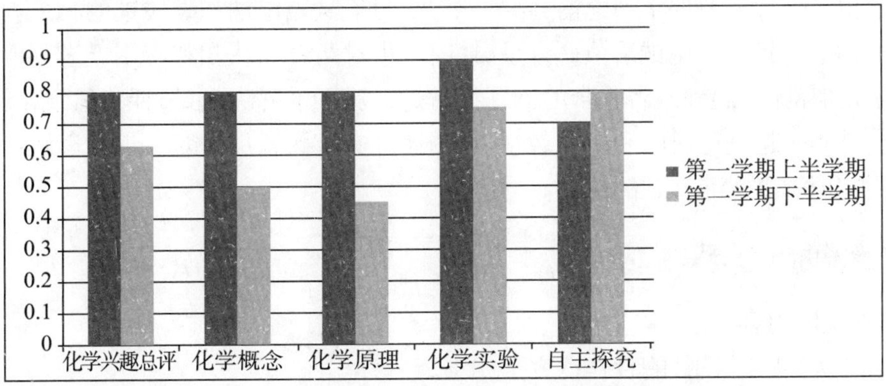

图 1　九年级第一学期不同时段学生学习化学的兴趣数据

从图 1 可见，学生在刚开始学化学时对化学的学习兴趣还是相当浓厚的，但在长时间的枯燥无聊的学习之后，学生对化学学习的兴趣明显下降。

化学是一门以实验为基础的自然科学，化学实验活动则是学生最常见的学习方式，在实验过程中不仅需要学生个体的动手实践，还需要学生的动脑思考，更需要同学之间的互相合作，通过合作学习过程中的动手、动脑和交流，在培养学生提出问题、进行假设、制订计划、搜集证据、解释问题、表达交流等科学探究的各关键能力，而这些关键能力在学生的个体学习活动中得到的发展比较有限。为了更好地促进学生深入思考和深入学习、促进学生科学探究各关键能力的形成和发展、减轻学生负担、保持学生的学习兴趣，改变课堂教学模式势在必行，而“三三制教学”模式的教学环节中就有一个合作学习的重要环节——“合作探究”，为我们改变课堂教学提高学生能力提供了操作模式，“合作探究”教学环节是“三三制教学”模式的灵魂，其基础则是“合作探究卡”的设计与实施。

二、“合作探究卡”的设计与使用

本节实践课《再议氢氧化钠和碳酸钠》的教学内容为九年级化学第二学期第五章《常见的碱——氢氧化钠》与第六章《常见的盐——碳酸钠》的整合内容，是学完酸碱盐后的一节复习课内容，通过敞口放置的氢氧化钠是否变质和变质程度的真实问题的思考，复习所学碱和盐的化学性质并进行实验探究，提升学生科学探究各关键能力。

学生在进行本节课学习之前，已经分别学习了氢氧化钠和碳酸钠的相关性质，由于碳酸钠溶液和氢氧化钠溶液一样呈碱性，学生对两者的认知和应用上容易混淆，有的甚至是混乱的，遇到两者整合的问题经常是无从下手解决，本节课将氢氧化钠和碳酸钠整合到一起进行对比和探究教学，意图通过实验探究加强对知识的理解，增强学生运用知识解决实际问题的能力。

（一）第一次实践

1 实践内容

第一次实践时设计的合作探究卡如下。

|合作探究卡|

【提出问题】

探究敞口放置的氢氧化钠溶液中的溶质成分。

【猜想】

溶质成分可能是：猜想①，碳酸钠；猜想②，氢氧化钠；猜想③，__________；

【设计实验方案】

设计实验方案验证猜想。

操作	现象	结论
取样，加入过量的硝酸钡溶液；	__________	________（填“有”或“没有”）碳酸钠；
__________	__________	________（填“有”或“没有”）有氢氧化钠。

【动手实验】

按照上述实验方案进行实验，验证自己的猜想。

实验结果：该溶液的溶质是____________________，猜想________成立。

【交流实验结果】

【评价实验方案】

第一步操作中“加入过量硝酸钡溶液”的目的是________；

【我的心得】

____。

2 实践反思

该内容的常规教学大多是以教师提出的逐渐升级的问题开展教学，如：

（1）氢氧化钠易与空气中的什么物质反应而变质？写出反应的化学方程式；

（2）若要证明该氢氧化钠溶液是否变质，应检验溶液中是否存在什么物质？简述证明该物质的方法？

（3）若要证明该氢氧化钠溶液是否完全变质，应检验溶液中是否存在什么物质？简述证明该物质的方法？

（4）证明上述问题中存在物质的检验是否要考虑物质检验的先后顺序？你的理由是什么？

课堂上,学生看似大都能回答出教师的问题,好像都会了,但实际上学生还是被教师牵着走的,当学生遇到实际问题又没有人在旁引导的时候,大都会出现不知如何下手解决问题的情况。

本次实践课堂中,教学是以科学探究的一般步骤呈现于学生眼前,让学生在经历提出问题、进行假设猜想、制定实验方案、动手实验搜集证据、解释问题和表达交流的科学探究一般过程中,初步形成按照科学探究的一般过程进行科学探究的思维方法,提升了学生科学探究能力。学生有的紧张、有的兴奋、有的淡定、有的束手无策,在课堂上学生之间的交流增加了,学生之间的合作变成了必需。大多学生在经历这堂课后初步认识到解决问题的思维方法,同时促使一些基础薄弱的学生认识到掌握住知识在解决问题时候的重要性。但在此案例的设计中,整个探究过程还是存在"牵着鼻子走"的影子,学生虽然经历了一次科学探究的完整过程,但整个探究过程中,学生只是在教师给定的情境中对探究过程进行了补充完善,并不是学生自主进行的探究,学生探究问题的自主性没有被完全激发,学生的自主探究能力并没有得到明显的发展。因此,笔者针对上述问题进行改进,又进行了第二次实践。

(二)第二次实践

1 实践内容

|合作探究卡|

【提出问题】

合作探究1:探究氢氧化钠试剂瓶口的白色固体是什么?

【猜想】

你的猜想:白色固体是____________________。

【设计实验方案】

设计实验方案验证猜想(可设计多种方案)。

实验目的	实验步骤	预设实验现象及结论
检验________	________ ________ ________	________ ________ ________

【动手实验】

按照自己设计的实验方案进行实验,验证自己的猜想。

实验结果:该白色固体是________________________,猜想________(成立或不成立)。

【交流实验结果】

【评价实验方案】

合作探究2:怎样处理变质的氢氧化钠?

【讨论】

【交流】

合作探究3:你能举出与本节课两种物质关系相似的几组物质吗?

____;

【我的心得】

____。

2 实践反思

本次实践合作探究1的问题和探究过程与第一次实践时相同,但呈现出来的方式是没有给出任何的提示,增加了探究的难度,本次实践中还增加了一个合作探究2的混合液处理问题和合作探究3的同类型问题的归纳,比较好地体现了对学生情感态度价值观的培养。

本次实践中探究的问题虽然加大了难度,造成学生的探索带有一定的盲目性,但由于教师对结果没有事先预设,猜想均来自学生对氢氧化钠性质的认知,学生做出的任何猜想只要能在后续的实验验证过程中得以证明都是合理的。因此,学生的每一次探索都会有收获,所以大大激发了学生实践探索的兴趣和创造的欲望,在整个教学过程中,学生都是以主动探索的热情寻求着自己的探索目标,在此过程中哪怕得到的结果是错误的,那也是学生经过思考后的实践体验所得,促进了学生的思维发展。问题探索时的盲目性,使得学生不可避免地会遇到这样那样的问题,也促使学生在实践—认识—再实践—再认识的探索实践中不断打破自己的原有认知平衡,尽可能多地向自己和他人提出与研究对象有关的各种问题,如学生在选择检验试剂“过量硝酸钡溶液”时,讨论是否可以用氢氧化钡溶液或过量的盐酸?然后再经过反复尝试和体验,寻求解决问题的方法和途径,学生在试验过程中不断地进行思维的自我修正和自我完善,提升了科学探究的思维品质,形成科学的思维策略。同时,由于没有统一的要求,学生的探索方案各不相同,通过交流和讨论,在对他人方案进行批判和认同的同时,发展了自己的探索策略。

二次实践中学生均以"同质分组"形式开展探究活动,能力中下游的学生组别很难展开探究,但如果设置为"异质分组"的学生活动,又会出现能力较强的学生表现突出,而能力较弱的学生没有充足的时间自己思考与判断,因此在问题的设置以及分组的方式上还有待进一步的思考与探索。

三、"三三制教学"模式"合作探究卡"实施感悟

"三三制教学"模式中"3 卡"的编制过程是教师精心准备一节课的过程,其中"合作探究卡"的设计与实施是"三三制教学"模式的灵魂。在学习卡的编制过程中既体现教师对教材的透彻理解,也体现出教师对学生的充分了解和信任,更体现出教学是以学生为主体的课堂教学,它不仅考验学生的自主学习和合作学习能力,更考验教师的专业能力和驾驭课堂教学的能力。

"三三制教学"模式把个人自学、小组交流、全班讨论、教师指点等有机地结合起来,进而促使组与组之间、人与人之间的合作和竞争,激发学习热情,学会与人沟通,使学生在互补促进中共同提高。特别是合作探究卡的学习环节,因为探究的问题是以先行学习卡自主学习过程中发现的问题为基础而设计或预设的真实的具有真正探究意义的问题,学生在解决这些真实的问题时由被动变为主动,探究的问题通过提出问题—进行假设猜想—制定实验方案—动手实验搜集证据—解释问题和表达交流等环节展开,提升和发展了学生科学探究各关键能力,拓展了学生的思维,切实提高学生应用知识解决问题的能力,以及合理分工和合作的团队意识。合作学习中学生在向组内成员阐述自己的看法时,作为讲授者的学生,为了能够讲得更清楚、透彻,必须对所学的材料进行认真的阅读和分析,做好充分的预习工作,这不仅提高了学生的学习积极性,自学能力也跟着提高了。

在"合作探究卡"环节中,探究问题设计要真实有实际探究价值,教师要有深厚的学科专业功底,还要具备很强的组织教学能力和与学生沟通的能力。这里的合作探究不是简单把学生分成若干小组进行小组讨论就可以,而是要通过小组合作促进学生认知和情感的变化,形成一种合作探究的精神和意识,合作探究如果就只是走过

场,则很难保证合作学习的效果。现实中很多教师并不能很好地掌握合作学习的知识与技能,实际操作中会很茫然,很难保证合作学习的顺利进行。合作学习时很多小组学生的参与程度是不均衡的,大部分学生一声不响,成为“多余人”,这些“多余人”在合作学习中就难以达到共同发展的目的,有些学生自制力不强、不专心,易受干扰等影响了合作学习的效果。

针对实践中出现的学生发展不均衡的问题,可以事先让学生知道要合作探究的问题,让学生课前去搜集资料,提前思考,让所有的学生都有足够的思考的时间和空间,从而使学生对问题有一定的独立见解。在进行分组时,可以让学生自由组合,利用情感因素促使学生积极参与学习,同时给予适度的组织和调控。独立思考是学生主体地位的核心标志,引导学生进行自主、合作学习时,必须鼓励学生主动思考,独立思考,创新思考,在独立思考的基础上组织合作学习,使学习过程呈现出“由独立思考向集体智慧”的过渡提升。小组展示一定要通过小组成员表现加分记录单促使“全员参与”,鼓励学生求异思维,发表不同见解,最大限度地暴露学生潜在的问题,进而把学生的展示活动调理为展示主体精彩和彰显学习成果的过程。

点评:本课例的教学模式很好地反映了“三三制教学”的理念,更多地将课堂还给学生,在小组合作学习中,形成了师生、生生之间的全方位、多层次、多角度的交流模式,使小组中每个人都有机会发表自己的观点与看法,也乐于倾听他人的意见,使学生感受到学习是一种愉快的事情。课例较好的验证了“三三制教学”理念的效果:一、实验室真实有价值的问题情境导入能激发兴趣;二、开放性试剂的选择,赋予学生自主权,调动了学生的学习兴趣;三、合作学习的方式,使学生感到愉悦;四、真实有价值的问题探究,能激发学生的求知欲。

“三三制教学”中有效开展合作学习的实践探究

华东师范大学附属杨行中学　周佳琴

一、问题的提出

如今大部分教师的教学思想不断更新,正在逐步形成民主、平等、和谐的课堂氛围,教师们正努力地关注学生,重视学生学习的主体性和主动性,一些课堂上有了自主、合作、探究等学习方式的趋向,但是在日常教学中大部分教师的教学方法仍需要更新,重结论轻过程的教学仍占主导,在面对全体的基础上,如何尊重差异的课堂教学还没有有效建立起来。“三三制教学”就是为了解决这些问题,由宝山区教育学院何光辉博士发明的一种提高教学有效性的教学方法。“三三制教学”依托“3 卡”推进。这“三卡”分别为先行学习卡、合作探究卡、练习反馈卡。“三三制”教学方法于 2013 年 9 月在数学学科正式实践,笔者通过跟踪学习,于 2015 年 9 月在化学学科开始实践,在实践中发现:如何完成教学任务,激发学生的学习主动性,激发学生的合作学习,是“三三制教学”的重中之重。

二、概念界定

合作学习(cooperative learning)是 20 世纪 70 年代初兴起于美国,并在 1970 年代中期至 1980 年代中期取得实质性进展的一种富有创意和实效的教学理论与策略。合作学习是一种结构化的、系统的学习策略,由 2~6 名能力各异的学生组成一个小组,以合作和互助的方式从事学习活动,共同完成小组学习目标,它在改善课堂内的社会心理气氛,大面积提高学生的学业成绩,促进学生形成良好非认知品质等方面实效显著。合作学习旨在通过组内互动、组际竞争,培养学生互助、合作与竞争的意识,解决课堂重点,突破难点,提升课堂效果,通过合作学习,学生不仅要会学、善学,还要学会如何与同伴友好相处,互帮互利,更要学会相互欣赏,相互借鉴,最终实现共同进步，增强班级的凝聚力。但是在有限的课堂教学中，如何有效进行合作学习，其中有很多操作要点。笔者以九年级化学第二学期总复习阶段开设的《混合溶液中的物质检验》为例，谈谈课堂中如何开展合作学习。

三、课例要解决的问题

通过近一年的学习，学生对化学基础知识掌握得比较好，具有一定的分析化学问题的思维能力，溶液中常见酸碱盐单一物质的检验基本上都已掌握，但是对溶液中有两种或两种以上物质的检验采用什么方法及要注意的问题综合分析能力有所欠缺。本节课的重点是掌握混合溶液酸碱盐检验的基本方法和注意问题，难点是选择合适的试剂除去其他物质，以免对被检验物质产生干扰。笔者在以前的教学中基本是采用传授式的方法，比如通过一道题进行讲解，然后再通过一道相应的题目进行巩固训练，但最后发现几个理解能力相对好的学生似乎很快就掌握了，他们在课上积极呼应老师，导致老师以为学生都已掌握。但事实上这些方法是老师给出的，并不是学生自己归纳出来的方法，所以换一个问题他们就又不会了，并且大多数同学在下面滥竽充数，不懂装懂，于是笔者采用“三三制教学”方法来突破难点达到教学目标。

四、问题解决的过程

（一）设计“合作探究卡”，让合作的目标清晰化

合作探究不是“放羊”，教师要充当领路人，首先要让学生明确合作目标，这样才能有的放矢，而不仅仅是表面上热烈实际上无效的合作。“合作探究卡”环节中不能把练习题直接抛给学生，让学生无目标讨论，不能以为合作探究就是完全交给学生去处理，让学生带学生。教师要及时发挥引领作用，要让学生明确合作目标是什么，毕竟一节课只有40分钟，要完整的完成“三卡”，达到教学目标，不能浪费无谓的时间。我们利用“合作探究卡”作为载体，将合作的任务明确。在“合作探究卡”中，我设计了两道题目。

练习1的第（1）问比较简单，先让学生自己作答；第（2）问是要合作完成的问题，先引导学生要证明什么？关注的物质是什么？即要证明①发生了化学反应一种方法

采用证明反应物没有了;② 有新物质生成。这里的反应物是稀硫酸和氢氧化钠,生成物是硫酸钠。通过这一引导学生就展开了讨论,下面的选项应该是针对证明没有稀硫酸从而证明发生了化学反应,那就要找出稀硫酸和硫酸钠的化学性质的不同。

练习2引导学生先要关注题目中要证明什么(氯化钠),有哪些干扰因素(氢氧化钠和碳酸钠)。这样学生讨论起来就有了明确目标,经过多次的合作训练,学生逐步也就明白了合作学习中不能盲目,要先找好需要合作目标。

|合作探究卡|

练习1:小张同学用稀硫酸、氢氧化钠溶液、酚酞溶液3种试剂,按图示进行酸碱中和反应的实验。

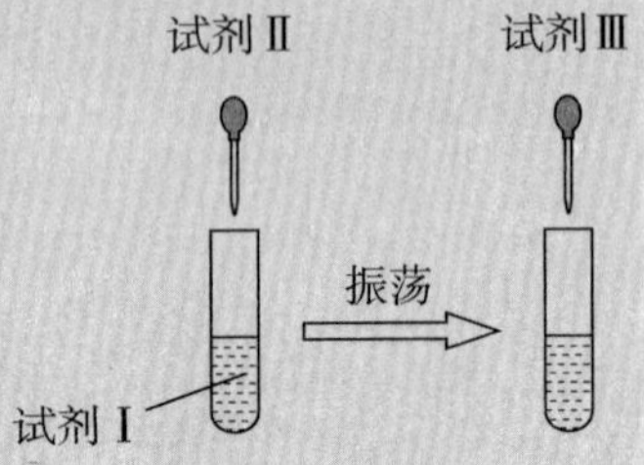

(1) 在盛有试剂Ⅰ的试管中,先后加入试剂Ⅱ、试剂Ⅲ,同时不断振荡,观察到溶液先变红后变无色。试剂Ⅱ是________。

(2) 取上述实验后的无色溶液少许于试管中,加入合适的试剂,可验证化学反应是否恰好完全反应,下列中不能加入的试剂是________。

A. 石蕊溶液　　B. 铜片　　C. 氧化铁　　D. 硝酸钡溶液

设计方案时注意问题一:________________________________

练习2:氯化钠是用途极为广泛的化学物质。在厨房里,它是最重要的调味品;在医药上,它用于配制生理盐水;在化工厂,它是生产烧碱的基本原料,通过电解饱和食盐水,可以制得烧碱。为了检验某烧碱产品是否含有氯化钠和碳酸钠,进行下面的操作:

(1) 取样,用蒸馏水充分溶解配成溶液;

(2) 往溶液中逐滴滴入过量的硝酸;

(3) 再往溶液中滴入几滴硝酸银溶液。如果________则说明样品中含有氯化钠,操作②的目的是________________________________。

(4) 步骤(2)中的硝酸能否改为盐酸________________________。(在学生提出质疑为什么要滴加过量的硝酸时在给出该问题)

设计方案时注意问题二:________________________________。

通过练习1得出:混合溶液检验设计方案时要注意如果用化学方法检验某种物质时所加试剂不能与溶液中其他物质即干扰物质发生化学反应产生相同的现象。

通过练习2得出:混合溶液检验设计方案时要考虑到有哪些干扰物质,如何除去干扰物质。

(二)通过团体和个体评价,提高参与的积极性

合作学习参与率要高,这是"三三制教学"模式的意义所在。在"三三制教学"中,教师成为学生学习的促进者、组织者和指导者,学生成为学习的主人,主动建构知识、掌握技能和养成态度,成为课堂学习的探究者、合作者和表现者。

1 通过小组加星团队评价,激发学习积极性

通过观摩学习和网上查阅资料,按组内异质组间同质将学生分为5组,每组5人,组长由学生推荐。规定组长的职责:负责组织组内同学的学习和讨论,收集组内同学的疑问,及时为组内同学解决问题等。上课伊始,做好课前动员,即按"三三制教学"模式进行,组间进行竞争,小组每回答一个问题或者进行小组汇报展示时奖励一颗星,最后进行汇总,得星最多的小组将得到奖励。相比平时复习中枯燥无味的做题讲题,采用"三三制教学"模式,进行小组合作加星这种方法,激发了学生学习的积极性,课堂讨论激烈,为了小组多得星,回答问题积极主动。但笔者仔细观察,发现小组内激烈讨论的可能就是那么一两个学生,主动回答问题的也是那么一两个学生,不少懒得动脑的学生缩在后面。

2 通过小组个体评价,促进人人参与

在合作学习交流中,好的学生可能成为同伴、小组或全班的"教师"。事实上学习薄弱的学生有时候也能成为学习好的学生的小老师。学生们在合作学习中取长补短,互相学习、研究,成为教学活动的真正的"主体",增强学习自信,养成良好的学习习惯。为了使合作学习有效进行,笔者设计了如下的评价指标(见表1),以评价促进学生的积极参与。评价的维度包含参与过程与参与结果两个维度。参与的过程性指标是参与质疑与互动的次数。参与的结果用问题解决的数量来表示,每人每次行为都嘉奖一颗星。

表1　评价指标

第一组	主动质疑	主动答疑(或帮助同学)	没解决的问题	合计
吴同学				
张同学				
姚同学				
杨同学				
刘同学				
总计				

根据汇总,每节课评出最佳小组和最佳个人。

每组第一位学生为组长,组长事先由同学推出,通常是学习能力较强,有爱心和责任心,能积极主动帮助同学,对组内成员有号召力的学生。由于评价指标不仅是一个小组统一打包处理,还统计到个人,学生的主动性立刻增加了,每位同学都争先恐后为小组获得更多的星,特别是学习能力弱的同学,看到没解决的问题也能争星,更是毫不掩饰地把自己没有弄懂的地方讲出来。如在本案例中,第一组学习能力较弱的刘同学就提出一个问题:通过第一题,我知道了如何证明稀硫酸和氢氧化钠溶液反应,是由于生成物硫酸钠和反应物稀硫酸都能和硝酸钡溶液反应生成白色沉淀,但是换一道题我估计就不会了。笔者调查发现不仅该同学存在这个问题,好多同学都有这个问题,这时需要教师及时发挥引领作用,带领学生一起总结初中常见物质检验有哪些干扰,如用硝酸银溶液检验盐酸及盐酸盐,干扰因素有碳酸盐、硫酸盐以及碱溶液;用酚酞试液检验碱溶液的碱性,干扰因素有碳酸盐溶液,等等。

采用小组打包评价和个人评价相结合后,每位学生都积极参与进来,为小组为自己争星,但是笔者在人人参与讨论的课堂气氛又发现了一个问题:由于学生平时在各门学科的学习中,很少参与小组合作讨论,有的仅仅是教学公开课上的展示,所以拿到问题后大多数同学不知道要讨论什么,或者说连基本的解题思路都没有。

总之,在“三三制教学”的引导下,我们积极尝试合作学习的有效性。“合作探究卡”的设计和小组团队和个体评价的实践,让学生参与合作的目标更加明确,参与合作的积极性更加高涨,为保证学习的有效性提供了有力的抓手。

点评:本课例使用了“三三制教学”的“3 卡”,促进了学生的深度学习。通过先行学习卡,学生明确了自己在本节课将要完成的学习任务,避免了教师讲什么学生自己记什么的机械学习。练习反馈卡,帮助学生巩固和运用知识,促使学生知识、能力系统化、结构化;而合作探究卡作为载体,促进了教师将课堂还给学生,让学生成为课堂的主人。

启发性教学的探索与实践

——《测定空气中氧气含量》“三三制教学”课例

上海市呼玛中学　沈　瑜

一、问题的提出

为了探索适合宝山的课堂教学模式，宝山区教育学院教育发展研究室和教学研究室共同启动了“三三制教学”实验项目。“三三制教学”强调“以学生的学习为中心”，以学定教，先学后教，少教多学，教学做合一。“三三制教学”中的“教”不是传统意义上的教，也不是机械的教，满堂灌式的教，而是以学生为中心，是启发式的教，是学生在教师的指导和帮助下学习、研讨和展示的过程。由此可见，启发学生、发挥学生学习的主动性是“三三制教学”的重要特征与要素。

那么如何在“三三制教学”中根据学生的实际情况进行启发引导呢？笔者以九年级化学第一学期《测定空气中氧气含量》为例，谈谈“三三制教学”的课堂中如何开展启发性教学。

二、背景分析

本课的教学内容为第二章课题1《人类赖以生存的空气》的第二课时。本课时要求学生通过对空气成分的探究，了解空气的组成。从知识水平上来看，九年级的学生在过去的学习和生活中，对空气已经有了一定的认知，知道其部分组成成分并能够记住空气中氧气的占比，这为本课时的学习打下了有利的基础；但从能力水平上看，因学生第一次接触到定量的实验探究，知识储备量还不够，科学探究能力有限，所以运用实验原理自主设计实验来探究空气中氧气含量，并对相关实验细节、实验现象给出合理的解释，对于学生而言有一定的难度。

因此在本课时“三三制教学”的设计和实施过程中，教师充分考虑到学生在自主探究过程中可能碰到的这些困难,通过不同途径和角度进行启发性教学。教师以科学家科学研究的过程为新知识的生长点,通过积极引导学生分析实验,体验科学探究的过程与方法,启发学生进行主动思考、自主探究,达到举一反三的目的。

三、教学过程

1 先行学习卡

|先行学习卡|

先行组织者:氧气的化学性质。

基础学习内容:1. 回忆氧气和相关物质发生反应,生成物的状态;

2. 阅读课本 34 页《拓展视野》拉瓦锡发现空气的组成资料。

达标检测:根据《拓展视野》资料回答以下问题:

提示:实验中的化学反应:$2Hg+O_2 \xrightarrow{\triangle} 2HgO$(红色粉末)

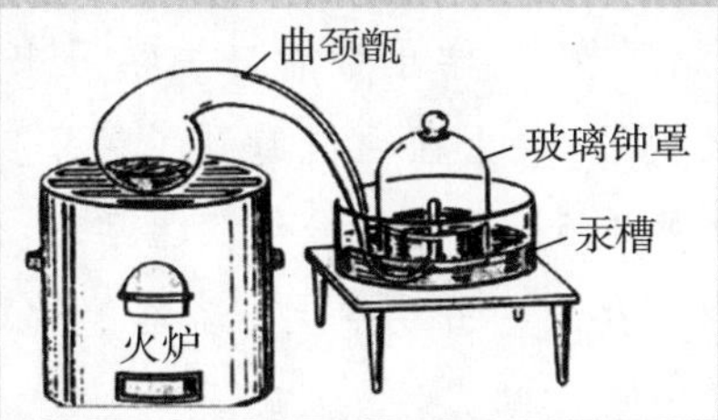

(1) 钟罩实验中空气的体积减少了 1/5,减少的是什么气体?

(2) 通过钟罩实验可以得出什么实验结论?

我的疑惑:钟罩实验的原理是什么?

简评:"先行学习卡"是整个教学设计的首要部分,是"三卡"教学的基础,促进学生自动学习,发现问题。在此环节笔者充分利用教材资源进行启发性教学,引导学生查阅课本 34 页《拓展视野》资料,初步知道科学家拉瓦锡在前人的基础上,通过实验探究证明了空气的组成,氧气约占空气体积的 1/5。

2 合作探究卡

|合作探究卡|

合作学习问题:1.拉瓦锡钟罩实验的原理是什么?

多媒体视频:拉瓦锡钟罩实验。

学生分组实验 1:滴管吸水实验。

学生归纳:拉瓦锡钟罩实验原理:同温同压下,________容器中吸入的液体的体积= 空气中的________的体积。该实验通过化学反应将密闭容器内空气中的完全除去,导致密闭容器内气压(填增大、不变或减小),在内外气压差的作用下钟罩内汞液液面上升,约为钟罩体积的________。

通过实验得出结论:____。

我的心得:在拉瓦锡设计的密闭容器中,汞与氧气发生反应,气体体积减小,汞液面上升,其体积就是消耗掉氧气的体积。

简评:"合作探究卡"是指教师与学生共同探究、研讨和展示交流的学习内容,主要以问题的形式呈现。在此环节中,学生带着自主学习中产生的问题进入到此环节的学习中,通过多媒体视频展示,学生直观地看到了钟罩实验的现象:水槽中的水银倒流进钟罩,约占钟罩体积的1/5。再通过分组实验活动:滴管吸水实验,一步一步通过这些不同途径的启发,由表及里的引导学生初步理解钟罩实验的原理。

合作学习问题:2.如何设计实验证明空气中氧气的含量?

问题 1:你认为有哪些物质可以通过化学反应将空气中的氧气消耗掉?

问题 2:你认为上述的什么物质可以用来测定空气中氧气的体积?为什么?

【小资料】1. 木炭与硫黄在空气中燃烧都会生成________,集气瓶中的气体的量几乎不变,导致广口瓶中的压强几乎________(填"增大"或"不变"或"减少")。

2. 镁既能与空气中的氧气反应,也能与空气中的氮气发生反应。

学生分组实验 2:红磷粗略测空气中氧气的体积分数

实验步骤:

(1) 检查装置的气密性;

(2) 用弹簧夹夹住橡皮管;

(3) 将足量红磷放入燃烧匙中点燃,将燃烧匙迅速插入集气瓶中,并塞紧塞子;

(4) 待燃烧完毕后,冷却到室温,将橡皮管放入烧杯中打开弹簧夹观察。

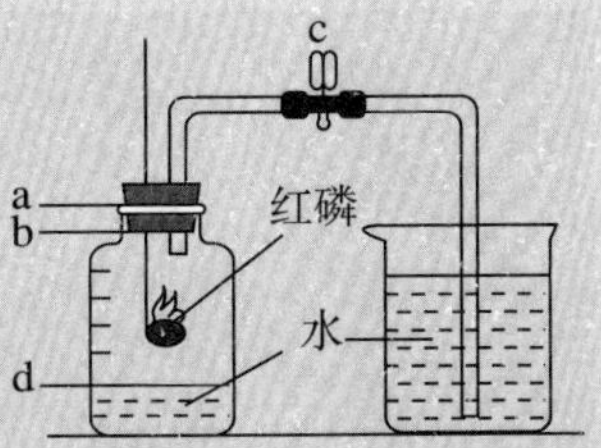

思考与讨论:

实验过程中可观察到有哪些现象?为什么打开止水夹后烧杯中的水就会进入广口瓶中?进入到广口瓶中的水的体积相当于原广口瓶中哪种气体的体积?通过该实验,可以得出什么结论?为什么产生误差?完成该实验有哪些注意事项?

我的心得:1. 装置的选择依据;2. 药品的选择;3. 实验误差的分析。

简评:此环节通过问题情境的设计,精心设计启发性提问引导学生进行分组讨论,初步得出测定空气中氧气含量实验装置和药品选择依据。并且通过小资料这一环节的设置,引导学生在药品的选择上除了要与空气中的氧气反应这一依据外,还要考虑到产物的状态和只能与空气中氧气发生反应,不能与空气中其他气体也发生反应这些要素。

同时此环节也发挥了课堂实验的功能进行启发,变演示实验为学生分组实验,充分调动学生的学习积极性,通过分组实验的造成误差与学生原本认知形成冲突、矛盾,适时点播学生关注实验操作中的要点,进一步理解本实验的原理。

3 练习反馈卡

|练习反馈卡|

巩固练习:某同学在培养皿中放好蜡烛,倒入一种无色液体,点燃蜡烛迅速倒扣上小烧杯,观察液面逐渐上升,蜡烛熄灭后冷却到室温,液面上升约 1/5,得出空气中氧气约占 1/5 。你认为是真是假,为什么?

【小资料】石蜡+氧气$\xrightarrow{点燃}$二氧化碳+水

简评:“练习反馈卡”是学生在教师的引导下,独立完成“巩固练习题”进行错题处理,进行归纳提升。使用蜡烛作为反应物测定空气中氧气的含量,体验化学与生活的密切相关性,通过情境的设置引导学生单独思考,结合小资料提示,巩固和运用知识,促使学生知识、能力系统化、结构化。

四、教学反思

"三三制教学"把自主学习定位于学与教的方式,学生在教师的指导下,根据自身条件、自身的需要,完成具体学习目标的主体性、能动性、积极性的教学方式,是以学生的学习为中心,最终达到教学做合一的目的。但是"三三制教学"中的自主学习一方面要充分发挥学生自主性;另一方面也离不开教师的科学引导。以下就是对本节课教学中启发式应用的一些反思:

(一)精心设计启发性提问

启发性的问题应该能够对学生有所启发,以问题的形式,引导学生自觉主动的思考。采用启发式提问教学,学生先得认真思考,再仔细听他人回答更正、补充,启发学生思考,由浅入深,一步一步地问答。

启发式提问又能教会学生抓重点、难点思考,培养学生提出问题和分析问题的能力。通过启发式提问,可变教为学,帮助老师转变教学思想,牢固确立学生的主体地位,使教师的主导作用与学生的主体地位有机融洽在教学活动中,更能开拓学生思路,使学生通过教师指点迷津,拨通思路,激发思想火花,引导他们步步深入探索。

比如本节课合作学习问题2,如何设计实验证明空气中氧气的含量?由于运用实验原理自主设计实验进行探究空气中氧气含量是本节课的重点也是难点,如果完全放手由学生自主讨论设计实验,根据已往的经验学生往往会束手无策,不知从何下手,最后又变成教师讲学生听满堂灌的形式,根本达不到"三三制"教学模块中学生合作探究解决问题的目的。所以在此环节中通过可以连续提问一系列问题,如:

问题1:你认为有哪些物质可以通过化学反应将空气中的氧气消耗掉?
问题2:你认为上述的什么物质可以用来测定空气中氧气的体积?为什么?

通过第1个问题引导学生回顾之前学习氧气的化学性质的内容,为接下来的上课内容做铺垫。通过第2个问题引发学生进一步思考哪些物质能用于测定空气中氧气的体积,并进行小组合作探讨,共同得出结论。

（二）充分利用教材资源、多媒体等教学资源进行启发

初中化学教材中许多章节都有与课本相关的《拓展视野》《资料库》和一些思考题等教学资源，为课堂教学提供了丰富新颖的资源。教师如能在教学中充分利用，创设各种情景进行启发，无疑能很好地激发学生的求知欲，既拓展了学生的知识面，又培养了学生的各种能力。除此之外，现代化教育技术手段的应用，尤其是多媒体的加入，也有利于学生在教师的指导下进行主动思考和探索。总之，多途径和多角度向学生呈现所学知识，引导学生进行思考，一方面能够降低学生对于知识理解的难度，同时也能够丰富课堂教学形式，展现新时期化学课堂的魅力，提高学生学习的兴趣。

比如在案例中：

环节1“先行学习卡”中的基础学习内容：阅读课本34页《拓展视野》拉瓦锡发现空气的组成资料；

环节2“合作探究卡”中多媒体视频：拉瓦锡钟罩实验。

以上内容把课本资源和多媒体资源进行了有效的结合，通过图文、动画演示、视频讲解等多种形式向学生介绍了科学家拉瓦锡以及拉瓦锡钟罩实验的现象和实验的原理，可以使问题变得更直观，接近学生的认知水平，这样学生也乐于思考。通过以上多途径的启发，也为学生自主设计实验测空气中氧气的含量作了做了有效的铺垫。

（三）发挥实验的功能进行启发

化学实验是化学科学赖以产生和发展的基础，也是激发学生学习兴趣、进行化学探究最主要的手段。启发式教学的目的是要求学生能举一反三、触类旁通地掌握知识。典型而恰当的实验能起到较好的启发作用，容易取得“反三”的效果。本案例中安排的分组实验1、2，分组实验1通过化学实验中的基本操作：滴管吸水，引导学生去观察、动手操作，通过具体的实验现象，强化他们的感知，引导他们通过具体例子来进一步理解拉瓦锡钟罩实验原理：同温同压下，密闭容器中吸入的液体的体积等于空气中消耗的气体的体积。分组实验2通过学生动手实验用红磷粗略测空气中氧气的体积分数，引导学生们从装置、实验操作、药品等多角度思考不同的实验结果。

点评：在上述案例中，教师有效运用了启发性策略，充分体现了“三三制教学”的

重要特征与要素,即启发学生、发挥学生学习的主动性。因此本课例在"三三制教学"中具有重要的意义。

"测定空气中氧气含量"对学生能力要求较高,是九年级化学的难点之一。在突破教学难点的过程中,教师根据教学任务和学习的客观规律,从学生的实际出发,通过启发式提问、充分利用教材资源、多媒体等教学资源的进行启发、发挥实验功能进行启发,开展以启发学生的思维为核心的启发性教学。

本课例通过启发式教学,不仅调动了学生的学习主动性和积极性,帮助学生解决问题,创造条件让学生自主学习,促进学生主体发展,提高学生自主发展能力;同时也充分体现了在"三三制教学"过程中教师的主导作用。

最后,建议作者在启发式教学实施过程中,进一步探求教师主导作用与学生学习主体作用都能充分发挥的最佳结合点,使教师的主导作用与学生的学习积极性都得以充分发挥。

STEAM+与"三三制教学"模式的结合

——以《探究影响化学反应速率因素》为例

上海市宝山实验学校　沈　涛

一、研究背景

STEAM+教育是面向未来的一种教育模式,有助于培养学生的科学探究能力、实践能力、创新意识、批判性思维、信息技术能力等未来社会的必备能力,顺应了处于伟大复兴历史进程中的中国面向未来的复合型人才培养的需求,培养学生快乐、有效地学习,从而实现"减负"。这与"三三制教学"模式目标一致。

中小学课业负担无论是在价值判断、成因分析还是策略解读上都存在着各自非常复杂的结构。在下一步的教育工作中,如何解决好这一矛盾,真正把减负落到实处,对于我国青少年儿童的健康成长具有十分重大的意义。

与此同时,这些负担也让孩子们花了大量的时间在应付他们所谓的对题目、考试等内容的探究,而真正花在学科研究上的内容却少之又少,对于化学学科的兴趣也随着这些压力而逐渐减少,而我们也对于同一批学生在不同时段他们对于化学学科的兴趣开展了问卷调查,调查结果数据如图 1。

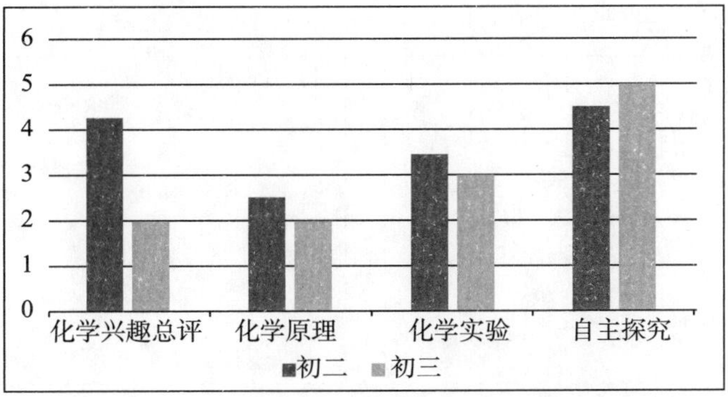

图 1　调查结果数据

由图1可见,在上述评分中,学生对于化学学科兴趣还是相当浓厚的,但是在真正学习之后由于各种压力,化学学习的兴趣明显降低,因此我们改变上课模式,展开实验。通过STEAM+与"三三制教学"模式结合来提升学生对于化学学科的兴趣以及化学实验的自助探究的能力。

二、教学设计

本节课为九年级化学第一学期第二章的内容。本节课的学习主题是通过真实问题的思考,结合所学习的制取氧气的相关知识进行实验探究,在探究双氧水分解速率影响因素的同时,提升观察能力和探究能力。

通过对制取氧气的学习,本班学生对于气体的制备实验以及基础的实验操作已经有了一定认识,但是对于实验中产生的问题分析以及实验探究还不能很好地掌握和应用,也缺乏在实际生活中应用的体验。

本节课通过布料的变色因素引出问题,创设有社会现实意义的真实问题情境,呈现学习任务,让学生在解决问题的过程中,通过观察、操作、推理、交流、反思等活动中学习知识,逐渐体会化学方法形成过程及化学变化的规律,发展能力,提高素质。

依据以上分析,我对"三卡"进行了如下设计。

1 先行学习卡

|先行学习卡|

(1) 请同学们观察布料的变色条件;

(2) 请同学们回忆氧气有哪些制取方法;

(3) 达标检测:实验室制取氧气的方法以及装置图的设计。

原理选择: 理由:	装置设计图:

(4) 思考:对于其他化学反应是否存在类似的变化规律?

此处“三三制教学”设计采用了 STEAM+中跨学科的想法,从生活中变色布料变色原因探究引入,激发学生兴趣。同时,把握好自学的时间。没有时间要求,课堂自学往往会放任自流。时间过长,学生看书容易拖拖拉拉;时间过短,学生囫囵吞枣,不利于后面教学环节的展开。因此,教师要根据教学内容确定自学时间,既要让学生有认真看书、思考的时间,又要让他们紧张、快节奏地完成自学任务。其次,把握好自学的内容。如果教材内容单一,一般一次性自学;有的教材内容多,可根据具体情况分几次自学,但每次自学之前,教师都必须讲清楚自学的内容、范围和要求,并有意识地引导学生关注课文的重难点。把握自学的方法,自学方法因人而异,一般要让学生独立看书,坚持“不动笔墨不读书”。课前可以提出问题,让学生在课本上找答案,可以在课本上圈圈画画,做上“记号”,在答案下画线,在重点词、句下面做相应的标记等。在合作探究学习的过程中,可以让学生分组讨论,互帮互助,解决难题。

2 合作探究卡

|合作探究卡|

(1) 利用所给的实验用品团队自主设计一个化学实验来证明影响化学反应速率的因素,并讨论如何应用在生活或生产中;

(2) 组长组织队员上台向同学们展示、演讲,由教师和同学们为其评分;

(3) 我的心得:总结影响化学反应速率的因素。

对比实验是初三化学一个重要考察内容。分析综合练习中,学生对于简单影响化学反应速率的判断已经基本掌握到位,对于实验操作以及装置搭建基本掌握,但是对于实验设计证明以及自主探究等掌握有所欠缺。

本节课主要以探究化学反应速率为载体,进一步掌握对比实验的相关知识,让学生从一般因素的影响到具体实验操作的掌握进行提高。

本节课为复习课,内容较为枯燥乏味,所以在课堂上,我先结合生活实际,以变色织物遇到不同温度变色,引发学生兴趣。既能提出问题,“什么会对化学反应产生影响”,给予学生思考的铺垫,又意在使学生感受到生活和化学是密不可分的,学会判断化学反应速率是十分必要的。随后以影响化学反应速率的因素为导线,引出实验探究的一般方法与流程,并进一步吸引学生探讨有哪些化学方法。

3 练习反馈卡

|练习反馈卡|

1. 巩固练习

为研究二氧化锰加热对过氧化氢分解速度的影响,某同学设计了如下实验(实验步骤夹持固定装置已略去):A、B、C、D 这 4 支试管中分别盛有等体积 5% 的过氧化氢溶液。

【实验现象】A. 试管壁有气泡附着,带火星的木条不复燃;B. 有大量气泡产生,带火星的木条复燃;C. 有大量气泡产生,带火星的木条不复燃;D. 有大量气泡产生,用带火星的木条检验收集的气体,木条复燃。

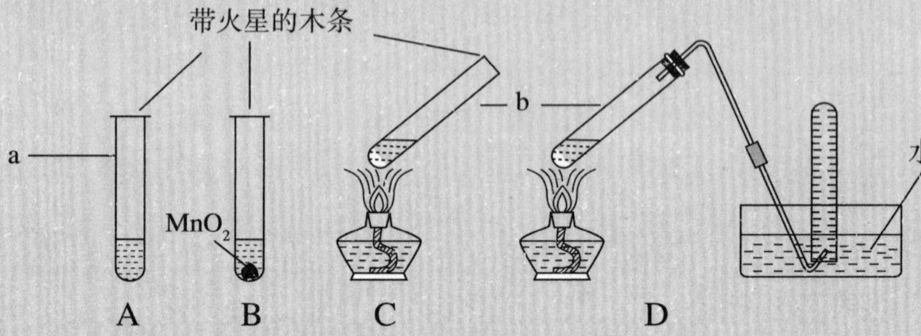

【分析】

(1) C 中用于加热仪器的名称是________;

(2) B 试管中发生反应的化学方程式是________________________________;

(3) 实验结束后装置 C、D 中的液体质量都减少,原因是________________。

【结论】

(1) 分析 A、B 实验可以得出的结论是:________________________________;

(2) 加热________(填"能"或"不能")促进过氧化氢分解产生氧气。

2. 错题处理

由组长负责小组同学的错题整理、分析、纠错,共性错误向教师汇报,一起解决。

3. 归纳提升

(1) 这节课你学到了哪些知识?你还学到了哪些用化学知识解决实际生产问题的方法?

(2) 还有哪些问题是你想知道的在本节课没有解决?

对比实验是初三化学一个重要考察内容。通过对比实验的应用,让同学们相互合作,完成实验探究。在这里,也设置了评价方式。首先按“组内异质,组间同质”的方式分组,选定小组长,按小组安排座位。所采取的计分方式:个人加分+小组加分(个人加分由各小组长记录,小组加分由教师统计)。最后的奖励形式如下:

(1) 要求小组长在分组实验时做好任务分配,有条不紊地完成实验。

(2) 要求小组长控制好组员的学习效率与热情,高效完成小组合作学习。

(3) 课堂展示要求(如声音洪亮、有一定的分析推理过程等)。

(4) 课堂抢答原则为“活而不乱”,即在课堂上发言要举手按序发言;有不同的意见也要等到别人说完了再说;不在课堂上说与课堂无关的话题,否则酌情扣分。

通过同学之间互相帮助,分层教学,让每个学生都有学习任务,激发每个学生的职能与自主学习能力、自主探究能力、管理能力以及交流能力。

三、课堂实践

(一)优点与效果

这节课实施的过程颇为顺利,在引入部分学生被变色织物所吸引,积极探究。主要的优点和效果如下:

1 由生活和社会问题情境导入,激发兴趣,自主探索

兴趣是学习的动力,主动参与学习是创新学习的前提和基础。本节课注重生活和社会问题的情境导入,激发学生兴趣,促进主动参与学习。这样不仅可以吸引学生,更可以激发学生能动性,让他们做自己更喜欢的事情。本节课在卡的设计中有“个人探究”“讨论交流”“合作探究”“小组汇报”等活动栏目,这些栏目各司其职,是教师和学生交流的媒介。

2 开放性问题设计,促进主动学习、差异发展

开放性问题的设计,它所带来的趣味性和挑战性也可以促进学生主动学习,教师要尽量营造一个生动、活泼、宽松的学习氛围,做到有目标、可控制。这样,即使是一个较难的探究实验,学生也能尽量按照自己的要求和喜好去完成,当然,我看重的是探究过程中的学生习得、收获和差异发展。

(二)不足与改进

在教学过程中,虽然我想要慢慢引导学生学科思维的形成,让学生能自主地去归纳总结,但却没有完成这个过程。学生在掌握了常见的几种探究方法后,往往会出现几种方法都可行的情况,而我却忽视了这一点。化学并不是为了解题而解题,最终还是要落实到实际生产或生活中去,我们还需考虑操作的简易性、成本的高低、是否环保等各种因素。

而且在几个探究的过程中,虽然我做到了由浅入深,从最基础的装置和原理的选择进行复习,然后是不同试剂与方法的探究。思路清晰合理,但是全篇的探究,不免枯燥乏味,而我又缺少激励学生的话语,不免整堂课略带有一丝沉闷。这也是我懊悔万分的事情,应该与学生融为一片,造就活跃的课堂气氛。

四、反思总结

在实施“三三制教学”模式的过程中,教师要注意面向全体学生、因材施教。要真正了解不同层次学生的实际情况,做到教学设计从本班学生的实际出发,教法和学法指导要有针对性、典型性和代表性,对不同程度的学生提出不同的要求,有效提高课堂教学效率。

比如,针对基础不同的班级,教学、自学、反馈各个环节的时间分配可以做适当的调整;布置的作业做到低起点,多层次,把作业分为“必做题、选做题和思考题”,重点出好必做题,使不同层次的学生各得其所;实施分层检测,在考试中尽量让学生特别是困难生尝到成功的喜悦。

高效的课堂,需要教师“讲得好、讲得巧”,需要学生“会学、学得好”。因此,在课堂教学实践中,我们要灵活运用“三三制教学”模式,坚持“以生为本”,调动学生的学习主动性、积极性,从而实现教学相长,打造高效优质课堂,提升学生兴趣的同时更加提升了学生的自主探究能力。

同时,笔者希望教师与学生不再仅仅是授—受的关系,更多是对话式的交流。通过艺术融合的方式来教学意味着师生通过共同研究等方式来产生新的想法,在语言、戏剧等艺术手段的运用中不断地体验到自我表达的力量,如视觉艺术可以让科学家和工程师与学生在细微、复杂概念上展开交流,同时促使学生在观点的阐述、表达上做更充分的准备。比如在本节课的引导中，笔者采用了跨学科的引入，通过现在流行的变色织物引入，从生活中的真实问题展开探究与讨论，激发学生主动学习的兴趣以及主观能动性，其次结合了“三三制”中的三卡教学，分层明确不同的目标，让一个团队中的学生做到人人有目的的学习，将一个复杂的问题分层简化。

除了上述优点之外，最后的汇报还可以培养个体的自发性，同时也可以鼓励个体克服恐惧、增强忍耐力等。常规的教育方式在强调学业标准的同时往往忽视或者遏制了学生语言表达方面的能力，结果常常会使学生对教育产生回避或抵抗心理。而自己所提供的多种思考和表达方式，正是促进人类文明和创造性不断发展的动力。

点评：这节课，大胆新颖，采用了完全不同的引入方式，结合 STEAM+与“三三制教学”模式让学生快乐且有效地学习。传统教学中，教师是教学的绝对领导者和组织者，对学生来说，教师的话就是正确的，必须服从。师生之间是一种领导与被领导的关系，教学民主难以体现。这种关系违背了“教师为主导，学生为主体”的教学原则，从而抑制主体地位的发挥，使学生成为“唯师”“唯书”缺乏创新精神的平庸之辈。反映在实际的课堂教学中，也就是“填鸭式”教学。试想，那种严肃的课堂气氛，长久下去，学生还有什么创新可言呢？所以，教师应当放下知识权威的架子，转而和学生一起合作去共同学习、共同发现。在“三三制教学”模式下，教师根据学生的具体情况，帮助学生建立合作学习小组，为学生提供多种合作学习的方式方法，增加学生间的互动时间和形式，使学生的能动性、自主性得到充分发挥。“教学即交往”，从教育学的研究看，合作与参与体现了鲜明的教学民主化思想。杜威、布鲁纳、布鲁姆、苏霍姆林斯基等教育家都非常重视学生在教学中的主体地位。布鲁纳“发现法”认为，教学既非教师讲，又非学生听，而是教师通过自己的引导、启发，让学生自己去认识、去概括、去亲自获取知识，从而达到发展他们目的的过程。布鲁姆的“掌握学习”认为：要使“人人都能学习”，就必须让学生人人参与教学活动。苏霍姆林斯基认为，在教育教学中要充分发挥学生的主体性，积极引导他们投身教育实践，“成为社会进步的积极参与者”。可见，“三三制教学”提倡的教学民主化在一定意义上是全面实施素质教育的重要途径，离开了民主的教育，学生的素质就难以提高，更无法培养学生的创新精神。

“三三制教学”理念指导下的化学试卷讲评研究

上海市虎林中学　陆月琴

一、研究背景

考试是促进教学效果的重要辅助手段，而试卷讲评则是考试中的一个重要环节，尤其对于初三后期教学试卷讲评更是重要的课型。但多数老师不太重视试卷讲评，认为把学生的错题讲一讲就可以了，所以常规的试卷讲评模式：逐题讲解，从头讲到底；课前没有针对试卷进行学情分析，评讲过程中没有重点、没有分层教学、没有反馈练习加以巩固。纵观这种模式下课堂中的学生：有的在发呆，有的只听一下自己错的题……因此整节课教师讲得认真、讲得累，可好同学往往没什么事可做、薄弱的学生收获也不大。思考其关键问题就在学生根本没有积极参与课堂教学。

那么如何让学生积极参与试卷讲评的教学过程呢？笔者想到了自己正在参与的宝山教育学院的“三三制教学”研究项目，“三三制教学”又称“三卡”教学，是一种以先行学习卡、合作探究卡、练习反馈卡为载体，教、学、做合一的教学模式；“三三制教学”以学生的学习为中心，以小组活动为基本教学形式，强调小组内、小组间的合作学习，使每一位学生都有表现和展示的空间和时间。

这种教学模式是否也适合试卷讲评呢？试卷讲评的根本目的就是让每位学生积极参与从而有所收获，而合作学习参与率高，这正是“三三制教学”模式的意义所在。于是笔者选取了 2015 年中考化学试卷进行测试，在组内老师帮助下，尝试以“三三制教学”模式进行了一次试卷讲评。下面以此为例谈谈“三三制教学”理念指导下如何让学生积极参与到试卷讲评的教学过程中来。

二、课前准备

（一）学情分析，有效分组

“三三制教学”以学生的学习为中心，以小组活动为基本教学形式。那么有效对学生进行分组则是合作学习开展的第一步，为了有效地分组，笔者首先结合数据进行了学情分析，具体见表1和表2。

表1　学情分析

人数	平均分	最高分	最低分	优秀率	优良率	及格率	合格率
34人	49.79	57	30	23.53%	67.6%	97.1%	100%

表2　分数段分布

分数段分布	60分	54~59	48~53	42~47	36~41	29~35
人数	0	8	15	10	0	1

该班在一模考试中平均分高于区平均，而这次二模低于区平均，优秀率为0，优良率也很低，大部分学生处于42~48分。本次测验优秀率和优良率有所提高，这是由于试卷的难度下降。学生的学习态度还算认真，但整体缺乏竞争意识，对待自己粗心的错误往往觉得这些知识点都会，从而认为都不是问题。听课时往往也有不认真现象，落实到笔头上就会由于答题不规范、不完整而错，所以成绩上不去。还有整体综合运用知识的能力及分析问题的能力弱，这也是优秀率和优良率上不去的一个主要原因。而如果每位学生能认清自己的问题，通过每次测验解决一部分认知问题，这将对提升优秀率和优良率有很大帮助，所以积极参与试卷讲评尤显重要。

分组有两种情况：异质同组和同质同组，有研究显示3~6人的小组，每个人都能够积极参与小组活动。基于学生的特点，笔者又考虑到本次测试已经临近中考，要想每位学生有收获可能更适合同质同组的形式，因此确定将学生分成6个小组：A组47分以下2组、B组48-52分2组、C组53分及以上2组。

（二）错题分析，有效设计“三卡”

为了便于设计先行学习卡、合作探究卡和练习反馈卡，笔者在课前统计了每位学生的错题，掌握每组在试卷中需要解决的问题，然后准备了学生自行纠错学习单，见表3。

表3 学生自行纠错学习单

	题号	备注
本试卷中会做却失分的题		
本试卷中有疑惑的题		
与同学交流已经解决的题		
需要老师提供帮助的题		

从学习统计单中发现学生通过自我纠错解决了试卷中失分者在4人以下的基础题，有疑惑的问题集中在44、49、51及52部分试题，的确这部分试题错误率较高，52的(17)(18)得分率极低，因此根据学生的实际情况本节课主要解决44、49、51题，而52题则放入专题，通过碳、一氧化碳、氢气还原氧化铜3个实验对比、整合、再复习。

三、设计思路

本节试卷讲评课教学设计：将学生进行同质分组，以"三三制教学"模式进行以下几部分：课的开始进行简短的数据分析，表扬最高分学生、成绩稳定的学生、进步明显的学生、答题规范完整的学生。首先进入"先行学习卡"环节——在课前学生自行解决试卷中失分的基础题及部分中级题的情况下分组完成达标检测，组长记录并汇报结果，若出现问题再由学生自己解决；然后是"合作探究卡"环节——由课前学生存在疑惑的统计、结合学生的实际情况将相应试题分配到各组，先独立思考，然后小组交流讨论由代表讲解，问题解决后各组进行巩固练习；最后"练习反馈卡"环节——巩固提升。每个环节的练习鼓励学生越级挑战。整节课将以学生为中心，同质的学生主动去分析、思考，教师在旁加以点拨、引导，最终落实知识点和解题方法，从而使每位学生有所表现、有所发展、有所收获。因为只有学生积极参与课堂、真正动起来，才能发现自己的问题，从似懂非懂的状态转变成真懂并会去运用知识，提高最后一阶段试卷讲评课及复习课的效率。

四、课堂实录

1 先行学习卡

简短的数据分析和表扬鼓励相关学生后进入第一个环节——先行学习卡。

|先行学习卡|

先行组织者:2015 年中考试卷

达标检测,组长负责做好记录。

A 组:

1. 河水净化的主要步骤如下图所示。有关说法错误的是(　　)。

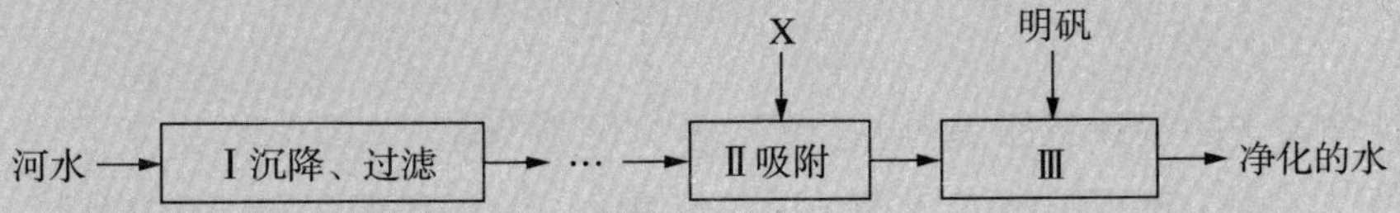

A. 步骤Ⅰ可除去难溶性杂质

B. X 试剂可以是活性炭

C. 步骤Ⅲ可杀菌、消毒

D. 净化后的水是混合物

2. 双氧水分解的微观示意图如下,方框内应是(　　)。

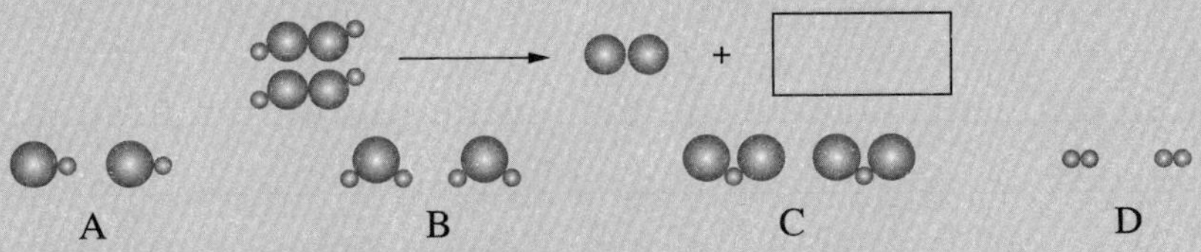

3. 规范的操作是实验成功的前提,实验操作正确的是(　　)。

A. 蒸发操作时,蒸发皿必须放在石棉网上,用酒精灯外焰加热

B. 取少量液体试剂时,滴管伸入试剂瓶内液体中,挤压胶头吸液

C. 用试管夹夹持试管给液体加热时,需要移动试管,以防受热不均和液体冲出

D. 实验结束后,剩余的试剂都应放回原试剂瓶

B 组:鉴别物质的方法错误的是(　　)。

A. 用二氧化锰鉴别水和过氧化氢溶液

B. 用石蕊试液鉴别一氧化碳和二氧化碳

C. 用氯化钡溶液鉴别稀盐酸和稀硫酸

D. 用酚酞试液鉴别氢氧化钠溶液和碳酸钠溶液

C 组:如图装置可用于气体的收集、检验、除杂和体积的测量等,该装置不能完成的实验是(　　)。

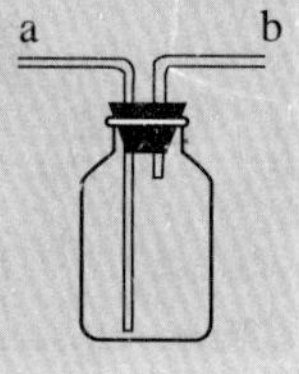

A. 气体从 a 端通入,收集氧气

B. 瓶内装有澄清石灰水,检验氧气中是否混有二氧化碳

C. 瓶内装有氢氧化钠溶液,吸收一氧化碳中混有的二氧化碳

D. 在 b 端接量筒,瓶内装满水,测量气体的体积

先行学习卡的设计意图是:通过检测落实巩固双基,试题的难易度分组分层,A 组同学做 A 组题;B 组同学做 A、B 组题;C 组同学:A、B、C 组题,鼓励越级挑战,组长批改记录。这个环节促使每个学生参与,激发他们的竞争意识。这个过程中可能还会产生新的问题,小组内互帮互助,若解决不了,在汇报时其他组可帮忙解决。组长记录单见表 4。

表 4　组长记录单

组员	答题正确题号	发言次数	提出疑惑次数

2 合作探究卡

测试完毕进入第二环节——合作探究卡,每组同学根据课前自己的疑惑在小组合作学习中大胆地说出自己的疑问,积极交流讨论或帮助别人解决问题。

|合作探究卡|

分组讨论、交流、讲解

A 组:试卷中 44、49(16)(17)练一练:略。

B 组:试卷中 49(18)(19)练一练:略。

C 组:试卷中 51(10)(11)(12)练一练:略。

D 组:为 C 组同学的越级挑战。

合作探究卡的设计意图是:这个环节小组学生分析错题的原因,讨论解题要点,问题解决快的学生可以先练一练,也是鼓励越级挑战。讨论过程中鼓励学生大胆发言,勇敢地表达出自己的观点,畅所欲言;讨论结束后请学生上台讲解对应错题的解题思路,在学生发言后不要急于判定正确与否,这个时候也可以先请薄弱的学生讲解,让他们品尝成功的喜悦,当然不能解决的问题可请高组别学生补充。整个环节教师从旁引导概括解题要点,形成有效的解题方法,然后配套相应练习,巩固知识点同时使其错一题会一类题,达到试卷讲评的目的。

3 练习反馈卡

最后通过反馈练习卡(同样是分层练习)落实知识点和解题技巧的应用(练习反馈卡试题略)。

四、教学反思

苏霍姆林斯基说:"让学生体验到一种自己在亲身参与掌握知识的情感,乃是唤起少年特有的对知识的兴趣的重要条件。"初次尝试以"三三制教学"模式进行试卷讲评,笔者感觉教学中的每个环节都给学生提供了合作参与的机会,每一位学生都能做到说起来、动起来、写起来。合作学习参与率高,这是"三三制教学"模式的意义所在,而运用"三三制教学"能够成功的关键在于能够设计激发学生学习兴趣的"三卡"。笔者认为本节课在"先行学习卡"和"合作探究卡"两部分的设计还是成功的。

先行学习卡包含基础学习内容,尤其是新授课中基础性、主体性、前提性的教学内容,由学生自主学习完成。此次实践中由于课型的不同,这部分学生自主学习的内容安排在课前学生自行解决试卷中失分的基础题及部分中级题。因此笔者认为在试卷讲评的先行学习卡设计中达标检测题目的选择很重要,要有针对性、有层次,真正关注学生的发展和需求,比如设计成A、B、C、D等4个层次,这样每个层次的学生都有事情可做,错一题,会一类题,授之以鱼不如授之以渔,同质的学生小组内互相竞争,也可增强学生的自信,带动课堂气氛。

合作交流是一节课的重要环节,在新授课中可以用来解决教师预设的重点或难点,也可以是学生在先行学习卡中不能解决的问题。而在试卷讲评中笔者用合作交流解决了本次测试中错误率较高、学生存在困惑的问题。学生的参与度很高,他们很喜欢做小老师到讲台前讲述错题的解题过程,生生、师生、小组之间在交流、倾听过程中解决了试卷中存在的问题。笔者感受这一环节不仅活跃了学生的思维活动，提高了学生的积极性，还可以使学生开阔思路、加深印象，深入理解所要解决的问题；并能进一步激发学生探讨和解决问题的能力；培养学生发表独立见解的胆量和表达能力，提高学生的学习主动性，从而体现“三三制教学”的意义。

本节课的不足之处是“练习反馈卡”这部分在课堂中没能完成。“练习反馈卡”用于帮助学生巩固和运用知识，促使学生知识、能力系统化、结构化。但课中在合作交流环节针对典型错题都配上了相应的练习以检测知识点及解题方法的掌握情况，这部分时间比较难把控。试卷讲评课和新授课也有很大的区别，不能进行试讲，每个班级的考试情况和学生特点都有所不同，而且作为试卷讲评目的是让学生积极参与课堂解决自己的问题，尤其是中考前的阶段更是需要查漏补缺，课中两卡已达到此目的，所以这个不足该如何解决？或者说如何更好地运用“三三制教学”模式进行试卷讲评，还需不断思考和改进。

另外，通过这节课笔者和组内老师也一起探讨了优化试卷讲评课的一些有效方法：

（一）进行数据统计，统计分数段、统计学生的答题正误情况、统计错误率高的知识点及学生错误原因。

（二）将错题进行分类，构建知识网络，对得分率低的题目可设专题讲评，并进行举一反三变式训练。

（三）以学生互动形式开展，可分组合作，师生合作、生生合作，有些试题还可结合实验感性认识，教师引导、纠正，发挥“1+1>2”的作用。

（四）极个别薄弱学生课后再进行单独辅导。

当然各班学生的实际情况不同，且不同时间的测试内容、需要达成的目标也有差异，所以能否摸索出一套较好的试卷讲评模式也是笔者今后努力的方向。

点评：本案例努力在试卷讲评课中体现“三三制教学”的理念，在课型上具有新颖性，丰富了“三三制教学”实践。“三三制教学”理念指导下试卷讲评模式应该有哪些关键步骤，哪些策略比较有效，是一个非常值得探讨的话题。本课例提练出了优化试卷讲评课的一些有效方法，具有推广价值。步骤如下。

一、进行数据统计，统计分数段、统计学生的答题正误情况、统计错误率高的知识点及学生错误原因。

二、将错题进行分类，构建知识网络。对得分率低的题目可设专题讲评，并进行举一反三变式训练。

三、以学生互动形式开展，可分组合作，师生合作、生生合作，有些试题还可结合实验感性认识，教师引导、纠正，发挥“1+1>2”的作用。

四、极个别薄弱学生课后再进行单独辅导。

如何使“先行学习卡”更有效

——《化“隐形”为“显形”——探究无现象反应的发生》课例分析

上海市盛桥中学　朱彦清

一、研究背景

“三三制教学”是以先行学习卡、合作探究卡、练习反馈卡等3张学习卡为载体，由先行自学、合作学习、练习反馈3个环节组成，通过师生之间的教、学、做合一，达到信息沟通、组织沟通和心灵沟通的教学模式，顺应了当代“以学生为主体”的教学发展要求。“三卡”的设计是“三三制教学”的基本环节、重要部分，它既是教案，又是学案。而在“三卡”设计中，“先行学习卡”是第一卡，学生通过先行学习卡的有效学习，可以使得学习有方向、有方法，先行学习卡的优劣将直接影响第二卡（合作探究卡）能否顺利实施，是上好“三三制教学”课堂的前提保障。

以往的复习课本人常以讲授为主，先是回顾一些重点知识点，再以例题重点讲解，最后进行强化训练，容易出现的现象就是一些学习能力较强的学生似乎学会了，但再转一个弯又不会了，而大部分学生不懂装懂，在复习课的教学设计中往往演变成了题目的堆砌，会做题成了最终目的。

因此，依托“三三制教学”模式，本人尝试了几次“三三制教学”模式下的专题复习，一次次实践下来，无一例外地碰到一些问题：复习课中先行学习卡的设计仍然是围绕着一些基础知识点进行回忆与默写，且并没有对后面的合作探究卡产生知识上的衔接与利用；学生容易忽略先行学习卡中的内容因而无法完成有效的自主先学等，因此本人选择了《化“隐形”为“显形”——探究无现象反应的发生》这一课例谈谈化学复习课中先行学习卡的设计。

二、先行学习卡的设计与使用

水与二氧化碳、氢氧化钠与二氧化碳、氢氧化钠与稀盐酸是学生们烂熟于心的3个反应，知道在水与二氧化碳的反应中滴加石蕊可以看到石蕊变红；知道可以利用塑料瓶证明氢氧化钠与二氧化碳发生了反应；知道可以在氢氧化钠与稀盐酸的反应中滴加酚酞使其显形，但是学生也仅仅是知道了或者说背出来这些了，至于为什么要利用石蕊、酚酞、塑料瓶可能并不知晓，其真正的原理是什么？其他无现象的反应用何种方法使其显形？这些都是横在学生心头的疑惑，因此，本人设计了如上的专题复习课。

在没有利用“三三制教学”模式进行授课时，本人是以默写6个化学方程式及其现象引出课题，再具体讲解其中3个无现象反应的证明方法，相当于满堂灌的授课，学生很认真，但效果不尽如人意，尤其对于本节课的重难点：理解不同的使无现象反应显形的方法并设计多种实验方案、装置证明反应的发生并未有效突破，如对于一个新的无现象反应学生仍然不知到底该选用何种准确的方法使其显形，此外，通过气压变化使反应显形的方法，学生只知道利用塑料瓶，思维比较单一，根据这些情况，本人设计了此次专题复习课的“先行学习卡”和“合作探究卡”。

|先行学习卡|

(一)先行组织者

相关酸碱盐的化学性质、利用燃烧法测定空气中氧气的体积分数的原理

(二)达标检测

1. 利用红磷在空气中燃烧，将瓶内________消耗掉，生成五氧化二磷固体，使得瓶内压强________，会看到________，且进入容器内水的体积即为减少的氧气的体积。

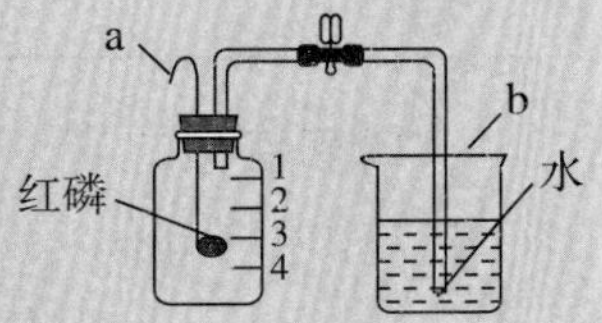

2. 完成下列反应的化学方程式及现象

（1）Na_2CO_3+HCl

（2）$NaOH+HCl$

（3）H_2O+CO_2

(4) $CuSO_4+H_2O$

(5) $Ca(OH)_2+CO_2$

(6) $NaOH+CO_2$

(三)我的疑惑

以上哪些反应没有明显现象？如何使其显形？

|合作探究卡|

(一)合作学习

合作学习1:如何使氢氧化钠溶液与二氧化碳的反应显形

设计多种实验装置来证明 CO_2 和 NaOH 溶液的确发生了反应(可以画图表示)

(以下仪器仅供参考:集气瓶、双孔塞、分液漏斗、长颈漏斗、装有水的烧杯、止水夹、导管等)

合作学习2:如何使氢氧化钠溶液与稀盐酸的反应显形

操作	现象	结论
向装有 NaOH 溶液的试管中滴加________,再滴加稀盐酸,并不断振荡。	溶液颜色由________色变成________色。	证明稀盐酸和 NaOH 发生了反应。

合作学习3:从另一种角度出发,如何使氢氧化钠溶液与二氧化碳的反应显形

操作	现象	结论
		证明氢氧化钠与二氧化碳反应

(二)晋级训练

还有哪些其他化学反应没有明显的实验现象？如何使其显形？(请另举例子)

____

(三)我的心得

尝试归纳使无现象反应显形的3种常用方法？

____

____

由于本节专题复习课是在酸碱盐的物质知识上展开的,因此相关酸碱盐的化学性质知识点的积累就显得必不可少,除此之外,在“先行学习卡”中,本人还加入了红磷燃烧测定空气中氧气体积分数为先行组织者并进行达标检测,看似好像跟此次专题复习的内容没有多大关系,但是在这个实验中却存在着这样一个原理:密闭容器中的气压减少,导致烧杯中的水回流,且回流的水的体积与减少的气体体积相等!气压的变化肉眼看不见,这正是一个使气压变化显形的好方法。再结合后面水与二氧化碳、氢氧化钠与二氧化碳的反应,若是密闭容器中二氧化碳被反应掉,气压就发生变化,除了塑料瓶还能使用前面这种方法使其显形,并且如果理解了这一装置,还能在此基础上变化各种不同的仪器从而组装出其他更多的装置,这就与之后的合作学习一:设计多种实验装置来证明 CO_2 和 NaOH 溶液的确发生了反应(可以画图表示)进行有效的知识链接。

可现实却给了我当头一棒,对于合作学习 1 学生们通过小组讨论仍然给出了塑料瓶的万能装置,只有少数同学能够想到利用先行学习卡中的装置进行改变加以创造;当然由于合作学习卡的设置大部分同学也能机械地知道使无现象反应显形的 3 种主要思路。

第一次的尝试是失败的,“先行学习卡”中的“先行组织者”“达标检测”对大部分学生来说如置若罔闻,可真的是学生的问题吗?仔细想来也不全是,先行学习卡中有些内容的设置稍显突兀,或者说红磷燃烧测定空气中氧气体积分数的实验与合作学习 1 的关联感并没有那么明确,大部分学生根本不会朝这个预设的方向思考。此外,相关酸碱盐的化学性质到底哪些内容与本节课的重难点有着千丝万缕的联系呢?那些使无现象反应显形的一般思路能否在“先行学习卡”中就给予提示,从一开始就使得目标更明确呢?基于以上考虑,笔者进行了第二次设计,改进后的“先行学习卡”如下。

|先行学习卡|

(一)先行组织者

相关酸碱盐的化学性质、利用燃烧法测定空气中氧气的体积分数的原理

(二) 基础学习内容

问题 1. 如图,利用红磷燃烧测定空气中氧气体积分数的实验中现象是什么？整个过程中是否有气压变化？如何通过肉眼观察到气压变化？

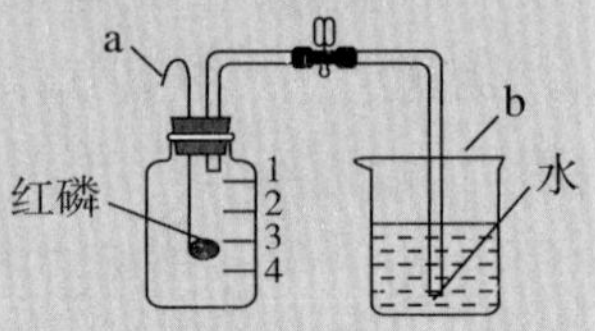

问题 2. 还有哪些常见的反应前后有气压的变化(变大或变小)？

问题 3. 哪些常见的反应前后有酸碱性的变化？如何通过肉眼观察到酸碱性变化？

(三) 达标检测

完成下列反应的化学方程式及现象,并指出这些无现象的反应前后是否有气压变化或酸碱性变化。

(1) $Na_2CO_3 + HCl$

(2) $NaOH + HCl$

(3) $H_2O + CO_2$

(4) $CuSO_4 + H_2O$

(5) $Ca(OH)_2 + CO_2$

(6) $NaOH + CO_2$

(四) 我的疑惑

以上没有明显现象的反应如何使其显形？

修改后的“先行学习卡”中,加入了基础学习内容,也就是一个问题串,所以在此次授课时,笔者先让学生认真阅读先行学习卡中的先行组织者及对基础学习内容加以思考。

|课堂实录片段|

师:请一位同学来谈谈对问题 1 的看法。

生:在这个实验中由于密闭容器中的氧气被消耗掉,我们能够看到水回流至集气瓶约 1/5 处,所以整个实验中气压是变小的,通过水回流我们看到了集气瓶中的气压减小。

师:除了这个实验还有什么反应前后气压会有变化呢?

生:水和二氧化碳、氢氧化钠和二氧化碳。

师:这两个我们学过的反应有哪些共同点?

生:有气体作为反应物的反应。

师:这种反应的气压如何变化?

生:变小。

师:那气压变大的反应有没有呢?

生:有气体生成的。

师:如何通过肉眼观察到气压变大?

生:还是需要装有烧杯的水,看到气泡就说明气压变大了。

师:再来看看问题3,请一位同学来回答。

生:酸碱中和反应有酸碱性变化,可以利用酸碱指示剂观察到酸碱性的变化。

通过这些问题的讨论,观察气压变化、观察酸碱性变化的方法已经深深印在学生心中,再完成达标检测中的练习,自然对无现象反应的显形方法有了一个大概的轮廓。基础学习内容中问题1、2的设置是让学生对红磷燃烧测定空气中氧气体积分数这个实验有一个重新认识,是对旧知的一个新利用,并且加深到气压变大的讨论,从而对气压变化的显形方法有一个更深刻的认识,就能更好的完成合作探究卡中的合作学习1。再结合问题3让学生逐步意识到有些反应中的酸碱性变化也可以通过某种手段看得到,不同的反应有不同的方法。从第二次的实践来看,学生从一开始的先行学习卡到合作探究卡的完成,效果确实提高了不少,学生们会使用不同的仪器组装出五、六套装置,甚至还有同学尝试将"放热"这一手感现象通过气压变大也显形出来。

三、小结与反思

通过本次课例的实践,本人感到复习课中的"先行学习卡",若是能够有效地设计与使用,必能达到不错的收获。"先行学习卡"中的内容是将旧知与新知建起一座桥梁,并且要与后面的"合作探究卡"中的内容相互呼应。这样就能更有效地突破复习课的重难点,在设计"先行学习卡"时应注意以下3点。

1 “先行学习卡”的设计要尤其注意基础学习内容的设置

基础学习内容的选择、设计是先行学习卡的首个壁垒,既要符合课程,又要便于学生自学,要做到备教材备学生。从上面的课例不难看出,第一次的先行学习卡由于忽略了基础学习内容的设计,导致“先行组织者”如摆设一般起不到任何作用;而在第二次的修改之后,基础学习内容可以以问题串的形式呈现,即“问题导向”。问题的设置要有梯度,从易到难,既可以设置认知性问题,解决基础性题目;也可以设置探究性问题,通过问题链引导学生思考;还可以设计相近概念的问题组,通过辨析加深对相近概念的理解。

2 复习课中的“先行学习卡”还应是合作探究卡的铺垫

先行学习卡中的内容和合作探究卡的内容之间要相互呼应,“干货”在前,探究在后。复习课中的合作探究,其最终目的在于知识的融合、能力的提升,因此先行学习卡中的设置既要给予学生复习的方向又要给他们独立思考的空间,这样一来学生对方法习得的体验更加真实。比如物质检验的专题复习中先行学习卡的内容先以碳酸钠、硫酸钠、氯化钠的检验为基础问题串,再以假设将氯化钡溶液加入另外碳酸钠、硫酸钠的混合溶液中的现象、沉淀的成分等进阶问题串为铺垫,从而在一定程度上提醒学生在混合溶液检验时的干扰问题。学生并不是不孤立地学习知识,而是在教师的引导下,根据当前的学习活动去联想、调动以往的学习经验、知识,以融会贯通的方式对学习内容进行组织,从而建构出自己的知识结构。

3 “先行学习卡”的有效使用可以达到事半功倍的效果

精心设计了“先行学习卡”后,更需要有效使用。在每次的课堂教学中教师要提醒学生重视“先行学习卡”,引导学生采用不同的方法使用“先行学习卡”,甚至可以将这些方法简略地提示在旁边。使用完“先行学习卡”后,应进行学生总结:本节课需要解决的问题是什么?如何解决这个问题?有哪些思路方法?从而有目的地进入合作探究卡的学习。总之,教师可以通过不同的使用技巧有指向性的引导学生进行自主先学,使先行学习卡真正起到一个“地基”的作用。

“路漫漫其修远兮,吾将上下而求索”对于“三三制教学”模式的实施我们仍然任重而道远。

点评:本课例从实际出发,寻找“三三制教学”在复习授课过程中出现的问题:复习课中先行学习卡的设计仍然是围绕着一些基础知识点进行回忆与默写,且并没有对后面的合作学习卡产生知识上的衔接与利用;学生容易忽略先行学习卡中的内容因而无法完成有效的自主先学等,通过第一次"先行学习卡"的失败经历,再次寻找缘由,较为顺利的完成第二次"先行学习卡"的使用。

"先行学习卡"的使用,应是学生对已有与本节课有关的知识储备的回忆与检测,及时扫清障碍,为下一步的"合作探究卡"做好铺垫。第一次"先行学习卡"中的达标检测仅仅对红磷燃烧实验现象以及几个化学方程式进行了诊断,若是以此来进行自学,那么这些内容与本课例的重难点有什么联系呢?其中联系并没有完全展示出来,因而导致了学生的置若罔闻!因此,"先行学习卡"的设计要尤其注意其中基础学习内容的设置,以问题串的形式回应先行组织者;并且它还应是"合作探究卡"中合作学习的铺垫,既要给予学生复习的方向又要给他们独立思考的空间,精心设计了"先行学习卡"后,更需要有效使用,才能够达到事半功倍的效果。

第四章
综合学科

“三三制教学”中“合作探究卡”的使用研究

上海市宝山区陈伯吹中学　葛燕琳

一、设计背景

位于南美洲的巴西，距离我国遥远，对于绝大多数学生来说，它是一个神秘的国度。因此，这节课要多联系学生生活，设计一些学生活动，激发学生学习兴趣和思考。教师的问题设计和追问，往往能进一步提升学生综合思维能力。本课采用“三卡”教学设计，打破了以往地理课堂中知识结构不清晰，缺乏对学生综合思维能力的培育，营造了丰富多样的学习活动，在师生互动中提升思维能力。

课堂上，师生的互动往往体现在学习交流环节。这节课设计“合作探究卡”，使学生的思维不仅停留在亚马孙雨林的作用，也有对破坏雨林带来的环境问题的思考，以及如何协调环境和经济间的矛盾，达到可持续发展。通过一系列学生活动和教师的追问，加深对可持续发展重要性的理解，进一步提升学生综合思维能力。

二、设计过程

这节课依托了《里约大冒险》中布鲁和其他蓝色金刚鹦鹉拼命守护家园的情境，设计“合作探究卡”，问题层层递进，符合学生思维和认知的过程，激发学生进一步思考，提升综合思维能力。以下是“合作探究卡”的设计。

| 合作探究卡 |

1. 为什么布鲁和伙伴奋不顾身保护热带雨林，抵御人类破坏？

2. 你是否到森林茂密的地方旅游过？身心有何感受？

3. 借助于相关地图，讨论巴西热带雨林面积虽不如俄罗斯森林面积大，但却被称为“地球之肺”的原因。

4. 随着经济发展，热带雨林面积逐渐减少，对环境造成严重影响。请将下列代表地理现象的字母填入相应空格内，完成由于热带雨林破坏而引起自然环境变化的示意图。

A. 两极冰川融化　　B. 大气中二氧化碳含量增加

C. 海平面上升　　D. 温室效应加剧

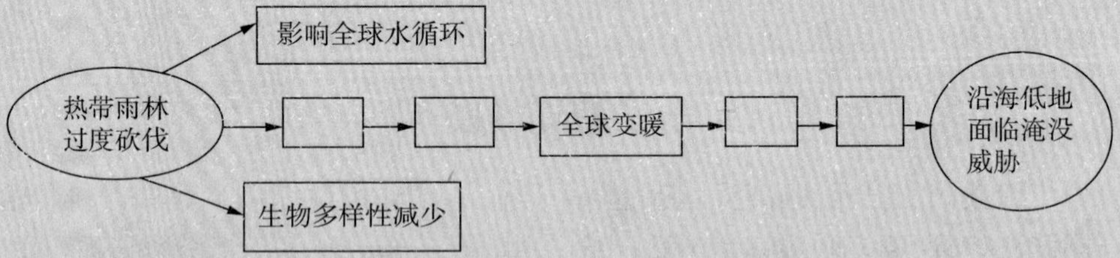

5. 如果你是雨林居民，你怎么看待雨林开发和保护？如果你是企业主，你又如何看待呢？

通过这些层层递进的问题，逐步打开学生的思路，使思维水平从低一级进阶到高一级。在面对问题越来越深刻的时候，学生可能会有思维冲突，在这种情况下，教师加以引导，鼓励学生创新，那么往往就能有意想不到的教学效果。这个师生不断互动的过程，也是学生思维水平提升的过程。用“三卡”教学法，不仅对教材内容进行了相应梳理和整合，通过“合作探究卡”设计问题来建立起知识点的框架，并能激发和引导学生进一步思考，锻炼了学生的思维能力。而且，能及时对学生的学习情况进行检测，提高了教学效率。

三、实施

在未尝试采用“三三制”教学法时，整个教学过程是按照教材内容安排来进行，把课本上教学内容，即“人种大熔炉”“首都变迁”“咖啡王国”的变化、“地球之肺”的忧患，都呈现在一节课上。导致知识点虽做到了面面俱到，重点和难点却不突出。同时，课堂中主要采取的是师问生答的互动方式，教学形式很单一，激发不了学生自主学习探究的兴趣。而且知识点之间缺乏架构和关联，学生的综合思维能力得不到锻炼。整节课知识点碎片化，课后发现留给学生的巴西印象也不深刻。采用“三三制”教学后，情况有所改善。

|课堂实录片段|

……

（播放布鲁和伙伴守护亚马孙雨林的片段。）

（小组完成合作探究卡相关任务）

教师：布鲁和雨林的伙伴拼命保护亚马孙雨林，为什么呢？哪组同学代表来讲一讲。

小组学生代表：我们小组认为，亚马孙雨林是他们赖以生存的家，那里有很多食物，所以要守护家园。

其他小组点头同意。

教师：是的，亚马孙雨林是他们赖以生存的家园。如果失去了家园，那还有什么意义呢？

教师：你们有没有去过森林茂密的地方？感觉怎么样呢？

学生1：我去过公园，走进去感觉心情舒畅。

学生2：我感觉空气清新，还看到过有一些鸟类。

教师：老师去过尼泊尔的原始森林，我也来说说我走进森林的感受。

（出示教师在尼泊尔原始森林拍下的照片。）

教师：从照片上看，这些森林和我们生活中常见的树木有什么不同吗？

学生1：长的很高，树叶很茂盛。

学生2：树干很粗壮。

（教师出示世界森林分布图。）

教师：巴西热带雨林面积虽不如俄罗斯森林面积大，但是为什么被称为“地球之肺”呢？请大家完成合作学习卡相关任务。

小组学生代表1：我们小组认为，亚马孙雨林被称为“地球之肺”，和植物生长茂盛有关，能释放更多的氧气。

小组学生代表2：我们小组认为，应该是与气候有关，亚马孙雨林靠近赤道，气温高，有利于植物生长。所以，我们也同意刚才小组的回答。

小组学生代表3：我们认为，刚才两个小组讲的都有道理，和那里的自然环境有关。可能不仅是气温，那里的降水也很丰富吧，所以被称为“雨林”。

教师：大家讲的很好，能从自然环境来解释。可见，自然环境对于动植物的影响很深刻。我们以后考虑问题就可以从自然环境，比如气候角度进行分析。

教师：随着经济发展，亚马孙雨林大面积减少。

（出示亚马孙雨林地区遥感影像图。）

教师：同学们看，这些条纹就是人们滥砍滥伐带来的“伤疤”。近年来，亚马孙雨林消失速度非常快。

（出示图表。）

教师：很多物种已濒危，甚至灭绝。生态系统严重失衡。对全球环境都会造成很大影响。

（出示人类活动频繁对全球环境造成重要影响的示意图。）

教师：请小组同学合作完成相关任务。

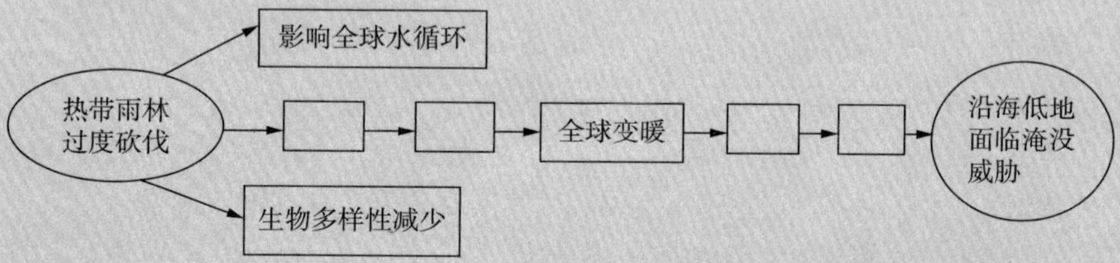

A. 两极冰川融化　　B. 大气中二氧化碳含量增加

C. 海平面上升　　D. 温室效应加剧

教师：热带雨林是一座资源宝库，能为城市的发展带来很高的经济效益。但是，它又为地球环境带来了很高的环境效益，面对经济和环境之间的矛盾，你们怎么看？

如果你是雨林居民，你如何看待雨林开发与保护？如果你是企业主，你又会怎么想？请小组合作讨论完成学习活动。

小组学生代表1：我们小组认为，如果我是企业主，我要寻找商机，为了生存，我就会去雨林挖掘能带来经济效益的东西。所以肯定会破坏森林。如果我是雨林居民，我为了更好地生活在这里，我反对破坏雨林环境。再说了，如果树木都没了，全球气候出现异常，人类又谈什么美好的生活呢？

小组学生代表2：我们小组讨论的结果是，应该先保护好雨林，再发展经济。

小组学生代表3：我们在考虑，是不是能够既发展好经济，又能保护好雨林。做到两全其美。

教师：你们同意哪个小组的观点呢？

小组学生代表4：结合我们小组的讨论结果，又听取了其他小组的发言之后，觉得第3小组的观点比较符合我们的想法。不仅要发展经济，也要保护雨林，人类应该想办法怎样让经济和环境和谐地发展下去。

教师：是的，对于经济和环保问题，不同身份的人有不同的看法，都没有错，我们应该辩证看待，既不能因为发展经济而去破坏雨林，也不能一味保护雨林而禁止一切经济活动，这两种做法都是片面的。可持续发展非常重要。

四、效果

本节课的教学主要围绕合作学习卡展开，设置一系列的问题链，层层递进，符合学生的思维和认知水平。所以，大部分学生表情专注，学生能积极主动思考，对于每个问题都能展开积极的讨论，发表自己小组的意见，有所思。并且，还能在教师的引导下，对于其他小组的意见进行评价，吸取他组的长处，补充本组的结论，有所收获。除了同学间的交流，小组间的评价，更有师生的互动，教师的总结。在这些过程中，学生认识到了经济可持续发展的重要性，开拓了思路，学习了思考问题的角度和方法，综合思维水平自然有了进一步的提升。

五、反思

这节课在留给学生的思考时间上还是有所欠缺，教师为了完成计划中的教学任务，给予学生讨论的时间稍显紧促，造成有些小组讨论还没有结束就被中断，没有完成相应的学习任务。因此，如何控制好小组讨论时间，保证大部分小组能够及时完成学习任务，还需要在学习任务难度和题量设计上进一步斟酌。

点评："合作探究卡"是三卡教学中重要的有机组成之一，葛燕琳老师这节课围绕"合作探究卡"展开，设计的问题由浅入深，从感性到理性，层层递进，在学生的讨论和师生互动中,激发思维的火花,引导学生从更深层次思考如何处理经济发展与保护亚马孙雨林之间的关系。这节课因为设计了"合作探究卡",使得师生关系更紧密,互动更热烈。课堂上不仅有组内学生的讨论,而且有组间的互评,也有教师的点评,这个学习的过程充分发挥了学生的主体地位,符合学生的思维和认知水平。这节课在合作学习和师生互动中,充分体现了学生知识获得的过程,综合思维能力的提升,而不是教师的直接灌输。这样的自主学习,学生必然会印象更深刻。

在“合作与分享”“体验与辩论”中提升审美实践能力

——“三三制教学”在中学艺术学科中的课堂实践

上海市宝山区教育学院　钱　岭

一、研究背景

艺术学科核心素养主要包括艺术感知、创意表达、审美情趣、文化理解4个方面，是指学生在中学艺术课程学习中把握艺术语言、丰富审美实践、促进艺术文化的积淀，逐步形成适应个体发展和社会发展相融合的基本艺术素养与品格，其中，审美实践指向艺术的具体体验和亲身经历，审美实践是中学艺术学科核心素养中需强调的关键能力。突出审美实践关键能力体现从学科知识的本位向学生综合素养能力发展的转变，注重学生主体的发展。“学生为主体”即以学生为活动主体。学生能否成为主体，取决于学生是否真正参与了学习过程，即学生真正以主体身份参与的学习活动过程的教学过程。基于学生学习的教学不仅是教学本质的体现，也是学生形成学科核心素养，提升学科关键能力的要求。

“三三制教学”模式是以陶行知“教学做合一”的思想为灵魂，教学强调“以学生的学习为中心”，以学定教，先学后教，少教多学，教学做合一，让学生在民主、合作、竞争、友善的气氛中发展。通过学生主动参与的课堂教学，学生知识、能力、学习方法、价值观、情感等都得到充分的发展或提升。为此，我们在中学艺术学科课堂教学中致力于构建“以学生为主体”的课堂教学体系和结构，尝试“三三制教学”模式，进行“以学生为主体”的有效课堂，改变教师的教学方式与学生的学习方法，加强情感体验、技能获得、进行创意表达、合作交流等环节，优化课堂教学过程，关注学生的学习经历，培育核心素养。具体表现为在视、听、画、演、创的过程中，投入艺术情感，积累艺术审美实践经验；充分提供艺术实践的体验空间和探索机会，让学生在艺术体验和探索的过程中感受艺术学习的乐趣，增强艺术学习的欲望；运用艺术学习的方法与策略，发展艺术的感受与鉴赏、合作与分享、创作与表现能力，形成艺术判断，发现艺术中的真善美,立德树人。

当代教学理论研究与教学改革实践给"三三制教学"的启发:要提高课堂教学效益,培养学生的学习能力和探究精神,实现素质教育的目标,就必须改变课堂中教师与学生的关系、就必须解决"讲什么"和"怎样学"的关系。艺术课堂教学实践中,在教师的组织引导、启发点拨下,尊重学生的艺术学习意愿,给予学生独立学习、合作研讨、展示反思的自主性;学生在分组自主学习中,有所侧重、有所选择地发展自己的艺术特长,给予学生表现与发展个人艺术特长的机会;同时学会以赞赏的眼光来对待伙伴的学习成果,在合作交流、展示中达到取长补短、共同发展的艺术学习目标。

下面以高一年级第一学期《歌剧与音乐剧》一课为例,进行"三三制教学"的课堂实践。课中,我们以学生全面、优质发展为目标,充分发挥教学中学生的主体作用;基于"学科核心素养",关注学生艺术关键能力的发展,将学生的学习置身于真实的问题情境中,让学生在"合作与分享"中,探索艺术世界,分享艺术经验,从而提升感受与鉴赏、合作与分享、创作与表现的能力;在"体验与辩论"中理解艺术文化,发展艺术思维,并逐渐形成正确的审美判断能力,提高艺术审美品位,提升艺术素养。

二、教学设计

高中学生在之前小学、初中的音乐、美术分科艺术教学中已经初步具有音乐、美术等艺术方面的基础知识,并有学生自己的艺术爱好:有些学生爱动,喜欢唱歌、跳舞、演戏;有些学生喜静,擅长绘画、制作、设计等。学生受到升学的压力,只注重文化课而排斥其他活动和爱好,他们本来对艺术学习的愿望受到抑制,学生偏科学习状况并未彻底扭转,部分学生艺术学习的积极性有待提高。另外,长期以来,在课堂教学中学生大多是被动接受,要想真正使学生成为学习的主人、课堂的主体,让学生生动活泼、主动地学习,就需要唤醒他们的自主意识,让他们懂得教师只是他们的导师,只有把自己真正当作学习的主体,主动地参与学习活动,主动地去思考问题,才能够不断有所发现,有所创造。

据了解,学生通过新闻、网络等途径,对于近期上演的音乐剧有所知晓,也有个别同学跟随父母去观看过,感觉音乐剧与歌剧不同,但讲不清楚音乐剧的特点;对于歌剧,学生感觉它古典,较深奥,了解得不多。

这是上海市《艺术》高一年级第一学期第一单元"歌情乐韵 悦耳爽心"第二课《音

乐戏剧的演化》中《以唱为主的歌剧 & 歌舞一体的音乐剧》的内容。在教学过程中，通过“歌剧与音乐剧”引导学生接触经典艺术作品，深入认识艺术与社会发展的联系，以自己的方式去博览艺术，认识艺术，从而有利于学生逐步形成艺术评价能力。其次，突出“以学生发展为本，强调学生艺术素养的提高、创新精神的培养和健全人格的形成”的观念。不能只关注学生学习的结果，而是更注重学生欣赏、发现、探索的过程。再次，课堂教学从“教师为主，指导学生进行艺术赏析”，变为“学生为主体，在教师的引导下，共同探究艺术”。教师应使学生从“被动、他主、接受的学习方式”改变为“主动、自主、探究的学习方式”，全面提高学生的艺术能力和综合素养。

三、教学实践

按照三三制教学模式，以艺术学科“基于课程标准，把握基本要求，丰富学习经历，培育核心素养”为主旨，把“三三制”教学过程中的“自学、指导、练习”—“研讨、展示、评价”—“练习、回馈、提升”三大环节，转变成相对应的“课外分组自主学习”—“课堂展示研讨与评价”—“体验、辩论、提升”的环节。学生在展示、演唱、辩论等活动中，体验并了解歌剧与音乐剧的不同艺术魅力，并认识歌剧与音乐剧的艺术价值；在感性体验与理性评价中，激发学生对经典歌剧与优秀音乐剧的兴趣，树立正确的艺术审美观。

（一）课前准备

这是教师依据课程标准和学情而设计的学生学习行动方案，是教师用以帮助学生掌握教材内容，达到教学目标的路线图，也是培养学生自主学习和建构知识能力的一个重要过程。

前期准备。教师利用前一次课的部分时间，首先让学生自由组合，分成 3 个小组，推选组长，为接下来的分组学习作铺垫；然后告诉学生，我们准备就“歌剧和音乐剧”这方面的内容进行学习，要求他们收集与教材相关的资料。

确定课题。教师出示总课题“歌剧与音乐剧的艺术魅力”。学生就总课题分组进行讨论，提出各组准备探究的子课题。各小组学生提出的子课题有：第一组“歌剧《茶花女》介绍”“歌剧的艺术魅力”；第二组“音乐剧的特点”；第三组“中国歌剧”、“表演歌剧《江姐》中的选段‘绣红旗’”。根据学生提出的子课题，教师深入各小组进行了解、启发、点拨、指导，最后遴选出操作性强的课题，分别由各小组在课外进行自主探究、学习活动。最后3个小组确定的课题为：第一组，歌剧的艺术魅力；第二组，音乐剧的艺术魅力；第三组，中国歌剧《江姐》中"绣红旗"的情景表演。

课外自主探索。这是课外自主学习的重要阶段。小组中的每一名学生全部参与其中，分工合作，收集整理资料，完成所选子课题的研究，并确立展示方案。自主探索阶段有以下几个步骤：

1. 搜集资料。学生的资料来源主要是图书馆、网络、音像店、教师提供等。学生分别去收集与自己小组所选子课题有关的资料。

2. 整理资料。各小组分别把搜集到的资料集中在一起，进行讨论，选出所需的资料，并对一些文字、图片、音响进行处理，并得出所选子课题的结论。如第一组学生根据他们的资料，发现歌剧是"以唱为主"的艺术，因此选择了经典歌剧《茶花女》中的唱段《饮酒歌》进行赏析；第二组对音乐剧《巴黎圣母院》进行了剪辑处理，节选了其中的一个片段，他们发现音乐剧是歌剧的发展与变异，音乐剧的特点是"歌舞一体"；第三组找到了"绣红旗"的伴奏带以及歌谱，准备学唱歌曲和排演"绣红旗"这一场景等。

3. 确定展示方案。各小组根据收集、整理的资料，讨论并确定以怎样的形式展示自己的研究成果。展示的形式主要有研究报告的形式、多媒体课件的演示、艺术表演的形式3种。各小组分别确定自己的展示形式，撰写研究报告、制作多媒体演示课件或者进行艺术表演实践。

在整个自主探索过程中，教师始终是他们的支持者，给予他们必要的指导，体现了"三三制教学"理念：教师成为学生学习的组织者、指导者和促进者，学生成为了学习的主人，他们主动建构知识、掌握技能和养成态度。

（二）课堂实践

这是教师与学生共同探究、研讨和展示的过程，主要以问题的形式呈现。其来源主要是自主学习中的共同问题和教师课前预设的问题。在整堂课的实践中，体现出以下3个特点：

1. 在展示、互评中丰富学生的艺术学习经历，帮助学生实现个性化的艺术能力发展，养成自信、合作、尊重、分享的品格

经过一定时间（一般为一至二周）的自主探究，各小组在艺术课上进行各小组研

究成果的展示、答疑。

课堂上,在课代表主持下,3个小组的学生分别进行“歌剧与音乐剧的艺术魅力”这一主题下的所选课题的研究成果汇报展示,并互相进行答疑,促进学生对“歌剧与音乐剧”的理解。

学生展示结果如下。

第一组:歌剧的艺术魅力。选派一名代表演示幻灯片,另一学生根据演示的内容,图文并茂地阐述歌剧的艺术特点,即“以唱为主的歌剧艺术”,并让其他同学欣赏了《茶花女》中的经典唱段《饮酒歌》。这里摘录一些学生自制的幻灯片上的文字介绍:“歌剧将音乐、戏剧、文学、舞蹈、舞台美术等融为一体的综合性的艺术。它起源于16世纪末的意大利。音乐在歌剧中占主导地位。‘以唱为主’是歌剧的艺术特点。歌剧中的演唱以美声唱法为主,咏叹调是主要的演唱形式。”

第二组:音乐剧的艺术魅力。小组代表学生播放了音乐剧《巴黎圣母院》的片段,另一学生以此为例,介绍音乐剧“歌舞一体”的特点。这里摘录学生的一部分介绍:我们欣赏了音乐剧《巴黎圣母院》的片段,就会发现音乐剧也是一种综合舞蹈、音乐、戏剧的艺术形式。音乐剧的特点是‘歌舞一体’。音乐剧的演唱不追求高难度的演唱技巧,以通俗唱法为主。音乐剧是歌剧的发展与变异。

第三组:整个小组的同学一起进行了中国歌剧《江姐》中“绣红旗”的场景演示,并演唱了歌曲《绣红旗》。每一组展示完毕,各小组均进行答疑与互评。有学生向第一组提出问题:“歌剧中有类似对白的唱段称什么?”有学生提出要求:“音乐剧《巴黎圣母院》很感人,能否在其他时间多看几个片段?”还有学生提问:“音乐剧与歌剧到底有何不同?”有学生认为,第三组的集体表演形式非常有创意,同学们自己体验了歌剧艺术的表演,而且利用道具(红旗)模拟了“绣红旗”的场面,很感人等。对于同学的提问,要求各小组现场回答,实在不能马上回答,各小组认真记下,课后确定后再交流。学生对经典歌剧与优秀音乐剧的兴趣增强,对音乐剧与歌剧也有了更深层的认识。

看到学生如此精湛的展示,不断地挖掘音乐剧与歌剧知识内涵的积极性,笔者由衷地赞赏了他们,使学生及时获得了成功的体验,极大地鼓舞了学生学习的积极主动性。

课内的成果展示与交流环节,学生在合作学习交流中分享艺术经验和艺术感受,突出了学生的主体地位。各小组自选代表在课上进行展示和介绍,并根据自己的理解各抒己见,运用不同的形式进行交流。互评,对于各小组学生而言,不仅要“知其然”，而且要“知其所以然”；对于其他学生而言，则是提高艺术鉴赏力的重要环节。另外，教师的评价应以鼓励为主，充分肯定学生自主学习的过程，激发学生的学习热情。此环节不仅能反馈出学生对知识的掌握与理解，也能充分发挥学生的各种潜能，培养其自信心和勇气。教师则成为与学生共同探讨的学习伙伴，不再是评委或裁判。整个课内展示环节为学生提供了开放、多元、民主、生动的学习环境和丰富的发展机会，学生成为课堂学习的探究者、行动者和表现者，体现了“三三制教学”面向未来，注重培养学生学习能力、创新精神和实践能力。尊重学生，相信学生，学生才能真正地拥有艺术所给予他们的愉悦和成就感。

2. 在演唱、创编中体验、掌握艺术的基本技能与技法，增加学生审美实践的多样性体验，体会艺术内涵，培养艺术兴趣

学生在课堂中尝试演唱歌剧《茶花女》中的咏叹调《饮酒歌》。我们用听唱的方式，根据录音听唱学习歌曲，注重传统歌剧中经典唱段的情感表达与情境体验。学生在演唱、表演中拉近了与歌剧之间的距离。另外，以小组为单位，根据音乐剧《猫》的片段，分小组选择片段中的某一场面进行情景演示。学生在情景表演中体验到了音乐剧的艺术魅力。

此环节激起学生情感的投入，在实践与体验中再次理解歌剧与音乐剧的特点，使他们真正主动投入学习活动中。学生在视、听、演、创的过程中，投入艺术情感，积累艺术审美实践经验；运用艺术学习的方法与策略，培育艺术学习的兴趣和意愿；在艺术实践与创作过程中，展开艺术想象、分析艺术现象，探索艺术内涵。充分体现了“三三制教学”过程中“以学生主体”的课堂，践行了课标“面向全体学生，促进全体学生全面、主动发展”的理念。

3. 在辩论中形成正确的审美判断能力，提高艺术审美品位，提升艺术素养。

在辩论环节中，把全部学生分成“正方”和“反方”两大组，出示辩题：“当今社会音乐剧已取代了传统歌剧”，在辩论中进一步探讨歌剧与音乐剧的内在价值与欣赏价值。

正方：“音乐剧雅俗共赏，更符合现代人的审美情趣，特别是不再坚持美声唱法，能赢得更多观众的支持。”

反方：“作为世界艺术珍宝的歌剧，经受过长时间的历史考验，给人以美的享受，至今上演不衰，不可能被音乐剧所取代。”

辩论，是高中生喜欢的一种形式。他们好强、好争，有自己独立的思维方式。在

来回的争辩中,学生能更深入地探讨歌剧与音乐剧的价值,加深学生对歌剧与音乐剧的理解,并逐渐引导学生能运用思辨、分析的方法开展艺术审美活动,鉴赏与评价艺术现象与艺术作品,表达个性化的艺术见解,具有正确的审美态度,逐渐形成对艺术的终身兴趣,提高审美品位。

课堂教学中,学生不再是静止、被动的接受者,他们是学习的主人。课堂展示过程中,你一言我一语,人人都有发表意见的机会、展示才华的舞台。课堂气氛生动活泼,笑声、掌声、答辩声,声声传出;知识、能力、艺术素养,时时提高。在和谐、平等、轻松、无拘束的教学氛围中,学生积极主动地融于其中。由于课堂时间有限,学生的展示不能尽兴,辩论中没法让更多的学生发表见解。课后布置了各小组继续完善小组展示成果,参加校园艺术节的展评活动;另外,对于辩题的思考可以形成文字,继续进行交流与探索。

四、总结与反思

在"学生为主体"的教学中,教师成为学生学习的组织者、指导者和促进者,学生成为学习的主人,他们主动建构知识、掌握技能和养成态度,成为课堂学习的探究者、行动者和表现者。但是,在具体的实施过程中,为了更好地进行分组合作,提高课堂效率,需要关注以下 3 个方面。

(一)小组的集体合作变成以个别艺术骨干为主

许多高中学生长期受灌输式教学的影响,不知不觉中磨去了参与研究的自信心与勇气,被动学习的倾向十分明显。初次合作,不愿意主动地参与到课题组中,在旁边等着其他较活跃的同学或个别喜欢艺术的同学得出结论。针对这种现象,在其他班级的小组合作活动中,请课题小组的组长一开始就对组员进行分工,使每一位小组成员都有一定的任务。对于学习较被动的学生,可让他们先进行资料的收集工作,并提供一定的表现机会,一旦有所进步,马上就能得到小组其他同学的肯定,帮助他们逐渐建立探索的自信心与勇气,激发学习的主动性和积极性。

(二)提炼所选子课题的结论可能有偏差

由于学生对有关艺术方面的认识有限,在处理归纳、提炼结论时,难免有些偏差,我认为这是在所难免的。如果在自主探索阶段教师能及时发现的话,可以马上提醒他们,让其重新探讨;如果在展示阶段中发现,仍然要肯定他们探索研究中成功的方面,而不应过分计较结果,可以以提出问题的形式要求他们对所选课题作进一步的探究,保护学生在探索研究过程中所积累的点滴信心与勇气。

(三)不能很好地整理、利用收集到的资料

在课堂中曾经有这样的现象:学生不会整理、分析资料,只好把所有收集到的资料全部带来展示,不管有用的还是没用的。在子课题:"歌剧的艺术魅力"一组中,为了介绍歌剧《茶花女》,他们收集了大量有关《茶花女》的资料,包括茶花女人物特点、小说《茶花女》的作者、创作背景等,没有很好地利用资料整理歌剧的艺术特征,变成了人物介绍与创作背景介绍。与该小组学生一起交流过程中,发现问题,及时指导他们要学会利用收集到的资料进行整理,有选择地利用收集到的资料为课题服务。可见,指导学生如何整理资料,更好地利用资料,也是引导学生顺利进行自主学习的重要环节。

在整个学习过程中,学生在有趣的对比、思考、实践和运用中发现、探索,更高效地获取了艺术知识技能、与艺术有关的趣闻逸事等,并能提升对艺术作品的理解。通过生生、师生之间的多向评价,互相切磋,在学生参与艺术实践活动的同时,提高了他们的艺术鉴赏力。"歌剧与音乐剧"一课结束后,有学生说:"我没有太多的艺术细胞,但在这样的艺术课中,我也有参与活动的能力和机会,我喜欢这种形式。"还有学生说:"原来歌剧并不是可望而不可即的,有机会一定去看看。"还有的表示一定去剧院现场感受一下音乐剧的魅力。从课内到课外,拓展了艺术学习的领域。

实践中,"学生为主体"的教学使我们看到了学生潜力之大。在老师的引导下,学生完全有能力进行自主探索与研究。高中阶段,是对学生进行艺术教育的一个重要阶段。授之以鱼,不如授之以渔,让学生获得学习艺术的方法和途径,比获取知识本身更为重要。作为教师,不应只是提供资讯和学习资源,更重要的是教会学生如何去获取知识与技能。在学生的学习经历中,教师决不能压抑学生自主学习的意愿,而要把学生带到艺术的广阔海洋中,让学生自己学会去海底探宝,真正做到丰富学生的学习经历,提升学生的审美实践能力,培育核心素养。实践使我相信,体现自主学习宗旨的"三三制"教学,不失为贯彻新课程理念的、深受学生欢迎的一种教学方式。我们将对这一教学模式作更深入的探索。

点评：本课例体现了“三三制教学”提倡的要充分调动学生的学习自主性的理念，学生自主选题，合作探究，并分享研究发现，在这个过程中，学生兴趣盎然，思考深度，促进了深度学习的发生。

在自主与合作学习中促进音乐审美能力的提升

——初中音乐学科《民歌飘香》“三三制教学”课例

上海大学附属中学实验学校　张　星

一、研究背景

《上海市中小学音乐课程标准》指出:艺术体验是艺术学习最重要的环节和内涵。审美情感的培养、艺术感受力的提高都是通过艺术体验来实现的。艺术学习领域课程的实践与体验要求要从审美情感体验、表现与创作、合作与交流等方面来进行考察。

“三三制教学”是“教学做合一”的课堂教学模式。采用自主学习卡、合作探究卡和练习反馈卡等3张卡片为教学模式的主要手段,在教学中以学生全面、优质发展为重要目标,是一种在自主合作学习过程中充分发挥教师的主导和学生的主体作用的教学。由此可见,“三三制教学”模式很好地落实了《上海市中小学音乐课程标准》中提出的教学理论和教学出发点。刚刚走进“三三制教学”研究,心存敬畏之心,与此同时也有许多的困惑:初中音乐学科的相关研究刚刚起步,本学科的知识架构让我们明白,借鉴其他学科的研究成果依葫芦画瓢,是不可能的。我们必须要围绕《上海市中小学音乐课程标准》,依据学科特点,研究打磨出属于本学科最适切的“三三制教学”。音乐课堂教学中,学生审美体验活动的设计是重中之重,将“三卡”教学融入课堂教学的审美核心活动中,值得尝试。经过中学音乐学科指导团队与专家的共同研讨,我们将课题定为上海教育出版社九年义务教育课本《音乐》六年级第二学期(试用本)第四单元《民歌飘香》第二课时。

二、教学设计的第一次尝试

我校六年级学生对于音乐学习具有较高的兴趣,拥有艺术特长的学生比例也非常高,他们对于音乐知识的探索具备一定的主动性。六年级正是活泼好动的时期,学生特别愿意通过生动灵活的课堂活动进行学习和探索，对于新鲜的课堂模式和学习方法一定是勇于接受和敢于尝试的。

本课选自上海教育出版社九年义务教育课本《音乐》六年级第二学期(试用本)第四单元《民歌飘香》。本单元是以中国汉族民歌体裁组成音乐文化主题来构建内容的，旨在使学生接触我国优秀的民歌，领略从中国民歌中透出的民族音乐文化。本课为单元第二课时，围绕教材内容，根据我校六年级学生学情，设定了在自主、分组合作、听唱、讨论交流和创作的过程中熟悉民歌旋律，提高音乐感知和表现能力；了解汉族民歌体裁劳动号子、山歌、小调，能够准确哼唱山歌《小河淌水》的主旋律，完整演唱小调民歌《茉莉花》，并以《茉莉花》的旋律为动机融入时尚元素，进行综合创编；初步感受汉族民歌中所蕴含的人文风情，了解中国经典民歌在国际舞台的强大影响力，激发学习和探索中国汉族民歌文化热情的教学目标。

在教学目标的引领下，我根据"三三制教学"模式的特点，设计了本课的"三卡"。

1　先行学习卡

|先行学习卡|

(一)先行学习内容

单元第一课时汉族民歌体裁——号子；汉族民歌《茉莉花》的学唱；以及旋律、节奏、音色等相关音乐要素知识。

(二)先行探索活动

以小组为单位收集学习一首汉族民歌，完成下列问题：

1. 歌曲名：________________________。
2. 民歌来自：________________________。
3. 民歌的体裁：______________(如不能确定，请填写"待研究")。
4. 小组合作演绎形式：________________________。
5. 我的疑惑：________________________。

2　合作探究卡

|合作探究卡|

(一)欣赏《小河淌水》，从音乐要素出发，说说歌曲都有些怎样的特点？

(二)欣赏江苏民歌《茉莉花》,感受歌曲的情绪,你如何形容歌曲的韵味,能模仿一到两句吗?

3 练习反馈卡

|练习反馈卡|

(一)分组编创

创编内容:为汉族民歌《茉莉花》加入时尚元素,进行改编。

创编要求:1.分小组编创,组内进行分工合作,做到人人参与;2.编创方法推荐:为歌曲加引子(旋律、节奏)、创编伴奏节奏型、句尾加花(旋律、节奏)、改编乐句的节奏等方式;3.编创工具推荐:小乐器、人声音色、拍击身体及身边物体可产生的音色等。

(二)课后任务

各小组选择一种民歌体裁有目标地进行民歌的收集(一首或两首)和学唱,并根据民歌的地域特色设计简单的表演,下节课进行交流。

三、第一次教学实践

这是我在班级里第一次开展“三三制教学”尝试。整堂课,我将“三卡”贯穿于课堂教学的核心活动中。可以说,整个教学过程非常流畅,课堂教学的优点具体表现在如下几点。

(一)课堂学习氛围

相比较传统的音乐课堂教学,在小组讨论、编创展示、抢答竞技等活动过程中,学生表现出更加高涨的学习热情和参与的积极性,在活跃的思维运转和交流中,课堂重难点问题迎刃而解。

(二)学习成果展示

在“三卡”贯穿的教学中,学生在分析、表演、编创环节均有较好的表现。师生共同在先行自主探索、师生合作交流学习、学生课堂练习反馈等过程中很好地达成了以审美为核心的教学目标。

（三）课后拓展兴趣

课后，我与部分学生进行了交流。学生们都非常喜欢这样的课堂，认为这种“自由”的课堂让他们学得更起劲儿。更有学生根据本节课学习的知识继续在课后进行探索学习，并主动来与我交流讨论。这种音乐求知和探索的兴趣正是审美能力提升的重要原动力。

当然，没有一节课会是完美的，更何况是一种教学模式的初次尝试。在这一次的教学实践中，我也发现了一些不足。首先教学设计的很多环节教师还未能从传统的“师教生学”模式释放出来，给予学生自主探索的时间和空间还可以更加充分。另外，教师对于“三卡”教学模式还未能做到得心应手，课堂的评价模式还可做更加科学地调整。

四、第二次教学设计

通过第一次教学实践，我将发现的问题进行归纳，继续进行磨课，继续围绕着“自主合作学习”的理念对教学设计进行修改。这一次，我大胆地将不同体裁民歌特点的分析、同体裁民歌音乐要素的对比分析都设计为自主合作学习，期待着更加惊喜不断的“三三制”课堂。修改后的“合作探究卡”如下：

|合作探究卡|

（一）欣赏《小河淌水》，歌曲都有些怎样的特点？

歌　曲	旋　律	节　拍	情感表达
《小河淌水》			

（二）对比欣赏江苏《茉莉花》和河北《茉莉花》，完成表格

歌　曲	旋　律	节　拍	节奏型	情感表达
河北《茉莉花》				
江苏《茉莉花》				

五、第二次教学实践

针对上一次教学实践的不足，在教学设计改进的基础上，我将评价模式也进行了调整，在教学关键环节，运用组与组之间互相提问、互相评价的形式。这一次的教学实践，我对“三三制教学”模式的把握更加准确，继续保持了第一次教学实践的各种优点以外，“三卡”在课堂教学重要环节中自主合作学习的引领作用更加凸显出来。以下是第二次教学实践两个重要环节的教学实录。

|课堂实录片段1|

小组合作探究民歌作品并展示后的小组间提问、互评（先行学习卡）

师：同学们，刚才我们4个小组都将自己研究的民歌进行了认真又独具创意的精彩展示，那么相信你们组与组之间也一定有很多需要交流的，哪个组先来？

生（第一组）：我想问问第三组，刚才你们展示的歌曲运用了“一领众和”的形式进行演绎，请问这是一首劳动号子吗？

生（第三组）：这不是一首原生态的劳动号子，是一首根据劳动号子的特点进行创作的作品。现在，原生态的民歌资源在网络真的很难找。

师：的确如此，这也是当今所有民歌研究者的共同困惑。由于社会经济和文化的不断发展，不经加工的原生态民歌正在越来越少，尤其像劳动号子这种在集体劳动过程中所唱的民歌。不如我们一起来复习一下劳动号子的特点吧。上节课我们欣赏的劳动号子作品是……

生：川江号子。

师：它有什么曲调特点？

生：豪爽粗犷。

师：节奏有什么特点？

生：具有律动感，劳动的节奏。

师：它最大的表现特点是什么？

生：一领众和。

师：很好！抓住民歌音乐要素及其表现特点，你们与民歌的距离就又近了一步。现在提问请继续。

生(第四组):刚才第二组《桃花红杏花白》这首歌旋律特别美,请问是什么体裁?

生(第二组):这首歌我们也是一听到旋律就被吸引了,至于体裁,我们现在也还不能确定。

师:那么你们觉得这首歌的旋律有什么特点?

生:旋律特别婉转优美,特别抒情。

师:好的,我们看看能否通过今天这节课解决你们的疑惑。还有问题吗?

生(第二组):提一点意见,第一组展示的《太阳出来喜洋洋》我们感觉可以再高亢一些。

师:那第一组,你们愿意再尝试一下吗?

(第一组再次展示)

师:你们觉得好些了吗?

生:好多啦!

师:那这首民歌是什么体裁呢?

生:不太确定。

师:那我们通过一会的学习来找答案吧!通过刚才的展示,相信你们对自己和其他组的表现都有了自己的评价,现在小组进行简短讨论,然后请组长做代表为其他组打分,注意:不用给自己组打分哦!讨论开始!

(讨论结束后,各组组长到黑板上的评价表处按照评价说明为其他三组进行评价)

|课堂实录片段2|

对比欣赏河北民歌《茉莉花》和江苏民歌《茉莉花》(合作探究卡)

师:同学们,提到中国汉族的民歌,就不得不提到它(教师出示歌曲名《茉莉花》)。最早关于茉莉花的曲谱收录在清朝道光年间的《小慧集》中。它的曲调是在明代已流行的《鲜花调》基础上发展起来的,在我国很多的地域,都流传着版本不同曲调各异的《茉莉花》。首先,让我们来欣赏一首流传最为广泛的江苏《茉莉花》吧!

(欣赏江苏《茉莉花》。)

师:这首歌曲的旋律有什么特点?

生:旋律婉转优美。

生:像讲故事的感觉。

师:歌曲是怎样表现出婉转优美的呢?(出示谱例)请你们小组进行讨论,我们用怎样的形式来感受这种婉转优美呢?

(小组讨论)

生:可以用模唱的形式。

生:可以用手势表示音高试一试。

师:你们的想法都不错,那不如让我们把两种方法结合在一起试一试。

(师生共同边模唱旋律,边用手势画音高。)

生:老师,我感觉到旋律就像上下楼梯的感觉。

师:其他同学呢?有同感吗?

生:有!

师:这种旋律的进行在音乐中我们叫“级进”。“级进”旋律给我们带来了婉转优美抒情的感觉。接下来,让我们再来欣赏一首来自河北的《茉莉花》,请大家参照表格进行欣赏。听听看,它又带给我们怎样的感受?

(欣赏河北《茉莉花》。)

师:一曲河北《茉莉花》是否带给了我们不同的感受呢?请以小组为单位进行讨论,并完成表格。

(小组讨论,完成表格,师生探讨交流,见表1)

表1　小组讨论表格

歌曲	旋律	节拍	节奏型	歌词字前装饰(有无)	情感表达
江苏《茉莉花》	较平稳的级进	2/4	较密集	无	比较委婉
河北《茉莉花》	起伏较大 跳进较多	2/4	较宽疏	有	比较热情

师:原来两首《茉莉花》带给我们不同感受的原因就来自这些音乐要素的不同。那么请你们想一想,同样是《茉莉花》,使两首茉莉花产生不同风格的最重要的原因是什么呢?

生：是因为他们来自不同的地方。

生：不同的地方，音乐风格都不一样。

生：每个地方的人性格都不一样，音乐风格也不一样。

师：的确如此，但是最重要的是语言。我们的祖国地大物博，不同的地域滋养着不同的风土人情、节日风俗，更创造出多姿多彩的地方语言，而民歌最早的起源就是根据方言的语音、语调以及语言的韵味而产生的。那么现在，我们再来看看，两首茉莉花又有什么相同之处呢？

生：旋律都很优美。

生：都在讲故事。

生：情绪都比较含蓄。

师：说得好！那么这样的民歌属于我们汉族民歌中的什么体裁呢？它们呀，就是我们汉族民歌中的小调。现在，不知道有没有哪个组为刚才自己展示民歌的体裁找到了答案呢？

生：《桃花红杏花白》应该就是一首小调民歌。

生：四组演唱的《紫竹调》肯定是小调民歌。

师：祝贺你们，你们的判断是准确的。

五、教学实践的收获与反思

通过两次教学实践，我们收获了自主合作学习的音乐课堂带给师生的无限惊喜。

（一）教与学思维的转变

传统的教学模式是教师讲授知识，学生被动接受知识，“三三制教学”改变了这样的传统模式。在课堂上，我们看到在教师的引导下，学生在生动的学习环境中，大脑和感官都得到了解放。过去是“要我学”，现在是“我要学”。学生作为学习主体在教师的主导下快乐地思考，有效地学习，这种主动发展的意识是最难能可贵的。

（二）极具挑战的课堂生成

“三三制教学”是“教学做合一”的教学模式。课堂上，教师与学生的思维高度活跃,在教师充分预设并给予学生充分思考空间的前提下,师生间、生生间的思维交流与碰撞在不断产生新的资源。这样的课堂生成不仅是学生学习兴趣的催化剂,更是对教师教学能力的考验。对于中学音乐课堂,“兴趣”就是最好的引领者,一堂精心教学预设和不断精彩生成的课,一定能达成良好的“审美体验”。

(三)自主求知的知识延展

“三三制教学”的自主与合作学习绝不仅仅局限在课堂以内,同时也体现在课堂以外。在“兴趣”的引领下,学生会在课前和课后自主或合作进行知识的拓展学习和积累,这无疑为课堂教学注入了资源和力量,在这种良性循环的学习过程中,音乐审美能力必然能够得到有效的提升。

(四)思想的交流碰撞

在教学实录中我们可以看到,教学过程中,师生的思维都在活跃地运转。在围绕教学目标的前提下,学生在课堂学习的过程中不断地迸发出有趣的设问和思想的交流。在亦竞争亦合作的良性氛围中,高效达成教学目标。

(五)知识的融会贯通

音乐,作为一门艺术学科,音乐知识本身固然是重要的,但是与此同时,音乐作品相关的人文背景知识也是十分重要的。在这堂课中,我们看到学生在聆听感受、自主探究、合作讨论的过程中既能清晰准确了解山歌、小调等音乐知识,又能迅速敏锐地感知到地域环境、人文特点形成了不同体裁的民歌百花齐放的个性特征。学生的音乐综合知识在“以审美为核心”的“三卡”教学过程中得到了积累和提升。

相比较第一次教学实践,本次教学实践无论是对“三三制”理论的理解以及对“三卡”的设计和运用都有了较大的提高,教师的教和学生的学都达到了非常好的效果。但是经过反思,还有一些不足之处。比如从“三卡”设计来看,内容安排有些满,学生消化吸收本节课内容的时间预留略显不足,可以改进;“三三制教学”的课堂是充满激情的课堂,是师生共同学习成长的课堂,作为教师,应当做好更加充分的教学预设,为“教学相长”的课堂做好准备。

在本次“三三制教学”课例的研究过程中,发现依然还有很多需改进之处。如在“三卡”设计的过程中关注了学生的自主学习能力、合作探究能力、表现表达能力,但是整个教学过程让学生表达自我收获感受的机会却略显欠缺，而这对于“三三制教学”的后续和发展都是十分重要的。从课堂的评价方面来看，虽然评价贯穿于教学始终，但是缺乏一定的系统性。在中学音乐学科“三三制教学”中，只有科学系统而随时根据学情调整的评价，才能真正服务于学生审美能力的发展。

在“三三制教学”与中学音乐学科的第一次碰撞中，我们感受到了艺术、科学与智慧碰撞的火花。“三三制”，对于中学音乐课堂来说，还是初步探索的阶段，我们将继续努力，深入研究探索，“三三制教学”必将在中学音乐学科教学中生根发芽，结出丰硕的果实。

点评：这节课，教师能够根据学科“以审美为核心”的特点，将“三卡”设计与音乐课堂中最重要的审美体验活动有机融合，难能可贵。整堂课，教师为主导围绕“三卡”展开教学，课堂中学生为学习的主体，在自主与合作中进行探索、交流和编创，流畅的教学过程很好地达成了预设的教学目标。本堂课，从学科角度看，体现出了音乐学科的艺术美；从“三三制教学”内涵来看，体现出了“三卡”教学智慧和启迪的初衷，学生在老师的引导下通过自学、研讨、展示达成了知识的学习、能力的提升、情感的积累。

当美术课堂遇见“三三制教学”

上海市宝山区陈伯吹中学　陈　洁

一、问题的提出

美术课堂是学校进行美育的主要途径，在“核心素养”时代，知识与技能的选择，教学情境的设置，教学方式的运用，问题驱动的意识，都需要在教学中得以体现和落实。“文化理解”“审美判断”是美术学科重要的核心能力，培养学生对本民族文化的理解，学会审美与判断是美术课堂教学中的重要方面。如何将知识技能学习提升到思维训练，从而转化为一种能力，进而形成素养，需要每位教师重点关注。

“三三制教学”以先行学习卡、合作探究卡、练习反馈卡等3张卡为载体，由先行自学、合作探究、练习反馈等三大环节组成，通过师生之间的教、学、做合一，达到信息沟通、组织沟通和心灵沟通的教学范型。这种教育理念、教学设计和教学实施有利于培养学生的“文化理解”“审美判断”。

二、课例要解决的问题

以《寻找民间美术》的课堂实施为例，本内容来自七年级第一学期第一单元《民间美术》。以往的教学，教师主要通过图片进行教学，以说教为主，缺少师生互动、生生互动，不能调动学生主动探寻思考的积极性。另外，民间素材没有充分挖掘，由于学生对传统节日、风俗的了解不多，难以理解民间美术形式上和色彩上的表现特点，不利于美术学科“文化理解”“审美判断”核心素养的形成。

我结合“三三制教学”的特点，通过“三卡”的设计，进行先后两次教学与改进，让学生成为课堂的主体。通过寻找与探究，让学生认识、欣赏、理解、体会民间美术的魅力，探究民间美术资源的艺术价值，了解民间美术作品中美术现象与文化的关系，试图学会从文化的角度理解民间美术作品的鉴赏方法，从而培养学生“文化理解”“审美判断”的核心素养。

三、问题解决的过程

（一）设计“三卡”，明确目标

考虑到学生从小就在罗店生活和学习，先行学习卡的设计便从学生熟悉的事物——罗店地区最负盛名的罗店彩灯艺术和龙船入手。在先行学习过程中，学生认识到罗店彩灯、龙船的流传和发展都与民间传统节日有着密切关系。在“我的疑惑”中提出的疑问，在“合作探究卡”中进行探讨解决。

1 先行学习卡

|先行学习卡|

1. 学习目标

知识与技能：知道民间美术丰富形式，了解民间美术的特征。

过程与方法：通过欣赏、讨论、交流等方式学习民间美术知识，提高审美意识。

情感态度价值观：感受民间美术的魅力，了解美术作品、美术现象和文化的关系。

2. 教学重点难点

重点：了解民间美术的种类及特点。

难点：理解美术作品、美术现象和文化的关系。

3. 学习方法建议

（1）请同学们仔细回忆关于接触过的民间美术作品。

（2）请同学们课前阅读学习目标、教学重难点。

（3）请同学们在基础学习内容的基础上多思考，在“我的疑惑”中提出问题。

4. 先行组织者

对罗店地区民间美术形式进行了解。

5. 达标检测

（1）罗店地区有哪些民间美术形式：罗店彩灯、罗店划龙船……

(2)你还知道哪些民间美术形式:剪纸、泥塑、中国结、年画……

(3)罗店传统民间艺术和哪些传统节日相关:端午节、春节、元宵节……

6. 我的疑惑

民间美术与平时了解到的书画美术作品不同在什么地方?他们是由哪些人创作出来的?

|课堂实录片段|

师:彩灯和赛龙舟是我们罗店地区传统的民间美术项目,它们都已经有了几百年的历史了,那么大家一般在什么时候在哪里见到彩灯和划龙舟呢?

生:划龙舟!我在美兰湖看过!

师:想想是什么时候呢?

生:是在端午节……

师:没错!端午节赛龙舟!那么彩灯什么时候看到过?

生:元宵节!

师:你知道元宵节有哪些习俗吗?

生:我在老家元宵节的时候在街上看到过很多灯笼!还有猜灯谜!

师:是的,正月十五闹花灯!这一天晚上,各个地方都有挂灯笼、赏灯笼、猜灯谜的习俗!端午节、元宵节这些都是传统的节日,我们的民间美术作品和这些传统节日息息相关,难以分离!

2 合作探究卡

"合作探究卡"的设计与使用,主要关注的是让学生在欣赏民间美术的过程中,了解民间美术和宫廷艺术在审美追求上的区别,提高学生的审美素养,陶冶学生的美术情操,进而提升"审美判断"核心素养。

|合作探究卡|

1. 自由讨论

民间美术与平时了解到的书画美术作品不同之处。

讨论结果：民间美术作品是由农民、工人等普通人创作出来的，是相对于宫廷艺术与文人士大夫艺术而言的，是土生土长根植于农村或乡镇的美术作品。民间美术的创作主体是“劳动人民”，来自民间，是普通人，有着浓郁的地方乡土气息，展现的是劳动人民用自己的双手与智慧创造的美好生活，与宫廷艺术的审美追求是有很大区别的。

2. 分组讨论

欣赏不同地域和民族的多种民间美术作品，并分组讨论这些作品有哪些美术特色，又有哪些不同之处。

第一组：民间绘画，包括年画、壁画、灶头画

讨论结果：色彩很鲜艳，造型上比较夸张。

第二组：民间雕塑，包括泥塑、木雕、石雕

讨论结果：造型很夸张，泥塑和有些木雕也涂上了鲜艳的颜色。

第三组：剪纸、织锦、刺绣

讨论结果：颜色鲜艳，在造型上夸张变形。

第四组：蜡染、扎染、印染

讨论结果：颜色以靛蓝为主，图案有的是抽象的，有装饰性。

3. 晋级训练

为什么民间美术作品会有这些特点呢？（分组讨论）

讨论结果：色彩搭配表达了老百姓的审美观，它是一种对吉凶福祸的对应，所以喜欢的色彩都是积极的，欢庆的、吉祥的，是充满生命力的。

4. 我的心得

“色彩鲜艳、造型夸张变形”就是民间美术的主要特点。印染作品的色彩比较沉着，是因为技术工艺所决定的，因为印染的颜料都是以靛蓝为主。这样的审美表现特点都是来自老百姓的生活体验以及对美好生活的向往。

|课堂实录片段|

师：除了罗店地区，我们国家其他地区也有着非常丰富的民间美术作品，让我们一起来欣赏一下吧！

进行图片欣赏(民间绘画、民间雕塑、剪纸、织锦、刺绣、蜡染等作品)。

师:在欣赏了多种多样的民间美术作品之后,请同学们思考一下,这些作品具有哪些相同的美术特色?又有哪些不同之处?我们分组进行讨论。

(分组讨论出结果。)

师:大家有没有发现共同点?

生3:色彩鲜艳、造型夸张变形。

生4:但是蜡染扎染的作品颜色不鲜艳啊!

师:同学们分析的很好,“色彩鲜艳、造型夸张变形”就是民间美术的主要特点。印染作品的色彩比较沉着,是因为技术工艺所决定的,因为印染的颜料都是以靛蓝为主。那么围绕“色彩鲜艳、造型夸张变形”,思考下为什么民间美术作品会有这些特点呢?

生5:因为颜色鲜艳,显得喜庆!

生6:变形是因为觉得好看吧?

师总结:同学们的分析有一定的道理。在老百姓当中流传着一些色彩的口诀,如“红红绿绿,图个吉利”“红搭绿,一块玉”,不难看出,这样的色彩搭配就是老百姓的审美观,它是一种对吉凶福祸的对应,所以喜欢的色彩都是积极的,欢庆的、吉祥的,是充满生命力的;而作品中的变形夸张,正是因为创作者都没有经过专业的训练,而是将自己认为最真实的东西表达出来,形成了一种最朴实的表达方式,就是夸张与变形。

3 练习反馈卡

因美术学科的特性,练习反馈卡的进行放在第二个课时完成。在练习反馈卡中,巩固练习与作品修整都是建立在美术作业的设计当中的,需要一定的时间来完成。绘画技巧的掌握是美术学科的基本要求。学生在表现绘画作品时,要体现出民间美术作品色彩艳丽和夸张变形的特点。在这个过程中,引导学生仔细观察,整理绘画步骤,从轮廓到造型细节,再到色彩的运用。通过写生,让学生掌握民间美术的基本写生过程,体验民间美术作品的魅力。在归纳提升环节,根据实际情况,进行设计。

|练习反馈卡|

1. 巩固练习

仔细观察，利用彩色绘画工具，运用写生的方式完成一件民间美术作品。

2. 作品修整

针对绘画过程中出现造型、色彩等问题，学生提出，师生进行修整，解决问题。

3. 归纳提升

搜集身边的民间美术作品，到民间艺术中心去看一看，感受民间艺术的魅力；向长辈询问自己家乡的民俗民风，并书面整理好，下节课和同学们一起交流。

（二）及时反思，优化设计

在教学第一次实施过程中，也发现了一些问题，针对这些情况我进行了设计的改进，在第二次的教学中进行了实施。

1. 在学习先行卡中，发现学生对“传统节日”的认识程度普遍不够。为提高教学的有效性，在第二次课堂上，我设计了一张表格，通过学习与填写，帮助学生理清楚我国传统的重要节日，从而更好地理解民间美术与传统节日的关系。

2. 在合作探究卡中，学生在讨论中充分进行了交流探讨，取得了良好效果，但是对于民间美术为何会出现“造型夸张”的特点，还不能仅通过讨论得出结论。民间美术的特点形成背后有着多方面的原因，对于七年级的学生来讲，思考理解起来有一定难度。针对这点，在第二次教学中，我降低了问题的难度，仅从民间美术作品的色彩上进行讨论。

3. 在练习反馈卡中，最主要的任务是完成一幅写生的民间美术作品，但是教学过程不够完整。在第二次的教学中，为了达到更好的教学效果，我在设计中增加了教学评价，包括自评与互评，提高学生的交流表达能力，提升学生的自信心。

通过对“三卡”设计的优化，对课堂及时的总结，让学生目标明确，在分组合作、自学交流、展示提升、练习反馈中培养提升学生“文化理解”“审美判断”的学科核心素养。

四、反思总结

在"三三制教学"模式中,教师要当好设计者、引导者和促进者。"三卡"的设计是教师教学能力的体现,对教师提出了更高的要求。在教学实践中,课堂应该从学生实际出发,合理选择教学方法,教师要宏观掌控课堂,及时引导,时刻关注需要帮助的学生,做好引领的工作。美术学科核心素养需要通过美术学习后才能逐渐形成,在内容选择上,要从生活出发,艺术来源于生活,要关注学生在"文化理解""审美判断"学科核心素养的提升。当美术课堂遇见"三三制教学",当艺术遇见科研,通过"三卡"的设计与使用,通过课堂教学的多个环节,能让学生在自学交流、分组合作、练习反馈的过程中得到能力的提升,更好地从文化的角度理解不同国家、民族的文化内涵和含义,根据形式美的原理分析辨别生活的视觉文化现象,进而做出自己的看法和判断,从而提升学生"文化理解""审美判断"的学科核心素养。

点评:本课例在教学中很好的应用了"三三制教学"的"三卡"设计:先行学习卡、合作探究卡、练习反馈卡。"先行学习卡"是从学生生活中熟悉的事物开始,要求先行了解学习,让学生认识更多的民间美术形式;"合作探究卡"的设计充分锻炼了学生的主动探求、合作交流的能力;"练习反馈卡"又体现出了美术学科的特点,并对教学内容进行了归纳提升,布置了课后作业,让学生对民间艺术有一个更完整深刻的了解。本课例运用了"三三制教学"方法,充分调动了学生学习的主观能动性,在提升"文化理解""审美判断"核心素养方面是一次成功的探索。

附录

《多边形的内角和》"三卡"教学设计

上海市宝山区教育学院 叶 慧

一、教学设计说明

本教案是"三三制教学"的课堂教学设计，主要有课前教学动员、先行学习卡、合作探究卡、练习反馈卡等环节。其中先行学习卡中教学目标的设计是基于课堂教学的角度，是课堂上教师和学生共同完成的教学任务，是教师用的。给学生使用的"三卡"学案中，我将"教学目标"改为"学习目标"，是学生通过学习最终实现的目的。学习目标应该是清晰简洁的，让学生容易理解。学生通过阅读"学习目标"，使学习更加具有目标性，课中的反思更有深刻性，可以有效避免自主学习的盲目性。

"合作探究卡"中的题目是在先行学习卡中的"我的疑惑"中由学生提出来的，合作探究的第一个题目不要太难，难的题目放在晋级训练。"我的心得"中，n 边形内角和的公式也是由学生合作学习归纳完成的。如果学生觉得有难度，教师可以稍作提示。"练习反馈卡"中的"归纳提升"以小组展示为主，由各个合作小组的代表发言，相互补充完整，同时本节课没有解决的问题是关于多边形的外角和(学生应该很自然地提出这个问题)，正好为下一节课做铺垫。

在教学实践中，对于初次接触"三卡"的学生，教师一定要在课前解释说明"三卡"的形式、各张卡的作用以及怎样使用。其次，课前的教学动员很重要，其中包括合作小组的分配与分工、小组间的竞争原则的制定、个人或小组加分、奖励的具体形式等。这是本节课激发学生学习兴趣与参与度的保障，也是"三三制教学"课堂活力的源泉。最后，设计中"错题处理"环节不能忽略，尽量让学生们养成好的学习习惯，错题当堂要处理掉，个别错误要个人记录改正，共性的错误需要教师集体纠正。

二、课前教学动员

（一）分组

1. 按“组内异质，组间同质”的方式分组，选定小组长，按小组安排座位。

2. 课前培训：

制定好小组竞争的计分方式和奖励形式。

3. 计分方式：

个人加分+小组加分（个人加分由各小组长记录，小组加分由教师统计）

4. 奖励形式：

（1）优胜个人可以得到一个小礼品；优胜小组免做作业的基础部分。

（2）要求小组长控制好组员的学习效率与热情，高效完成小组合作学习；

（3）各小组长分配组员任务（如记录、提问、展示、组内互助结对等）；

（4）课堂展示要求（如声音洪亮、有一定的分析推理过程等）

（5）课堂抢答原则：“活而不乱”即在课堂上发言要举手按序发言；有不同的意见也要等到别人说完了再说；不在课堂上说与课堂无关的话题，否则酌情扣分。

三、先行学习卡

（一）教学目标

1. 知识与技能：记忆并理解多边形定义，会使用多边形的内角和公式。

2. 思想方法：从特殊到一般的推理方法，进一步体会数学的化归思想。

3. 解决问题：以小组合作的形式，学生尝试从不同的角度寻求解决问题的方法，并能有效地解决问题。

4. 情感态度：学生体验猜想得到证实的成就感，在解题中感受生活中数学的存在，体验数学充满探索和创造。

(二)学习目标(学生用)

1. 记忆并理解多边形的相关概念。
2. 探索、归纳多边形的内角和公式。
3. 会使用多边形的内角和公式。

(三)教学重难点

学习重点:记忆内角和公式,运用多边形的内角和公式计算。

学习难点:探索多边形的内角和公式。

(四)学习方法建议

1. 请同学们准备学习用具:三角尺、量角器。
2. 请同学们课前阅读学习目标、教学重难点、学习方法建议。
3. 请同学们在基础内容的学习中,多思考,在“我的疑惑”中提出问题。

(五)先行组织者

七年级学习的有关三角形的相关概念、三角形内角和及推导。

(六)基础学习内容

1. 回忆并复述三角形的概念。
2. 请同学们类比三角形的定义尝试总结四边形的定义。
3. 那么多边形定义呢?
4. 多边形的相关概念:多边形的对角线、边、顶点、内角、内角和等

(教师画出两个四边形,一个是凸四边形,一个是凹四边形,问学生这是不是四边形?紧接着引出凸多边形和凹多边形的概念。)

5. 凸多边形和凹多边形的概念。(这个概念也可以放在“我的疑惑”中解决,由学生提出为宜,如果没有学生提出,则由教师向学生提问)

6. 正多边形概念。

(七)达标检测

1. 判断并说明理由:

(1) 一个多边形的每一个内角都相等,它的边一定相等吗? (　　)

(2) 一个多边形的边相等,它的内角一定相等吗? (　　)

2. 填空:

(1) 三角形的内角和等于________。(学生回忆三角形内角和的推导方法)

(2) 长方形的内角和等于________。

(八)我的疑惑

任意一个四边形的内角和?(学生可猜想,然后师生聚焦问题)

四、合作探究卡

(一)合作学习问题

猜想并推导任意一个四边形的内角和?(鼓励学生用多种方法解决问题)

(二)晋级训练

五边形?六边形?(拼图法,测量法、分割三角形法)

(三)我的心得

总结 n 边形内角和公式。(如有困难,教师可提示:通过上面的探索想一想,多边形的边数每增加一条,那么它的内角和就增加________)

得出 n 边形内角和公式:$(n-2)\times180°$($n\geqslant3$ 的整数)

五、练习反馈卡

(一)巩固练习(学生自主完成)

1. 你能说出七边形的内角和吗？十边形呢？

2. 一个多边形的内角和等于1260°，那么它是几边形？

3. 求下列图形中的 x 值。

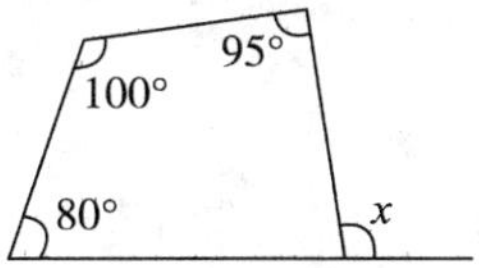

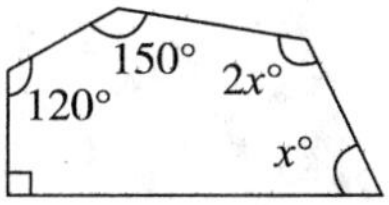

4. 若正多边形的一个外角是 30°，则这是________边形。

5. 如图所示，小亮从 A 点出发前进 10 m，向右转15°，再前进 10 m，又向右转15°，……，这样一直走下去，他第一次回到出发点 A 时，一共走了________m。

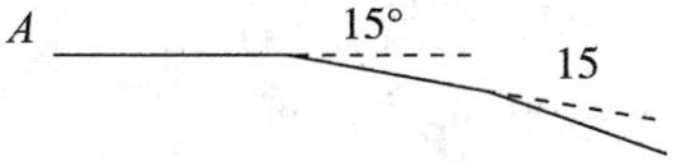

(二)错题处理

由组长负责小组同学的错题整理、分析、纠错，共性错误向教师汇报，一起解决。

(三)归纳提升

1. 这节课你学到了哪些知识？你还学到了哪些解决数学问题的方法？

2. 还有哪些问题是你想知道而在本节课没有解决的？

《了解社会 自主自立》“三卡”教学设计

上海市杨泰实验学校　顾晓娟

一、教学设计说明

本节课是沪教版思想品德八年级第二学期第七课《融入社会 发展自我》的第1课时内容，目的是让学生初步了解社会，从而理解人与社会之间的关系，进一步完善自我。因此教学重难点设置为树立积极的生活态度和用发展的眼光看待自我。先行学习卡的相关内容是基于一些学生对社会认知的调查情况而来，学生其实对社会的了解并不少，但是不够全面，有一定的误区，用问题引导学生去探讨正确看待社会的方法，再让学生从课本内容的阅读和理解，符合“三三制教学”“先学后教”的理念，更是在培养学生看待问题、解决问题的能力。而合作探究卡部分则集中在提高学生解决问题的能力中，从他们身边的热点案例出发，以电信诈骗和青春期的烦恼两个层面，从社会到个体的认识，通过生生间的交流互助，从他人的建议中认识自己的优缺点，从而扬长避短。练习反馈卡对思想品德来说重要的作用在应用，用自己所学的知识解决问题，去处理一些社会生活情境问题，真正有一定的解决问题的能力。另外把课堂的总结归纳也作为学生的练习题，帮助他们认清重点，对学习内容有整体的把握。

二、先行学习卡

（一）学习目标

1. 了解社会的复杂性，能用正确的观点看待社会现象。
2. 理解每个人都有优点和不足的地方，能够用发展的眼光看待自己的容貌个性。
3. 理解积极的生活态度的内涵。

(二)教学重点和难点

重点:用正确的观点看社会;以发展的眼光看待自我。

难点:树立积极的生活态度。

(三)学习方法建议

1. 通过观察社会现象,尝试用自己的方法自主处理一些社会问题。
2. 通过浏览书本知识,归纳总结看待社会的方式方法。
3. 在学习过程中记录疑惑的问题,进行整理反馈。

(四)先行组织者

社会群体的组成。

(五)基础学习内容

1. 观察社会现象,进行简单分类。
2. 阅读书本,整理归纳什么是正确看待社会的方法?
3. 思考:青少年应该如何看待自我来融入社会?

(六)达标检测

1. 了解社会可以帮助我们正确认识社会,在融入社会的过程中,学会区别对待社会的________和________。

2. 积极的生活态度就是____。

3. 每个人都有优点和不足的地方,全面认识自己就要(　　)。

A. 用发展的眼光看待自我

B. 正确看待自己的容貌

C. 正确认识自己的个性

(七)我的疑惑

以小组为单位提出组内存在的问题或没有解决的问题。

三、合作探究卡

(一)合作学习课题

案例讨论题:“徐玉玉的电话诈骗事件”。

1. 分析诈骗事件成功的原因。
2. 如果是你遭遇了这件事情,你会如何应对?
3. 面对复杂的社会,我们在平时生活中有什么有效的措施吗?

(二)晋级训练

案例分析题:“小韩”的烦恼

1. 案例中小韩关注自己的哪些方面?
2. 支招:作为小韩的好朋友,你会怎么帮助他?
3.小组成员互相说一说对方的优点和缺点。

(三)我的心得

学会用发展眼光看待自己。

四、练习反馈卡

(一)巩固练习题

半杯水的故事:有一则寓言:在沙漠中两个口渴的人找到半杯水。快乐的人想:“啊,我终于找到水了!虽然眼下只有半杯水,但千里之行始于足下,有良好的开端,我一定还能找到更多的水”于是他变得幸福起来。而苦恼的人则想:“怎么就只有这半杯水?就这半杯水有什么用?”一气之下他摔掉水杯,然后坐以待毙。

思考:结合本节课的内容,你是如何看待这个故事的?怎么看待“半杯水”的故事?

(二)归纳提升

这节课,你学到了什么?有什么感想?

My neighbourhood—Different places"三卡"学案设计

上海市宝山区教育学院附属中学　倪佳妮

学案设计说明

这是一节"三三制教学"的英语听说课的学案,内容是沪教版七上第六单元第二课时 *My neighbourhood—Different places*。包括先行学习卡、合作探究卡、目标检测卡(练习反馈卡)。

先行学习卡。预设了学习目标、重难点和预习练习题等,旨在让学生自主学习,巩固新词,再用生词进行有关小区的小组对话。目的是生词的教学,理解 there be 句型,培养学生良好的预习习惯。

合作探究卡。由迷津导航、登高瞭望组成,主要内容是一份有关 Kitty 新小区的报告和小组活动的对话素材。目的在于锻炼学生们的听写能力,更重要的是通过生生合作操练目标句型,达成教学目标。

练习反馈卡(目标检测卡)。用于在课后检测学生们的学习情况,主要内容是课堂知识点的总结和团队协作题。其路径是:自我总结—共同解决—互相点评—培养创造力和合作学习能力。

Self-learning Card

(先行学习卡)

【学习目标】

1. 理解新单词的意思、正确朗读单词:pleasant, relaxing, financial, church, statue, fountain, bottom, steep, step。

2. 能够用"there be"句型描述学生们就住小区的设施。

3. 能够用"when"句型描述学生们就住小区的日常活动。

【学习重难点】

1. 学会常见小区内部设施的英语表达。

2. 通过句型"there be..."和"when..."来综合描述不同小区的日常生活情况。

【学一学】

bottom, steep, step, noisy, exciting, pleasant, relaxing, financial, church, statue, fountain, storybook…

【先行组织者】

There be 句型的用法和在上一课时中描述居住在市中心的语句。

【学习建议】

1. 听读课后 word box 内的单词,正确朗读音标。

2. 听读文章,初步理解大意,思考本课标题的意义。

【练一练】

1. financial centre	2. statue	3. church
4. kindergarten	5. exhibition centre	6. fountain

A. Mini-dictionary

(　　　)

(　　　)

(　　　)

(　　　)

(　　　)

(　　　)

B. Do a survey—My neighbourhood

S1: Where do you live?

S2: I live in the city centre/suburbs.

S1: What's in your neighbourhood?

S2: There is a/an ________________.

There are ____________________.

It's ________(feelings).

Feelings: peaceful、relaxing、exciting、convenient、pleasant

【想一想】

My doubts: ____

Cooperative learning card

（合作探究卡）

【迷津导航】

Listen and fill in the blanks

Place	My flat is ____________________.
Things	There isn't ________ traffic. There aren't ________ shops or restaurants. There are ________ trees, flowers and birds. There is a beach at the ________ of some ________.
Feeling	It's very ____________________.

【登高瞭望】

A. Pair work—talk about the neighbourhood

【我的心得】

How do we describe things in neighbourhoods?

{ ________________________________
  ____

S1: Do you live in the city centre or the suburbs? S2: I live in the ________. S3: Tell me about your neighbourhood, please. S2: It's very quiet/noisy/exciting/convenient/peaceful/pleasant/relaxing. There's a lot of/not much traffic. There are some/a lot of ________. There aren't any ________. There's a/an ________.

B. Pair work: Discuss with your partner

S1: What did Kitty and Ben do when they lived in the city centre? S2: When they lived in the city centre, they… S1: Now they live in the suburbs. What do they do? S2: Now, they…

Notes: ________________________________

Goal-achieving card

(目标检测卡)

A.【归纳提升】

Questions:	Expressions:
How do we describe things in neighbourhoods?	
How do we ask activities when we live in neighbourhoods?	
How do we express activities when we live in neighbourhoods?	

Make a conclusion

B.【达标检测】

Group work：Our Dream neighbourhood

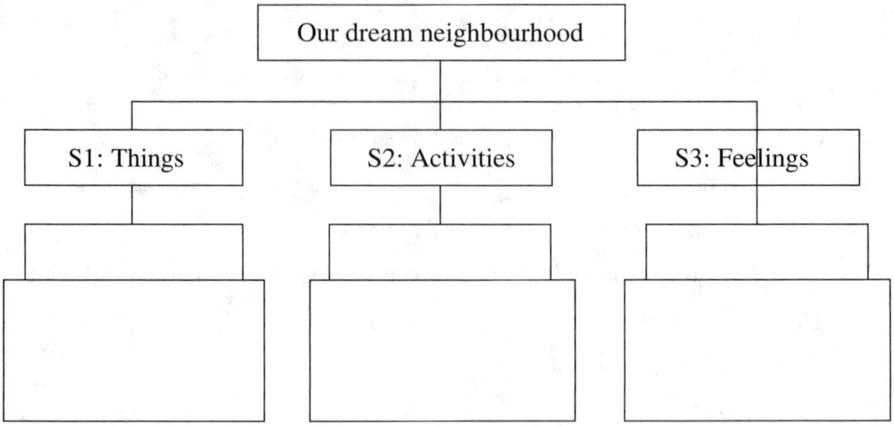

Self-evaluation 自评表

Criteria 标准	Grade 等第	Reference 参考
Use as many new words as possible.	poor 0-2; just so so 3-4; good >5	fountain、statue、kindergarten、church、peaceful、exciting…
Use certain sentence patterns.	0; 1-2; >3	There be… When…
Talk about three topics.	0; 1-2; 3	Things & Activities&Feelings

S4:评价:I think it’s … because they (参考标准举例说明)

____

互评:I think it’s … because they (参考标准举例说明)

____